Turismo e integridade ambiental

CRISTIANE SOARES

Turismo e integridade ambiental

Realidades e conflitos na paisagem litorânea

[ESTUDO DE CASO]

Turismo e integridade ambiental: realidades e conflitos na paisagem litorânea (estudo de caso)
© Cristiane Soares, 2011.

Direitos desta edição reservados ao Serviço Nacional de Aprendizagem Comercial –
Administração Regional do Rio de Janeiro.

SISTEMA FECOMÉRCIO-RJ
SENAC RIO

PRESIDENTE DO CONSELHO REGIONAL
Orlando Diniz

DIRETOR DO SENAC RIO
Julio Pedro

CONSELHO EDITORIAL
Julio Pedro, Eduardo Diniz,
Vania Carvalho, Wilma Freitas,
Manuel Vieira e Elvira Cardoso

Editora Senac Rio
Rua Marquês de Abrantes, 99/2º andar
Flamengo – Rio de Janeiro
CEP: 22230-060 – RJ
comercial.editora@rj.senac.br
editora@rj.senac.br
www.rj.senac.br/editora

PUBLISHER: Manuel Vieira

EDITORA: Elvira Cardoso

PRODUÇÃO EDITORIAL: Karine Fajardo
(coordenadora), Camila Simas, Cláudia
Amorim, Michele Paiva e Roberta Santiago
(assistentes)

COPIDESQUE: Jacqueline Gutierrez

REVISÃO: Célia Cândido

PROJETO GRÁFICO, ILUSTRAÇÕES, EDITORAÇÃO
ELETRÔNICA E FINALIZAÇÃO DE ARQUIVOS:
Estúdio Insólito

IMPRESSÃO: Imos Gráfica e Editora Ltda.

1ª EDIÇÃO: dezembro de 2011

Texto revisado segundo o Novo Acordo
Ortográfico da Língua Portuguesa, em
vigor no Brasil desde 2009.

CIP-BRASIL. CATALOGAÇÃO-NA-FONTE
SINDICATO NACIONAL DOS EDITORES DE LIVROS, RJ

S653t

Soares, Cristiane
   Turismo e integridade ambiental : realidades e conflitos na paisagem litorânea (estudo de
caso) / Cristiane Soares. – Rio de Janeiro : Ed. Senac Rio, 2011.
   320p. : il. ; 23 cm

   Inclui bibliografia
   Apêndice
   ISBN 978-85-7756-150-6

1. Turismo – Saquarema (RJ). 2. Turismo – Aspectos ambientais – Saquarema (RJ). 3.
Ecoturismo – Saquarema (RJ). I. Título.

11-4619.   CDD: 338.47918153
              CDU: 338.48(815.3)

Para Mar, o amor do mar.
A todos os que estiveram ao meu lado...

"Um livro pode dar a chave para mudar o mundo."
Orhan Pamuk
Prêmio Nobel de Literatura

SUMÁRIO

PREFÁCIO

Redigir o prefácio de um livro é sempre uma oportunidade de ponderar e refletir sobre o tema abordado. Por atuar há muitos anos no turismo, já vivenciei momentos de euforia e também de total descrença no segmento. Conheci pessoas que enxergavam o turismo como a única forma de salvar a economia da sua cidade e pessoas que entendiam que trazer o forasteiro para o convívio de sua gente era sinônimo de mudanças profundas e, provavelmente, de problemas. Defendia-se ou execrava-se a atividade por causa de opiniões e certezas baseadas no senso comum ou na leitura do cenário feita por cada ator.

A produção de conhecimento científico que possa embasar decisões e contribuir para a elaboração de políticas de desenvolvimento eficazes é muito recente. O setor turístico, por muito tempo, ressentiu-se da carência ou mesmo da inexistência de estudos, dados estatísticos e pesquisas. Assim, multiplicaram-se os exemplos de destinos que estruturaram sua política de desenvolvimento em análises distorcidas e na ilusão de que o estímulo ao turismo geraria empregos, auxiliaria na melhor distribuição de renda e, consequentemente, melhoraria a qualidade de vida dos munícipes. A despeito dos casos de sucesso existentes, o que se percebeu em muitos locais foi que o aumento da demanda elevou preços, fomentou a especulação imobiliária, descaracterizou hábitos e costumes e onerou o morador, que não se viu beneficiado pela chegada dos turistas como se imaginava.

Fato é que, embora os casos de insucesso, muitas vezes, sejam muito mais enriquecedores para o aprendizado do profissional ou mesmo do estudante de turismo, a maioria dos autores opta por esmiuçar e aprofundar as análises dos casos que são classificados como "melhores práticas". É de se enobrecer, no caso desta obra, a coragem da autora em discutir um exemplo no qual o modelo de desenvolvimento implantado não atingiu os objetivos inicialmente planejados.

O livro, um rico estudo do município de Saquarema, apresenta e debate os fatores que levaram o poder público a optar pelo estímulo à ocupação do território, pressupondo que o aumento do contingente populacional movimentaria o comércio e fomentaria o emprego. Nessa linha, o incentivo ao turismo foi visto como a melhor alternativa para diminuir o êxodo da população mais jovem e estruturar economicamente o município. Para atingir esse objetivo, não foram poupados esforços para transformar a vila de pescadores em um balneário turístico para a classe média carioca.

A cuidadosa análise das consequências desse modelo me levou a uma profunda reflexão sobre o importante papel do planejador e do gestor de cidades turísticas, aquele que tem na mão o poder de direcionar políticas e investimentos com a autoridade de modificar drasticamente a dinâmica de funcionamento das cidades.

Se estamos vivenciando um momento em que o Estado, em todas as suas esferas, assumiu que o Brasil deve brigar por uma posição de destaque no cenário turístico mundial, a leitura me fez pensar se realmente nos preocupamos adequadamente em antecipar as consequências desse modelo para que possamos minimizar eventuais impactos negativos nas comunidades que receberão esses visitantes.

Torna-se bastante oportuno esse questionamento se considerarmos que batem à nossa porta eventos da magnitude da Copa do Mundo, das Olimpíadas e da Expo Mundial 2020 (em candidatura). Independentemente do resultado e do legado que eles tragam para o país, é certo que, após seu término, teremos mudado o patamar do desenvolvimento turístico de nosso território.

Se queremos que essa mudança seja para melhor, precisamos agir rápido e de maneira acertada para garantir que o maior de todos os legados seja a real melhoria da qualidade de vida dos cidadãos. Nesse sentido, recomendo a leitura deste livro àqueles que tiverem interesse em se aprofundar no assunto e contribuir positivamente para o desenvolvimento do turismo no Brasil.

Boa leitura!

Caio Luiz de Carvalho
Coordenador do Comitê Paulista para a Copa de 2014
e ex-ministro do Esporte e Turismo

AGRADECIMENTOS

Diante de um trabalho como este, é difícil agradecer com justiça a todos os que, de alguma forma, colaboraram para a sua concretização, pois as contribuições técnicas e emocionais foram muitas. Todos, mencionados ou não, tiveram seu quinhão de importância.

Esta obra não teria se concretizado sem a coparticipação inestimável da dra. Sônia Regina da Cal Seixas. Para ela vai o mais importante e sincero agradecimento, não só pela competência na orientação deste trabalho, mas também pela amizade, pelo incentivo e pela compreensão dos altos e baixos do percurso.

Com admiração, agradeço aos professores dr. João Luiz Höeffel, dr. Daniel Hogan (*in memoriam*), dr. Pedro Paulo Funari e dra. Selene Herculano as contribuições essenciais à finalização da publicação.

Agradeço à Companhia de Turismo do Estado do Rio de Janeiro (Turisrio) o treinamento na metodologia de inventário turístico. A todos os que colaboraram nas atividades de campo e, especialmente, ao pesquisador Celso de Martin Serqueira, as informações disponibilizadas sobre a história da ocupação local.

Ao dr. Caio Luiz de Carvalho, a gentileza de aceitar o convite para o Prefácio.

Aos cidadãos do município de Saquarema, a receptividade e a colaboração.

Obrigada a todos aqueles que acreditaram!

INTRODUÇÃO

A propagação da atividade turística como alternativa de lazer das sociedades contemporâneas fez surgir uma "indústria" que cria e transforma paisagens naturais e culturais em cenários de consumo. Ao oferecer, de forma lúdica, um modo de repor as energias e aliviar o estresse do cotidiano das sociedades contemporâneas, o turismo vem se destacando como fator de sedução e/ou motivação para os deslocamentos humanos. Com tal finalidade, cada vez mais são criados destinos turísticos, e, entre essas novas opções, muitas constituem, de certa maneira, privilégio dos segmentos sociais que dispõem de tempo e de capital financeiro para investir nessa modalidade de divertimento.

A atuação territorial do turismo vem se tornando cada vez mais abrangente, seja nos grandes centros urbanos, seja nas localidades de menor porte. A identificação dos atributos naturais ou culturais capazes de servir ao propósito do turismo é o primeiro passo no processo de artificialização e formatação dos espaços a serem promovidos a um produto turístico. Essa atividade pode ser desenvolvida por meio da logística das grandes corporações turísticas – que, muitas vezes, sobrepõem-se à autonomia dos governos locais e desconsideram os interesses dos residentes dos núcleos receptores –, assim como pela interposição do emaranhado de pequenos negócios de questionável sustentabilidade econômica e ambiental.

O discurso oficial[1] defende o desenvolvimento turístico como um instrumento para aliviar a recessão econômica dos polos receptores

---

1 Desde o lançamento do Programa Nacional de Municipalização do Turismo (PNMT), em 1995, os governos federal, estadual e municipal vêm adotando políticas de estímulo ao fluxo turístico, haja vista o mais recente pacote de incentivos, Viaja Mais Melhor Idade, voltado para a terceira idade.

de turistas por meio da geração de empregos, do aumento da renda e da melhoria na qualidade de vida. No entanto, a reconhecida capacidade de o turismo distribuir e fazer movimentar a economia local nem sempre se traduz em benefícios e avanços para os habitantes desses núcleos receptores. São frequentes as queixas dos moradores com relação à elevação dos preços das mercadorias, à superlotação das áreas de lazer, ao congestionamento nos serviços públicos e privados, à saturação das vias de circulação, à redução na percepção da sensação de segurança, ao aumento na geração do lixo, à depredação dos equipamentos urbanos públicos e privados, entre outras. Tal situação, por vezes, abala definitivamente a sustentabilidade do desenvolvimento turístico e territorial – em que as paisagens, antes procuradas, vão se degradando – e, por conseguinte, deflagra o processo gradual de abandono da cidade pelos turistas, que partem em busca de novos destinos.

O encaminhamento dos problemas das cidades detentoras de patrimônios naturais (praias, montanhas, paisagens) e culturais, as quais utilizam seus atrativos turísticos como suporte ao desenvolvimento econômico local, consiste em um grande desafio. A ampliação da sustentabilidade territorial nas cidades turísticas é altamente complexa: há uma difícil equação a se resolver entre o dimensionamento da infraestrutura urbana e a incidência dos súbitos aumentos de população usuária durante a temporada de férias e os feriados prolongados. Nesses períodos, a população, em algumas localidades, chega a decuplicar o número de usuários dos sistemas de águas, esgotos, ruas, comércio, instalações de lazer e demais espaços públicos.

As discussões sobre as cidades brasileiras, não somente as turísticas, transcendem a pontualidade das consequências vividas por seus residentes. É notória a carência de um modelo que abalize o crescimento dos núcleos urbanos, mas que seja, antes de tudo, pactuado pelos diferentes segmentos da sociedade (*stakeholders*). A atual crise urbana exige um enfrentamento coordenado dos vários níveis do governo no que concerne a esforços, planos, ações e investimentos não distantes dos anseios da sociedade. A discussão de uma política para o desenvolvimento urbano delineia a busca pela equidade social, pela maior eficiência administrativa, pela ampliação da cidadania, da participação dos diferentes segmentos da sociedade, da sustentabilidade territorial, e pela resposta aos direitos das populações vulneráveis.

O conceito que vem sendo adotado para fundamentar os territórios sustentáveis tem seu cerne no desenvolvimento urbano e pode ser entendido como melhoria das condições materiais e subjetivas de vida nas cidades. Ao lado da dimensão quantitativa referente à infraestrutura, aos serviços e equipamentos urbanos, o desenvolvimento da cidade envolve também um aumento da expressão social, cultural e política do indivíduo e da coletividade. Isso implica dizer que a sustentabilidade das cidades brasileiras transita também pela defesa dos interesses da qualidade de vida e bem-estar das populações.

Apenas nos últimos anos, o estudo sobre as cidades assumiu uma base de discussão que contempla a qualidade de vida. Isso porque os valores e paradigmas da sociedade estão, paulatinamente, voltando e aquilatando tais aspectos. Isso tem corroborado para que o debate adquira relativo vigor para investigar quais bases de discussão e parâmetros possibilitariam caracterizar uma "boa qualidade de vida" para a maior parte das pessoas de determinada localidade.

A atual fragilidade estrutural das cidades brasileiras não apenas se reflete no bem-estar de seus moradores, mas também, visivelmente, agrava-se na presença da vertente da exploração do território pelo turismo. Os governos locais, ao se depararem com a atividade turística instalada em seus territórios, geralmente adotam intervenções estruturantes no intuito de criar ou recriar o espaço em cenários de atração turística para melhor receber o visitante, relegando a segundo plano as necessidades dos moradores locais.

Os municípios que empregam esforços para incentivar as atividades associadas ao turismo colidem com outras interfaces interpostas nas discussões dos problemas urbanos, que são os aspectos referentes à preservação de seus patrimônios, principalmente o histórico, o ambiental e o cultural. Nessa esfera, encontra-se a preocupação quanto à manutenção da identidade cultural por parte dos mais diferenciados grupos humanos. Assim, os temas relacionados à preservação patrimonial-cultural-ambiental se aproximam das questões pertinentes às percepções dos valores, das motivações e das preferências individuais e coletivas capazes de refletir o comportamento da trama social sob a pressão da intensidade e da massificação dos fluxos turísticos.

Situações recorrentes, como a desestruturação temporária da relação infraestrutura – capacidade de acolhimento, requerem a revisitação contextualizada aos marcos teóricos que respaldam o debate sobre a sustentabilidade territorial das cidades correlacionado aos requisitos para a obtenção da qualidade de vida dos moradores locais em suas diferentes dimensões ambiental, social e econômica. A reavaliação e a adequação de tais conceitos poderiam produzir reflexos sobre a adoção de critérios decisivos mais próximos à realidade dos municípios, compatibilizando as necessidades elementares dos habitantes locais aos interesses dos que atuam nesse segmento produtivo.

Concomitante à legitimidade do paradigma da sustentabilidade econômica, a relação turismo – meio ambiente – comunidade local se apresenta cada vez mais permeada por conflitos, de modo a ser necessário empreender ações direcionadas à busca de um equilíbrio entre a preservação cultural, ambiental, a qualidade de vida e a criação de alternativas econômicas de base local. A relevância da discussão sobre a relação turismo – apropriação do espaço – qualidade de vida assume contornos proeminentes em relação à sustentabilidade territorial das cidades turísticas, que se depara com as dificuldades de condução dos problemas decorrentes do excessivo fluxo de pessoas.

Os questionamentos sobre essa relação afloram: Qual é a visão dos empreendimentos que se apropriam desses territórios? Para qual "olhar" os investimentos públicos e privados se dispõem a atender? Até que ponto a qualidade de vida dos moradores locais é beneficiada por essa relação?

Este livro, resultado de um estudo voltado ao doutoramento pela Universidade Estadual de Campinas (Unicamp), empenha-se em responder aos questionamentos com base em um estudo realizado em Saquarema – um dos 11 municípios da região administrativa da Baixada Litorânea Fluminense, cujo recorte territorial é reconhecido como local tipicamente turístico e tido como uma das âncoras do circuito da Costa do Sol do estado do Rio de Janeiro, a cerca de 100km da capital fluminense. O território municipal é dividido em três distritos: sede, Sampaio Correia e Bacaxá. Essencialmente, o fator propulsor do desenvolvimento turístico da região foi a construção da rodovia RJ-106, que se origina no município de Niterói, e se constitui em um dos principais acessos ao município; da mesma forma que, mais tarde, a criação da Ponte Presidente Costa e Silva (Ponte Rio-Niterói) facilitou ainda mais a aproximação da localidade aos principais centros emissores de turistas.

A pesquisa para a elaboração deste livro foi estruturada em quatro partes. A primeira se constitui em um levantamento histórico da evolução tanto do processo de ocupação quanto do uso do solo; fase essa desenvolvida em campo e no acervo da Biblioteca Nacional no Rio de Janeiro. A segunda parte aborda a evolução da apropriação dos espaços mais valorizados do território, remetendo-se aos aspectos relacionados à urbanidade, alicerçada na atuação dos agentes econômicos da cadeia de negócios do turismo, suas influências e alterações socioculturais, estruturais e ambientais decorrentes da intensificação dessa atividade. Destacam-se ainda a dinâmica de ocupação espacial, seus papéis e significados para os moradores locais, desde a formação do território. Nessa fase, os instrumentos de pesquisa se basearam na metodologia do Inventário Turístico realizado pelo Ministério do Turismo em 2006. A terceira parte analisa os avanços da urbanização impulsionada pelas atividades turísticas e a introdução de equipamentos turísticos. No mesmo processo, são identificadas as questões pertinentes à segregação socioespacial decorrente das recentes transformações ocorridas no espaço litorâneo, principalmente após a inauguração da Ponte Presidente Costa e Silva, em 1974. A inclusão da caracterização do perfil da ocupação do território litorâneo, desencadeada originalmente pela Ordem das Carmelitas no Santuário de Nossa Senhora de Nazaré, teve como objetivo ressaltar o elo entre os valores genuínos da comunidade local com o ponto de partida da formação do conjunto arquitetônico turístico-religioso. Também houve o interesse em se identificar as variantes de como a política de expansão urbana e turística exerce papel atuante nas alterações das características culturais dessa comunidade, ao apresentar ainda algumas das formas de resistência de alguns segmentos da comunidade local. A quarta parte apresenta os conflitos e as opiniões sobre a presença das diferentes atividades que compõem a cadeia de negócios turísticos, bem como discute de que forma as recentes transformações no município – como o processo de apropriação socioespacial, as degradações do meio ambiente e as mudanças na socioeconomia local – refletem-se na sustentabilidade e na qualidade de vida de seus habitantes.

O estudo do território de Saquarema visa contribuir para o avanço da compreensão do turismo, incorporando à discussão matizes amplos e derivados dos diferentes aspectos das relações entre população, meio ambiente e seus reflexos na qualidade de vida cotidiana, para ultrapassar os limites do espectro da interpretação de números indicativos de sua contribuição econômica.

O avanço da discussão sobre os reflexos da atividade turística sobre a sustentabilidade territorial tem por base a proposta de uma crítica menos simplista sobre o fenômeno turístico. Aqui há a preocupação de se introduzir questões relacionadas à abrangência de seus reflexos e suas conexões – atividades turísticas *versus* relações sociais *versus* meio ambiente – e, ainda, o levantamento das consequências sofridas pela população após a "turistificação"[2] de seu território.

Esse aspecto foi avaliado por instrumentos, que propiciam a identificação estrutural e a funcionalidade das composições espaciais, e por métodos, que permitem identificar expressões e manifestações da comunidade local, possibilitando captar a dinâmica das contradições sociais, seus anseios cotidianos e suas óticas de percepção da qualidade de vida, cujo pano de fundo é marcado pelo aquecido fluxo turístico das altas temporadas.

A pesquisa de campo, que teve por base a metodologia de análise estrutural do Inventário Turístico do Ministério do Turismo, foi aplicada nas regiões mais populosas e de maior afluxo turístico, representadas pelos bairros de Itaúna, Vilatur, Gravatá, Boqueirão, Barra Velha, Barra Nova, Sampaio Correia e Bacaxá, e, ainda nos seguintes logradouros: Praça Oswaldo Pessoa, Vila dos Pescadores e Aglomerado da Beira-Mar, bem como nas principais vias de circulação, como as avenidas Nossa Senhora de Nazaré, Ministro Salgado Filho, Saquarema, São Rafael e Litorânea, que constituem o entorno da chamada Comunidade da Igreja de Nossa Senhora de Nazaré. A abertura desses acessos à paróquia foi responsável pela alteração da dinâmica da área no que se

---

2 Trata-se de um neologismo utilizado para se referir à criação dos territórios eminentemente turísticos, em que a natureza e os espaços públicos de bem comum são transformados em espaços privados, resultando em efeitos negativos aos ecossistemas locais, não propiciando o acesso das populações nativas aos efeitos positivos que a atividade turística proporciona. Uma das primeiras referências a citar tal termo foi um trabalho de José Omar Fonteles, em 2000.

refere à reestruturação urbana e à urbanização turística principalmente por atraírem conjuntos residenciais, instalações de lazer e serviços, casas de veraneio, pousadas, restaurantes, postos de combustível, lojas de conveniência etc.

Para analisar o cotidiano da comunidade, foram feitas diversas visitas à área de estudo, com observação direta da paisagem, cobertura fotográfica e conversas informais com turistas frequentadores dos campeonatos de surfe e com moradores e participantes da festa de Nossa Senhora de Nazaré (romeiros, turistas, comerciantes e usuários). As pesquisas foram realizadas por conversas informais com a comunidade e pela aplicação de questionários (Anexo I). A incorporação das conversas informais (Anexo II) teve o objetivo de facilitar o diálogo com os moradores da comunidade, eximindo-se o peso formal das respostas a questionários. Foi assegurado aos entrevistados que suas identidades ficariam preservadas; desse modo, muitos se sentiram livres para expor suas preocupações, opiniões e sugestões sobre problemas verificados na área. (As informações obtidas com os moradores contribuíram, especialmente, para a elaboração do terceiro e quarto capítulos.)

"Busquem meu corpo de carro ou rabecão, de carrinho de mão
ou num simples lençol usado,
e depositem ali, atrás da igreja da mãe de Nazaré,
naquela terra que o mato insiste em invadir
e onde não há sinal de diferença de classe ou de sonho,
tão singelas são as lápides.
Deitem-me ali com toda a memória possível que tenham de mim,
lembrem e inventem sobre a minha vida, mas deixem-me ali."

Walmir Ayala
Poema sem título
11 DE AGOSTO DE 1990

CAPÍTULO 1

Turismo e apropriação do espaço

« 1.1 »
DINÂMICA ESPACIAL:
DIVERSIDADE DE PAPÉIS DO TERRITÓRIO

Os estudos geográficos assumem o espaço como a principal categoria de análise territorial, que inclui uma série de definições e conceitos de apoio: território, lugar, região e paisagem. A concepção geográfica de espaço permite que, em análise, sejam consideradas as inter-relações existentes entre atividades e propriedades espaciais, cujos indivíduos e grupos interagem conforme convenções e acordos predefinidos. Segundo Milton Santos – um dos responsáveis pela nova geografia brasileira durante a década de 1970 –, a reflexão sobre o espaço representa a compreensão da realidade social contextualizada que ocorre pela observação da relação integrada existente entre estrutura, processo, função e forma.

O espaço é, então, visto como um conjunto indissociável no qual, de um lado, participa o arranjo de objetos geográficos – naturais e sociais –, e de outro, a vida que os preenche e os anima, ou seja, a sociedade pressiona e interfere na dinâmica do movimento. O espaço não é um pano de fundo impassível e neutro, mas uma estrutura social dotada de um dinamismo próprio e revestida de certa autonomia na medida em que sua evolução segue leis próprias. A dialética entre a forma e o conteúdo é a responsável pela própria evolução do espaço.

Para compreender a produção e a apropriação do espaço, é possível atribuir não só um sentido estritamente econômico, como ainda incorporar as dimensões da prática, da representação, da percepção e da vivência deste, uma vez que o movimento que articula a produção do espaço se reflete na dinâmica estruturação → desestruturação → reestruturação. Por conseguinte, o espaço pode ser entendido como um conjunto de formas em movimento: atores que assumem papéis para uma realização social.

Deve-se ainda considerar que o ser humano, com seus anseios e suas contradições, assume o papel principal em um processo de transformação contínua. Assim, além da forma e da disposição que compõem parte da complexa trama que constitui o espaço, é preciso considerar as inter-relações com a sociedade e desta com o meio ambiente. A sociedade sob a ótica das atividades econômicas situa o trabalho na gênese de seu processo de transformação. Assim, com a compreensão de que a dinâmica das estruturas econômicas e o trabalho influenciam diretamente o mecanismo social, fica mais fácil entender o processo de construção do conjunto associado à funcionalidade interna da rede urbana, tendo em vista o entendimento dos processos de mudança e apropriação do uso do solo em determinadas frações do espaço urbano.

Na análise das alterações provocadas pela pós-modernidade, é possível observar as modificações ocorridas na espacialização; a relação "presença-ausência", como Rob Shields, doutor em Sociologia, denominou. É também na observação da relação espaço-tempo que são percebidas as "formas" em que o espaço social se manifesta.

Outro componente da espacialização da sociedade está associado aos aspectos da igualdade-desigualdade que se refletem na inclusão-exclusão dos indivíduos ou grupos da sociedade. Na verdade, a caracterização da espacialização pode ser sintetizada em três parâmetros: presença, desigualdade e inserção. No caso da análise do fluxo turístico e sua influência na apropriação do espaço, a adoção do modelo figurado "presença-desigualdade-inserção" constitui uma alegoria bastante útil para o entendimento dos efeitos da sazonalidade turística. Isso porque a cadeia produtiva do turismo introduz alterações no espaço de acordo com a presença ou a ausência do turista-visitante, o que inclui a convergência de investimentos públicos e privados em infraestrutura urbana, compreendendo até instalações de caráter turístico.

Os lugares citados como turísticos são identificados por sua diversidade ou pela excepcionalidade de seus espaços naturais, histórico-patrimoniais, ou ainda por seu mosaico étnico-cultural ou pela possibilidade de usufruir serviços e itens de consumo (os denominados atrativos turísticos). O direcionamento do olhar do turista-visitante busca suprir determinada expectativa motivada pela tentativa de saciar seus anseios, ao mesmo tempo em que procura identificar seu próprio padrão social. Em face dessa conjuntura, o fluxo turístico vai ao encontro do atrativo, que pode estar ou não em áreas dotadas de infraestrutura urbana; sendo assim, para John Urry – diretor do Centre of Mobilities Research (CeMoRe) da Universidade de Lancaster, na Inglaterra –, a autenticidade é a base embrionária da organização do turismo.

No primeiro caso, o turista-pioneiro busca experimentar vivências originais sem se importar com o conforto cosmopolita. Seu foco de interesse é a satisfação lúdica, uma experimentação particular de sensações diferenciadas de seu cotidiano. No entanto, ao retornar à sua origem, o turista-pioneiro passa a compartilhar as experiências de prazer e satisfação vividas. Devemos aqui sinalizar que, no atual estágio tecnológico da sociedade contemporânea, esse "compartilhar" assume amplitude e velocidade cada vez maiores, pois as novas ferramentas – blogs, sites de relacionamento e mecanismos de envio de mensagens instantâneas – instrumentam esse turista na intensificação do ritmo de permuta das informações.

A velocidade na disseminação e troca de informações favoráveis eleva rapidamente o *status* das localidades turísticas, que passam a ser idealizadas e ambicionadas por futuros turistas e visitantes, ficando assim caracterizada uma possível demanda. Para atender a esse potencial composto por turistas-visitantes com foco de interesse, na maioria das vezes, não somente na autenticidade da paisagem, mas, pelo contrário, em áreas dotadas de infraestrutura (pública e privada), estabelece-se um direcionamento dos investimentos em prol da intensificação e perenização do fluxo turístico.

Pautados nesse movimento, observa-se que, a partir do momento em que o turista-visitante elege uma localidade ou um atrativo turístico, ocasionando o aumento da frequência, essa escalada é interpretada como um "sucesso" inicial. Essa é a linha de pensamento de autores como Luiza Neide Coriolano, Maria Del Carmem Calvente, Edmilson Lopes Junior e Pranill Ramchander. Tal interpretação converge para um significativo aporte de recursos capaz de alterar a dinâmica e a estética da paisagem. Por conseguinte, essas alterações ocasionam a sobrevalorização de imóveis acompanhada pela elevação dos impostos e das taxas municipais, frequentemente apontada como a motivação principal para os moradores locais se deslocarem para bairros periféricos; movimento esse que seria responsável por estabelecer novas fronteiras da expansão imobiliária.

Nesse sentido, cada uma dessas áreas passa a se constituir em um novo território; ainda que o espaço anteceda ao território, a materialização desse último pressupõe a incorporação de um ou mais atores que interferem na espacialização, na qual, concreta ou abstratamente, esses atores territorializam o espaço. A citação a seguir, do geógrafo suíço Claude Raffestin, assume uma concepção de território que vai além da ênfase político-administrativa: incorpora ao espaço as relações marcadas pela projeção do trabalho humano com suas linhas, seus limites e suas fronteiras.

> [...] um espaço onde se projetou um trabalho, seja energia e informação, e que, por consequência, revela relações marcadas pelo poder. [...] o território se apoia no espaço, mas não é o espaço. É uma produção a partir do espaço. Ora, a produção, por causa de todas as relações que envolvem, se inscreve num campo de poder [...].

Nessa análise, a construção do território revela relações marcadas pelo poder. Assim, faz-se necessário enfatizar uma categoria essencial para a compreensão do território, que é o poder exercido por pessoas ou grupos sem o qual não se define o território. Poder e território, apesar da autonomia de cada um, serão abordados conjuntamente para a consolidação do conceito de território. Assim, o poder é relacional, pois está intrínseco em todas as relações sociais. Do ponto de vista cultural, o território pode ser analisado sob um enfoque dado por Haesbaert, no qual se "priorizam dimensões simbólicas e subjetivas, em que o território é visto fundamentalmente como produto da apropriação feita pelo imaginário e/ou identidade social sobre o espaço", ou, ainda, sob o aspecto econômico, "que destaca a desterritorialização em sua perspectiva material, como produto espacial do embate entre classes sociais e da relação capital-trabalho", segundo afirma Maria Encarnação Beltrão Sposito, doutora em Geografia pela Universidade de São Paulo (USP).

Ao se considerar o território espaço socialmente construído, seu ordenamento deve ser conduzido para orientar e induzir padrões de uso sustentável, atendendo às aspirações de desenvolvimento da sociedade. Nesse sentido, o ordenamento territorial é uma dimensão fundamental do processo de desenvolvimento e, como tal, torna-se um instrumento de indução do desenvolvimento pretendido para determinada região.

É proposto ainda por Haesbaert o conceito de desterritorialização como o "fim das distâncias", assumindo o enfoque de maior integração e sociabilização dos diferentes papéis que os espaços do território possam assumir. No entanto, esse conceito pode ser interpretado como visão parcial que confunde territorialidade e espacialidade. Na verdade, os territórios inseridos no espaço podem ser compreendidos da análise de seus papéis ao longo de uma linha do tempo, ou seja, das alterações de sua "forma" relacionada à presença-ausência. A palavra "desterritorialização" remete à visão de saída do território, de alteração na funcionalidade. Em princípio, não remete à ideia de segregação ou intensificação dos processos de diferenciação ("desigualação") e de exclusão socioespacial.

Para se ter a atividade turística como uma das alternativas de mecanismo de desenvolvimento econômico adotado pelo pós-modernismo, é preciso entender que se trata de uma atividade complexa que desestabiliza a estrutura do que é "natural" ou familiar, assumindo novos sentidos nas relações presença-ausência e proximidade-distância; correlações essas abordadas por Rob Shields como união sintética de distância e presença, de estrangeiro e íntimo, que se impõe e se instala em concepção e prática.

De forma aparentemente contraditória, pode-se dizer que nos espaços em que se instalam os territórios de práticas turísticas, a presença e a ausência do turista-visitante assumem maior importância, ou maior "visibilidade", adquirindo, consequentemente, um valor estratégico decorrente da intensificação de seus contrastes. É plausível interpretar que estes geram fronteiras, as quais podem ter se tornado mais que simples linhas delimitadoras do que está ou não ordenado. As fronteiras invisíveis, que também marcam os limites, são dores expressas pelos residentes, nas quais se percebem a presença do poder público e os interesses da iniciativa privada. Sob o ponto de vista do turista, tais fronteiras são tênues, na medida em que lhe é facultado ficar ou partir. As facilidades de transporte e comunicação facultam ao turista a possibilidade de conviver ou não com situações que não lhe são agradáveis.

Sob a concepção da sociedade como um organismo no qual, por toda parte, as pessoas se encontram interagindo reciprocamente, podemos entender que, em todos os sentidos, o turismo se constitui uma forma de interação. De uma perspectiva sociológica interacionista proposta pelo sociólogo alemão Georg Simmel, é possível respaldar a discussão de questões concernentes a uma reconstrução conceitual da relação turista-turismo, ou seja, é preciso observar o turismo sempre sob a perspectiva da interação social. Traçado um paralelo entre a concepção de estrangeiro defendida por esse autor e o comportamento dos turistas-viajantes, emerge a questão da síntese aparentemente paradoxal entre distância e presença, lembrando que, apesar de ser comum a associação de presença e proximidade, ausência e distância, o estrangeiro é sempre o distante-presente.

A possibilidade de as viagens turísticas transporem distâncias com rapidez alteraria a percepção da relação tempo-espaço, em seu sentido abstrato de "distante". A distância que se torna próxima pelos recursos tecnológicos de que se dispõem acentua a experiência de contato com o outro, em que o turista, esse "distante", passa a ser visto como próximo e habitual, ao passar a ocupar em presença cada uma das esquinas dos centros turísticos mais procurados. Sob essa ótica, vemos a dissolução das fronteiras, cujos territórios e regiões estão se tornando cada vez mais complexos, imersos em uma multiplicidade ainda maior de tempo-espaço. A sazonalidade da atividade turística resulta em uma relação complexa entre presença e ausência, na qual o uso dos espaços apresenta-se profundamente descontínuo e fragmentado.

A alteração dos papéis nas representações espaciais pode também, de alguma forma, ser associada à desterritorialização, visando à mudança de uso e à ocupação dos espaços. A referência da "desterritorialização" em algumas instâncias poderia ser vista como forma de segregação espacial, representada pela substituição da funcionalidade de alguns espaços, antes territorialmente ocupados por grupos sociais diferentes dos visitantes-turistas. Percebe-se uma nova "organização espaço-geografia", de forma que a dinâmica dos usos parte da concepção de que o espaço assume uma "dimensão" dotada dos três "momentos" identificados por Lefébvre: espaços percebidos ou "praticados"; concebidos ou representados; e, por fim, vividos por meio de suas imagens e símbolos.

Nesse caso, poderíamos dizer que a "desterritorialização" adota um significado amplo de "reconfiguração do espaço". Assim, tempo e espaço encontram-se de tal forma dissociados que, na verdade, o que domina é um espaço cuja construção histórica ao longo do tempo vai pouco a pouco se perdendo: um espaço descolado do tempo. Dessa forma, os chamados processos de regionalização estão fortemente vinculados ao fenômeno da compreensão tempo-espaço – não com o propósito de uma "superação do espaço pelo tempo" ou de um "fim das distâncias", mas de um emaranhado complexo de "geometrias de poder", resultando, por vezes, em um espaço social profundamente desigual e diferenciado. Em um sentido mais amplo, equivale a dizer que, assim como há um processo direcionado às múltiplas geometrias de poder, o que ocorre, segundo o geógrafo Rogério Haesbaert, é a existência de um mesmo espaço geográfico com "múltiplos territórios", e não o estabelecimento de territórios limítrofes e contíguos, que estaria representado por "uma" territorialização.

Assim, seria ingênuo dizer que os agentes econômicos estariam se apropriando de espaços e voltando-os exclusivamente às atividades turísticas, e, ainda, que a promoção desse segmento estimularia pura e simplesmente a segregação da sociedade local. Desse modo, o turismo pode ser considerado uma efetiva experiência multiterritorial conjunta e indissociável ("multiterritorialidade"). A multiterritorialidade, na posição de fenômeno mais efetivo, assume uma condição da pós--modernidade, associada à concepção espaço-tempo, cujo elemento fundamental é a formação de uma rede de articulação, ainda que esses espaços apresentem descontinuidade.

A racionalidade dos seres humanos na ocupação remete à organização do espaço de acordo com a necessidade da distribuição de infraestruturas (rodovias, energia elétrica, cidades) e de produção (serviços, produtos industrializados, produtos agropecuários, extração), de tal forma a maximizar resultados e minimizar esforços. No entanto, em algumas situações, tem sido percebida uma inversão da lógica dos investimentos públicos em infraestrutura que se antecipam à instalação dos agentes econômicos. Isso vem ocorrendo, especialmente, nas áreas que apresentam atributos turísticos cênicos peculiares e cuja prática turística é desenvolvida em resorts – esse tipo de empreendimento vem sendo apontado como o responsável pela apresentação de uma faceta diferenciada de segregação do território. Nessas situações, os espaços tornam-se competitivos e ameaçadores, ocorrendo o que Milton Santos denominou "guerra dos lugares". Por outro lado, as especializações das áreas vão se consolidando, a fim de direcionar esforços para qualificar a organização e aprimorar os resultados na produção local.

É preciso estar claro que a contribuição do conceito de território está na reflexão sobre o relacionamento da sociedade com o espaço, o qual pode ser desvendado por meio do estudo de sua origem e evolução. Deve ser ainda interpretado como o exercício de uma forma de poder que subjuga o espaço às diferentes práticas de interesse de diferentes grupos, criando, assim, o fenômeno da territorialização. Dentro de tais territórios, por vezes, encontram-se espaços de resistência, nos quais se travam as lutas cotidianas contra a especulação imobiliária, a exploração das forças de trabalho, o fluxo da mais-valia e a reestruturação produtiva da acumulação capitalista. As lutas, que antes pareciam apenas próprias dos diferentes segmentos sociais, ampliam-se e chegam aos lugares.

« 1.2 »
EVOLUÇÃO E APROPRIAÇÃO:
ESPAÇO URBANO *VERSUS*
MEIO AMBIENTE

Para embasamento da discussão sobre o comprometimento ambiental relacionado com a transformação dos espaços e a distribuição urbana local, adotou-se o conceito da dinâmica da reprodução do espaço urbano em uma percepção contínua e descontínua, definido por Ana F. A. Carlos. Em outras palavras, a discussão incluirá um rol de possibilidades para aflorar as rupturas e continuidades da apropriação dos espaços. O processo ruptura *versus* continuidade sofre forte influência das políticas de desenvolvimento territorial, cujos investimentos representam a intervenção estatal que, por vezes, suscita as contradições da produção social do espaço e de sua apropriação privada. Mediante essa realidade, o espaço se apresenta fragmentado e comercializado aos pedaços, e as possibilidades de ocupá-lo se redefinem constantemente em decorrência da contradição entre abundância e escassez.

Os interesses organizados em relação à terra são produzidos socialmente e representam apenas um aspecto das relações espaciais. Segundo o sociólogo Mark Gottdiener, a terra é vinculada ao espaço social e definida pela cultura e pela política, não somente pela economia – o que obriga a reflexão sobre o constante conflito socioespacial, uma vez que o espaço constitui presença multifacetada na estrutura social do capitalismo, suscitando diferentes interesses e disputas.

Para entender como se processa o papel da renda territorial e o perfil da especulação imobiliária, buscam-se no estudo do geógrafo britânico David Harvey as explicações para as diversas formas de renda fundiária com base na valorização intraurbana do espaço. É o caso da renda absoluta e da renda diferencial, em que as localizações diferenciadas geram lugares mais ou menos valorizados quanto à sua posição na trama urbana.

Ao analisar os conceitos de valor de uso e de valor de troca, esse autor afirma que, na economia capitalista, o indivíduo tem duplo interesse na propriedade: como valor de uso (atual e futuro) e como valor de troca (atual e futuro). Essa relação dialética é empregada na teoria da renda fundiária ao nível de valorização do espaço, segundo Harvey.

De acordo com a pesquisadora Iná Castro, a cidade analisada como um bem material encontra-se subjugada aos sistemas de produção cuja programação do consumo assume o controle da vida cotidiana. Como a demanda por solo urbano muda frequentemente, de acordo com o processo de ocupação do espaço pela expansão da trama da cidade, o preço de determinada área está sujeito a oscilações intensas, tornando o mercado imobiliário essencialmente especulativo. O processo de especulação imobiliária ocorre quando um promotor imobiliário resolve agregar determinada área ao espaço urbano, visando a um preço que nada tem a ver com os custos imediatos. A valorização da gleba é antecipada em decorrência das mudanças na estrutura urbana que ainda estão por acontecer (antecipação espacial).

Para entender a dinâmica dos processos que ocorreram no território do município de Saquarema, é preciso revisitar parte de seu passado para que, em sua história, encontremos as razões que justifiquem o atual cenário da ocupação.

A cidade nasceu em uma região cenicamente exuberante, constituída por ecossistemas lagunares (Figura 1.1), cuja natureza exibia uma riqueza biológica ímpar. Em meio a esse cenário, surge o núcleo urbano assentado às margens desse conjunto de lagunas, que, desde então, vem se enquadrando como referência econômica, ambiental e cultural do município.

A região, no período colonial, foi de importância estratégica para a coroa portuguesa, que a utilizava para reabastecimento de suas esquadras. Independentemente da característica do ciclo econômico, a microbacia que compõe as lagunas fazia parte da estrutura econô-

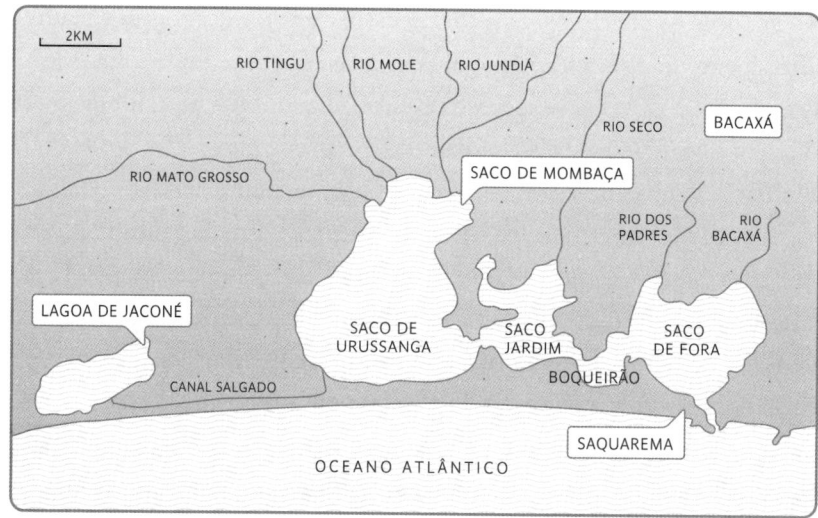

FIGURA 1.1 MICROBACIA DO SISTEMA LAGUNAR LOCALIZADA NO MUNICÍPIO DE SAQUAREMA.
FONTE: WASSERMAN (2000).

mica local, servindo à navegação, fornecendo pescado, água, víveres, madeira e mão de obra indígena. A formação do núcleo urbano foi consequência da frequência desses reabastecimentos; o então arraial passou por fases de altos e baixos que corresponderam aos diferentes ciclos econômicos pelos quais passou a região. É possível, de certa forma, entender que, na verdade, o processo de eutrofização do espelho da lagoa teve início no período colonial, e as oscilações de progresso e decadência dos diferentes ciclos econômicos locais repercutiram em graus diferenciados de degradação, o que, ao longo dos anos, foi comprometendo a qualidade ambiental do ecossistema lagunar.

No entanto, foi nas duas últimas décadas do século XX que a ocupação humana[1] se estabeleceu com instalações residenciais, comerciais

---

1 Com a inauguração da Ponte Presidente Costa e Silva, em 1974, foi facilitado o acesso à capital fluminense e aos municípios da Baixada Fluminense, o que propiciou a instalação de inúmeros loteamentos para veraneio no entorno da lagoa.

e turísticas nos arredores das lagoas. A precariedade da infraestrutura, especialmente quanto ao saneamento ambiental, acabou por acelerar a deterioração dos padrões da qualidade ambiental dos espelhos d'água.

Entre os efeitos mais graves está a alteração das características químicas[2] das águas da laguna. Esse parâmetro é um dos elementos primários da formação de grupos de vegetação que serviam de berçário mantenedor da sobrevivência de inúmeras espécies tradicionalmente capturadas na lagoa. Em meio a essas formações, estava uma densa constituição de bancos de taboa, que foram retirados, gradativamente, para dar lugar à ocupação humana e aos aterros recobertos por gramíneas.

As alterações da paisagem foram relatadas em diferentes depoimentos, destacando-se o profissional que, por 23 anos, atuou na negociação de imóveis:

> Trabalho aqui há uns 23 anos. Quando comecei, eram muitos loteamentos. A maioria dos lotes foi vendida para moradores da zona norte do Rio de Janeiro ou da Baixada Fluminense. A lagoa tinha muita vegetação; mais ou menos uns 2m a 2,5m de altura. Segundo eles, aqueles que compraram mais próximos à orla da lagoa, quando iam construir suas casas, mandavam "limpar" o terreno, retirando a vegetação das margens porque atrapalhava a "vista". Também chegava muito aterro trazido de Sampaio Correia e que era usado em parte da lagoa para fazer deck para barcos. (Relato 122)

Esse relato reporta as causas do processo de deterioração dos parâmetros ambientais da lagoa, cujos reflexos vão além do comprometimento ambiental do ecossistema, mas vieram produzir efeitos sobre aspectos intangíveis associados ao relacionamento afetivo e cultural

---

2 Parâmetros como pH, temperatura, salinidade, entre outros.

com o elemento natural-geográfico. O comprometimento das condições ambientais gerais da microbacia da lagoa suscitou o desequilíbrio das características desse ecossistema e, consequentemente, o decréscimo na base de produção do pescado, que, por sua vez, provocou a gradativa desorganização de uma parcela da população local cujo sustento primário dependia de tal equilíbrio.

Em outro relato, o depoente, nascido no município, afirma ser a quarta geração da família, sem nunca ter residido em outro lugar. Em sua fala, ficam registradas as percepções em relação às alterações ocorridas com o passar dos anos:

> Primeiro moramos na Rua Aquilar Moreira, bem próximo à igreja, em uma casa que era de meus bisavós, moradia simples, mas com terreno grande, com quintal e muito "pé de fruta". Não tínhamos a escritura, mas ninguém se preocupava com isso. Quando meus avós morreram, meu pai foi "correr atrás" do documento de posse. Deu trabalho, mas ele regularizou a situação da casa e viveu nela até o final de sua vida. Eu e meus três irmãos herdamos a casa, mas preferimos vender. Hoje é uma pousada. (Relato 6, de um mestre de obras.)

Segundo o mesmo depoente, a família sempre se sustentou da pesca, mas, quando os peixes "sumiram", ele e seus irmãos, já adolescentes, abandonaram a atividade, pois não dava mais para viver dela. Ele aprendeu o ofício de pedreiro e, em seu relato, afirma ter trabalhado em muitas das casas de veranistas. Quando se casou, ele mesmo construiu sua casa no Boqueirão; disse que não invadiu o terreno, havia uma imobiliária – cujo nome não se recordou – que loteou a área. Disse que não foi possível morar perto do pai porque lá as casas e os terrenos eram muitos caros.

Ele afirmou que, no início, viver no Boqueirão era até bom, mas, com o tempo, o mau cheiro começou invadir as casas. O recolhimento de lixo era muito precário; com isso, o bairro ficava infestado de ratos e insetos. Em suas lembranças, acredita que levou cerca de quatro anos para que o Boqueirão chegasse ao tamanho que é hoje. À medida que se transformava em um bairro, a vida no Boqueirão ficava cada vez mais complicada; além do mau cheiro, vieram também as inundações. Ele relatou que, em uma enchente, a família perdeu a mobília e os eletrodomésticos, e que as condições das ruas eram péssimas – muitos buracos, lama, sem pavimentação nem iluminação etc. Ainda assim, o bairro cresceu com "gente da terra": ex-pescadores, ex-produtores rurais.

Lembrando-se da infância, esse depoente disse que dava tristeza ver aquela parte da lagoa virar um lamaçal malcheiroso: "Brincávamos aqui. Eu e meus irmãos. No verão, saíamos da escola para a lagoa; era uma farra... Passávamos a tarde toda e só voltávamos para casa à noitinha."

Ao fim de seu depoimento, ele contou que, depois de tanto tempo, somente agora as melhorias começaram a chegar; calçaram umas ruas, iluminaram outras, mas não foram todas. Segundo ele, quando abriram o canal da Barra Funda, o cheiro ruim melhorou, mas, em tom melancólico, concluiu: "É... Mas ainda não dá para pescar." (Relato 6, de um ex-pescador nascido no local.)

Esse relato, com base em memórias, revela a perda do meio de sobrevivência por conta da degradação ambiental e, ainda, a mudança de referências a que os membros de seu grupo familiar foram submetidos por conta de não mais conseguirem viver no bairro de origem.

O assoreamento, a baixa qualidade da água, a constância na mortandade de peixes, o mau cheiro, as frequentes enchentes, os riscos à saúde, as atividades de lazer dadas como impróprias e a pesca amadora comprometida foram os diferentes fatores que provocaram a gradativa desvalorização dos terrenos do entorno da lagoa. No entanto, a desvalorização, em vez de frear a ocupação dos loteamentos para veranistas, na verdade, apenas favoreceu a ocupação por populações de baixa renda que deram origem aos bairros conhecidos como Boqueirão e Mombaça, nos quais se inserem comunidades como Tingui, Rio Seco, Rio Mole e Porto do Roça.

Ainda que a sustentação turística local estivesse bastante ancorada em uma relação de dependência com a qualidade ambiental do ecossistema lagunar, o mercado imobiliário não perdeu o interesse no município, mas redirecionou sua força de venda para a realização de loteamentos em áreas cujos efeitos da degradação foram menos sentidos. Surgiram, assim, os bairros de Itaúna, Balneário Vila, Vilatur, Gravatá e Lagoa Vermelha. Já os empreendimentos comerciais, dada a proximidade com a rodovia Amaral Peixoto, direcionaram seus esforços de ocupação para os terrenos localizados em Bacaxá.

A alteração no foco da expansão imobiliária não contribuiu para a melhoria das condições ambientais do sistema lagunar; ao contrário, a precariedade de investimentos em saneamento ambiental fez com que os bairros criados direcionassem o lançamento de seus esgotos *in natura* para o rio Bacaxá, que desemboca na lagoa de Saquarema, na altura da região do Saco de Fora. Já a implantação do bairro de Itaúna, onde muitas das construções implicaram a retirada de boa parte da vegetação de restinga, foi considerada responsável pelo fechamento do canal natural que ligava o sistema lagunar ao litoral.

Os dois eventos associados – o aumento na emissão de sedimentos orgânicos e o barramento na entrada do canal responsável pela renovação das águas – acarretaram o comprometimento das condições ambientais do sistema lagunar e o consequente redirecionamento do uso do solo.

Esse cenário se manteve até o ano 2000, quando foi aprovada a construção do canal da Barra Franca. A partir daí, na certeza de que as condições ambientais da lagoa melhorariam, novas áreas do entorno das lagoas passaram a ser "reservadas" aos investimentos imobiliários voltados às classes A e B; concomitantemente a esse movimento, os investimentos públicos em infraestrutura – pavimentação, rede pluvial e iluminação – passaram a ser direcionados para essas áreas.

Todo esse panorama demonstra claramente uma antecipação espacial. Esse movimento, característico da pós-modernidade,[3] articula diferentes formas de produção e circulação da renda, revelando faces distintas à estruturação do movimento urbano. A sub ou supervalorização de áreas do espaço geográfico impulsionam o surgimento de novas atividades econômicas e privilegiam a estruturação e a organização de partes do espaço, construindo e desconstruindo territórios-ícones que se assumem estrategicamente com determinado nível de *status*.

A demanda por solos urbanos para fins de habitação e atividades produtivas é determinada pelas vantagens locacionais, apontadas principalmente pelo maior ou menor acesso aos serviços urbanos, segundo o sociólogo Paul Singer. Em geral, essas áreas são ocupadas pelas camadas de renda mais elevada, capazes de pagar um preço alto pelo direito de morar ou exercer suas atividades econômicas. No caso de Saquarema, o fator determinante está calcado na precariedade das condições ambientais oferecidas pelo conjunto lagunar, situação essa que determinou o desinteresse da população de poder aquisitivo mais elevado e, por conseguinte, dos empreendedores imobiliários, e ainda acabou por impelir a população pobre para tais zonas desprovidas de recursos.

A especulação imobiliária consiste, de certa forma, em uma antecipação espacial em que os "investidores" procuram influir nas decisões do poder público em relação às áreas que serão beneficiadas pela expansão de serviços e, consequentemente, garantir o retorno do investimento mediante a sobrevalorização das áreas. O direcionamento do crescimento urbano provoca uma reestruturação do uso do solo das áreas já ocupadas; nesse ponto, residiria a responsabilidade do poder público, que retém não só a capacidade de interferir no deslocamento

---

3 A pós-modernidade solubilizou a noção espaço-tempo, a valorização dos espaços físicos passou a ser referenciada pela sociedade na dotação de significados, e é desse ressignificado impingido ao território que se instala o dinamismo social.

dos serviços urbanos essenciais, mas também se constitui na representação da autoridade no controle e na liberação de uso do solo de cada região de seu território.

No entanto, a aproximação do poder público com o capital imobiliário empreendedor vem direcionando os serviços de infraestrutura prestados pelo poder público – pavimentação das ruas, rede de distribuição de águas tratadas, rede coletora de esgotos, coleta regular de lixo e iluminação – aos logradouros para onde convergem os que podem pagar o preço do solo onde tais serviços estão sendo disponibilizados.

Os investimentos do poder público são reconhecidos por terem papel fundamental na valorização do espaço. Sua atuação como principal agente na distribuição socioespacial das instalações urbanas para diferentes classes sociais reflete-se ativamente nas contradições e na disputa de classes, que geram a segregação socioespacial e influem no valor de uso urbano, segundo o sociólogo Jean Lojkine. A instância governamental pública que atua na função de planificação vem se associando, com frequência cada vez maior, às grandes empresas. Essa aproximação do poder político com a iniciativa privada resulta em uma relação de "empoderamento" de alguns setores sobre funções, atributos e prerrogativas da organização da sociedade urbana.

Com o conceito de cidade como produto das transformações da organização social, ícone representativo da sociedade capitalista, materializado no desenvolvimento desigual e das injustiças sociais, é possível validar uma concepção de cidade do sociólogo Mark Gottdiener, que ressalta a produção da riqueza espacial, regulada pela lógica da acumulação de capital, cujo resultado do processo traduz desiguais apropriações do espaço.

Nesse aspecto, Lefébvre identifica duas importantes características do processo de urbanização: a formação da trama urbana e o estabelecimento da construção da cidade, tendo por base uma centralidade. A maioria das cidades brasileiras ocupa os espaços de seu território ao adotar um padrão periférico; o núcleo original dispõe, minimamente, de uma infraestrutura de serviços públicos e privados. A supervalorização dos lugares centrais acarreta rápidos processos de ocupação que, por vezes, mostram-se desiguais: o distanciamento do núcleo gerador empurra a ocupação para áreas periféricas, nas quais os serviços públicos e privados são escassos. Essa desigualdade indica um movimento urbano segregativo representado pela formação dos bolsões de miséria, pela autoconstrução das moradias e pela ocupação de ecossistemas frágeis e de áreas com iminente risco de morte.

Nesse sentido, é aplicável relacionar as ocupações do entorno da lagoa de Saquarema com a supervalorização dos lugares centrais decorrente da intensificação das atividades turísticas. Igualmente, podemos ainda associar que a fragilidade no controle social de tais espaços, não vocacionados ao uso humano, contribui para a apropriação pela população mais pobre. Isso significa que essa população, como alternativa à sobrevivência, submeteu-se a uma série de opções, para ela tidas como razoáveis, mas dentro de um rol de oportunidades de baixa qualidade. A falta de alternativas para a construção de um projeto de vida adequado submete as parcelas empobrecidas da população a uma racionalidade incoerente, que as depara com um enfrentamento diário de uma realidade de condições adversas.

O estudo da trajetória do processo de urbanização local é capaz de indicar os saldos econômico, social e ambiental resultantes da desconexão da avaliação da dimensão espacial. O descompasso entre o crescimento do uso do solo e a efetiva urbanização resulta em um generalizado e oneroso agravamento dos problemas urbanos, representado pelo agigantamento das áreas periféricas. É mencionado que as periferias, aparentemente, configuram-se em um lugar de *status* intermediário; no espaço urbano se inserem territórios nos quais se vislumbram a modernidade e se organizam algumas práticas cotidianas do mundo moderno, como afirma o filósofo Henri Lefébvre.

A questão da centralidade não pode prescindir do estudo das lógicas do espaço e/ou do espaço-tempo. Sem essa análise, segundo esse autor, as soluções dadas ao problema seriam apenas estratégias dissimuladas, a saber:

> A essência do fenômeno urbano é a centralidade, considerada como movimento dialético que a constitui e a destrói, que a cria e estilhaça não importa qual ponto possa se tornar central, uma vez que o caráter fascinante do espaço urbano é a sua centralidade sempre possível. O urbano é pontual, se localiza, se focaliza, ele não existe sem um centro (localização). Em torno de um centro momentâneo reina uma ordem próxima – a isotopia e devido a sua expansão ilimitada engloba uma ordem distante, agrupando pontualidades distintas, a heterotopia.

No entanto, não é possível acatar completamente tais prerrogativas de Lefébvre, pois, em muitas configurações espaciais, notam-se áreas desprovidas de serviços públicos e privados, ou com tais serviços oferecidos de forma não satisfatória, incrustadas em regiões dotadas de infraestrutura. Essa proposta de isotopia dos centros não se aplica completamente, uma vez que, decorrentes da omissão do poder público no exercício do ordenamento territorial, encontram-se áreas embutidas nas regiões centrais nas quais é notório o adequado provimento de serviços públicos.

De acordo com o geógrafo Roberto Lobato Corrêa, para maior proximidade com a realidade do território em estudo, buscou-se respaldo na concepção de Colby, para quem as áreas periféricas podem ser entendidas não somente pelo distanciamento dos lugares centrais, mas também como lugares alijados total ou parcialmente do que se entende sobre recursos da modernidade e facilitadores do cotidiano. Isso significa ser possível deparar-se com territórios periféricos incrustados em meio às áreas que já dispõem de serviços essenciais.

Tais territórios periféricos, em geral, encontram-se às margens de rios e de outros corpos hídricos, nas encostas ou até mesmo nas zonas de amortização das unidades de conservação. Assim, para um panorama mais próximo e real, é proposto um modelo para entendimento do movimento de ocupação do solo, com base em Colby e Lefébvre, mas introduzindo áreas de urbanização intermediária, nas quais há um número de serviços, em geral das concessionárias ou de corporações privadas, mas com limitações na oferta de serviços públicos (Figura 1.2).

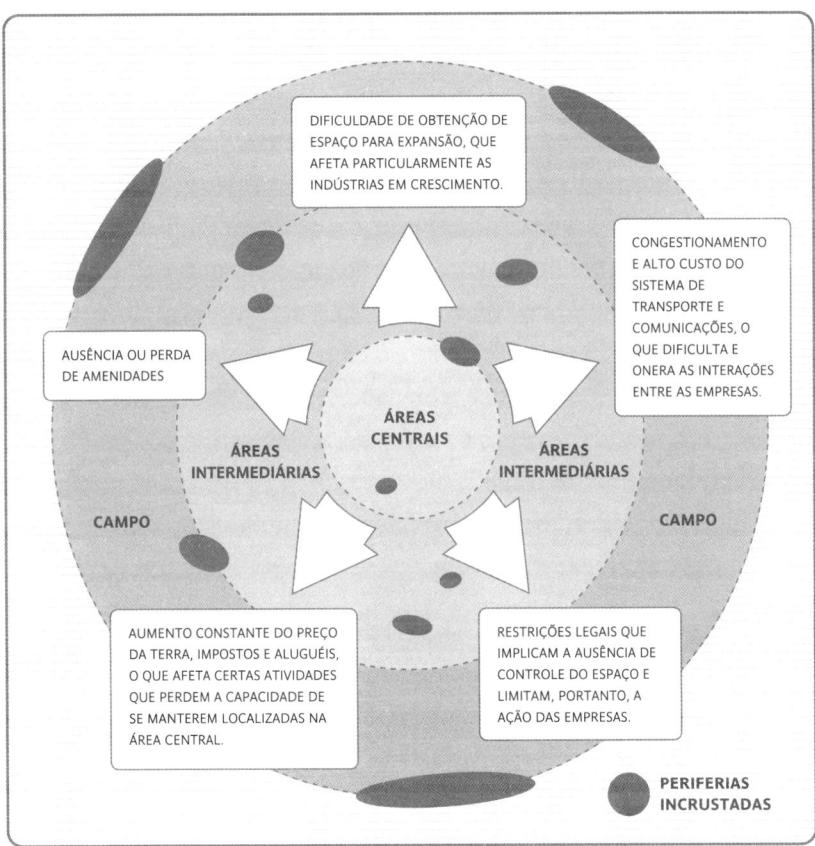

DIFICULDADE DE OBTENÇÃO DE ESPAÇO PARA EXPANSÃO, QUE AFETA PARTICULARMENTE AS INDÚSTRIAS EM CRESCIMENTO.

CONGESTIONAMENTO E ALTO CUSTO DO SISTEMA DE TRANSPORTE E COMUNICAÇÕES, O QUE DIFICULTA E ONERA AS INTERAÇÕES ENTRE AS EMPRESAS.

AUSÊNCIA OU PERDA DE AMENIDADES

ÁREAS CENTRAIS

ÁREAS INTERMEDIÁRIAS

ÁREAS INTERMEDIÁRIAS

CAMPO

CAMPO

AUMENTO CONSTANTE DO PREÇO DA TERRA, IMPOSTOS E ALUGUÉIS, O QUE AFETA CERTAS ATIVIDADES QUE PERDEM A CAPACIDADE DE SE MANTEREM LOCALIZADAS NA ÁREA CENTRAL.

RESTRIÇÕES LEGAIS QUE IMPLICAM A AUSÊNCIA DE CONTROLE DO ESPAÇO E LIMITAM, PORTANTO, A AÇÃO DAS EMPRESAS.

PERIFERIAS INCRUSTADAS

FIGURA 1.2 MODELO DE USO E OCUPAÇÃO DO SOLO COM BASE EM COLBY E LEFÉBVRE, ELABORADO POR CRISTIANE SOARES.

Com a observação do modelo da figura, é possível incorporar o entendimento de que a ocupação do território ocorre de forma desigual. Conforme proposição sobre a apropriação dos espaços levantada por Lefébvre e Colby, aplica-se a compreensão da lógica de utilização dos espaços no município de Saquarema. O processo de transformação das características naturais do município – solo, águas, vegetação, ar, paisagem e clima – acabou se constituindo em um bem de consumo, representando insumos para a criação de um novo ambiente em que o uso da paisagem natural está representado como um fator atrativo para a promoção das atividades econômicas relacionadas ao setor turístico.

Seguindo o pensamento do professor e pesquisador Henri Acselrad sobre as relações conflituosas entre o meio ambiente e as estruturas socioeconômicas, "os problemas ambientais são manifestações de um conflito entre o interesse privado e o bem coletivo". Nessa mesma linha, "toda a ação que compromete as condições ambientais de existência e trabalho das populações atenta contra direitos ambientais de indivíduos e coletividades". Em referência ao perfil da ocupação discutido anteriormente, o conflito se instala com base na sobrevalorização das áreas centrais que, quando associada ao despojamento estrutural das áreas periféricas, encaminha a ocupação para áreas ambientalmente frágeis.

A questão do desenvolvimento dos aglomerados urbanos, em detrimento da alteração da paisagem natural preexistente, incide na criação de um panorama cultural desigual e heterogêneo, que se modifica gradualmente no decorrer do tempo. Dessa forma, não é possível dissociar a análise da estrutura de construção física do espaço urbano das experiências individuais dos habitantes, estabelecendo-se a correlação entre o binômio espacialidade-experiência, como afirma Lefébvre. Para Corrêa, a [...] "espacialidade implica que se considere o meio ambiente, de um lado, como reflexo social e, de outro, como *condicionante social*, isto é, reflete os processos e as características da sociedade que o criou e que ali vive". De tal modo, a cidade-organismo de George Simmel é assumida mediante um ato de posse do solo por um grupo humano; a vontade humana subjuga o meio natural, funcionando como mola propulsora no crescimento das cidades.

À articulação dos parâmetros sociais e econômicos associa-se a observação dos requisitos ambientais, avalizando as condições prementes ao encaminhamento sustentável da ocupação do espaço, em busca da viabilização dos preceitos ambientais, econômicos e sociais. Não se pode, nesse sentido, refletir isoladamente sobre a problemática social sem pensar e planejar os possíveis reveses ambientais que possam advir. Visto que há relação recíproca entre o ecossistema e o equilíbrio econômico-social da população, a degradação de um está, necessariamente, articulada à do outro. Ou seja, ao aprofundarmos as questões relativas à sustentabilidade ambiental, tal como ela tem sido reportada, devemos considerar a valoração da sua durabilidade material como suporte ao desenvolvimento. É preciso questionar de que forma e quais elementos deverão ser examinados na base material para que possamos usufruí-la com maior segurança, viabilizando, ainda, seu dilatamento temporal.

Os princípios pertinentes à sustentabilidade ambiental precisam sofrer um rebatimento para o território, contemplando o equilíbrio de diferentes contrapontos da diversidade cultural, social e ambiental, que costumam ser relegados a um plano inferior, quando está em jogo a legitimidade de diferentes agentes econômicos, cujas modalidades de apropriação dos recursos do território preponderam. Em algumas instâncias, tais agentes econômicos assumem o papel de principal interventor das alterações no conjunto da paisagem e da sociedade.

A polêmica sobre as alterações ambientais ocasionadas pelos fluxos turísticos, abordada dentro do universo local, assume o embate do paradigma da sustentabilidade econômica. Muitas localidades estruturaram seus territórios para a implementação de políticas de desenvolvimento calcadas preponderantemente na cadeia de negócios turísticos. No entanto, os instrumentos para formulação e validação de tais políticas de desenvolvimento carecem de amparo técnico, dentro dos preceitos conceituais dos territórios sustentáveis.

Ao se ressaltar as condicionantes das dimensões sociopolítica e cultural associadas à problemática da base material do desenvolvimento, estas duas perguntas se fazem presentes: "O que se quer sustentar?" e "Para qual finalidade é o sustento?". Tais questionamentos discriminam, ao lado dos parâmetros ambientais mínimos, o ponto de equilíbrio entre as estruturas políticas e sociais, bem como entre os valores culturais, direcionando-os às premissas para o estabelecimento da qualidade de vida.

A percepção da articulação intrínseca entre a condução técnica e suas inter-relações sociais institui um terceiro questionamento: "Qual é a qualidade de vida por meio da qual se busca uma base material que se pretende fazer perdurar?" Insere-se, nessa perspectiva, não só a questão da eficiência relativa das técnicas, mas também a das qualidades sociais e simbólicas distintas atribuídas aos elementos da base material do desenvolvimento. Em outras palavras, considerando os diferentes significados simbólicos atribuídos aos conjuntos de atrativos turísticos, tem-se percebido que os agentes de desenvolvimento econômico vêm lançando mão de ferramentas de marketing para a construção de ícones de venda, que, em essência, não refletem as percepções afetivas e culturais dos moradores locais.

Nesse sentido, é preciso chegar a conclusões acerca das interfaces das conjunturas sociais, históricas e culturais, não só configurando uma reflexão sobre a perda de eficiência das técnicas e sobre os modos de gestão dos recursos naturais, mas também incluindo a reflexão sobre o conjunto das práticas de poder sobre "recursos territorializados".

Rogério Haesbaert introduziu o conceito de multiterritorialidade, no qual a compactação do espaço-tempo, da mobilidade física e da carga simbólica em seu conjunto torna complexa a formação de territórios, lugares e identidades. Isso significa que a sociedade está vivenciando novas formas de territorialização, uma combinação múltipla de territórios-rede, em que se permitiria a existência dentro de uma multiterritorialidade, a qual o autor categorizou em dois tipos: tradicional, por articulação de territórios-rede simultânea, e por articulação de territórios-rede sucessiva.

Do mesmo modo, o sociólogo Zygmunt Bauman considera a era do multiculturalismo um reflexo da experiência de vida das novas elites globais, que incorpora a mobilidade física ao se reportar às atividades turísticas e reduzir o mundo a uma gigante loja de departamentos. Não obstante, são ressaltados os problemas de identidade: "[...] quando esta perde as âncoras sociais que a faziam parecer natural, predeterminada e inegociável, a identificação se torna cada vez mais importante para os indivíduos."

Nessa perspectiva, a esperada "transição" para o turismo de base sustentável ou de base comunitária não pode ser considerada um processo determinístico, como se integrasse uma trajetória com rumo previamente definido. A elaboração de um novo modelo para o exercício da atividade turística pressupõe o reforço no caráter identitário local, cujo mapeamento claro de todos os seus interlocutores sociais propiciaria uma prática espacial com atividades turísticas investidas em mais do que discursos de sustentabilidade, mas pactuada pela comunidade local e pelas forças relativas dos agentes e projetos da cadeia de negócios turísticos.

« 1.3 »
URBANIZAÇÃO TURÍSTICA E SUSTENTABILIDADE TERRITORIAL

A organização espacial do estado do Rio de Janeiro se configurava por concentrar as ofertas de oportunidades de trabalho e renda orbitalmente em sua capital; em outras palavras, a região metropolitana assumia o papel de domínio da maior parte das ofertas de serviços públicos e privados. No entanto, temos percebido que, nas últimas três décadas, as demais regiões do estado vêm apresentando evidentes sinais de dinamização de suas economias, ao definir novos lugares de empreendimentos, que, por fim, estão revertendo o processo de concentração metropolitana. Essa situação tem se dado em pequenas aglomerações que vêm ultimamente se convertendo em centralidades de serviços especializados, dentro de uma nova configuração da hierarquia urbana. O plano estratégico do governo do estado do Rio de Janeiro, apresentado em fevereiro de 2008, espelha o movimento de diversificação territorial dos investimentos.

Nesse contexto, podemos identificar também uma forte proposição no direcionamento de investimentos para a cadeia produtiva do turismo. Para o período 2010/2012, os investimentos no setor de turismo representam a soma de meio bilhão de reais, direcionados em parte para a região da Costa do Sol. Em especial no município de Cabo Frio, devem ser destacados os investimentos em projetos nas áreas de infraestrutura e saneamento básico do estado, a serem realizados no âmbito do Programa de Desenvolvimento do Turismo (Prodetur), em diversos municípios: Petrópolis, Niterói, Cabo Frio, Nova Friburgo, municípios da Região do Vale do Café, além da capital. Todos os municípios seriam contemplados com investimentos em sinalização turística e qualificação de profissionais do setor (Sistema Firjan, 2010).

O ancoramento de grandes empreendimentos turísticos tenderá a reforçar essa vocação regional em cujo rastro aparecerão segmentações que fogem do tradicional turismo sol-e-praia. No entanto, dificilmente o modelo de turismo de "segunda residência" deixará de ser predominante nessas localidades, pois tal prática se constitui um traço cultural da sociedade fluminense.

O Programa Nacional de Municipalização do Turismo (PNMT)[4] foi lançado como conjunto de ações pertencentes a uma política de desenvolvimento que adotou o turismo como um caminho rápido para a retirada da estagnação econômica das localidades de pequeno e médio portes. Os municípios do litoral do estado do Rio de Janeiro vislumbraram nesse modelo turístico o caminho para o desenvolvimento de seus territórios; entretanto, em muitos, observa-se que tal prática social, apesar de contribuir para o incremento inicial para a retomada do crescimento, produz significativas interferências na base natural e cultural de seus territórios.

Ao analisar as áreas litorâneas que estão sendo incorporadas à atividade turística, percebe-se que o processo de apropriação das áreas integra uma modelagem que transforma os territórios em espaços cênicos para o exercício do turismo: a paisagem natural e cultural sofre modificações, transformando a realidade objetiva em realidade emocional. Para melhor compreensão dos caminhos que alçaram o turismo a tal plataforma de interferência, citam-se a seguir, como referência, alguns textos que abordam o papel do lazer nas sociedades contemporâneas e todo o seu leque de consequências que são relevantes às comunidades locais.

Os estudos sociológicos mais tradicionais definem o lazer como forma de relaxar em contraposição à fadiga e ao estresse do trabalho. Embora tais estudos não possam ser totalmente desconsiderados, estão longe de dar conta de todos os aspectos envolvidos no contexto do lazer. Por meio da construção teórica, fica rompido o pensamento marxista tradicional, além de não se poder pensar no lazer apenas como peça secundária na manutenção do processo da sociedade industrial.

---

4 Programa da Embratur, lançado em 1995, com o objetivo de dotar as administrações municipais de ferramentas de gestão para a consolidação do turismo em seus territórios.

Desde o fim do século XIX, as diferentes sociedades vêm passando por profundas mudanças em seu modo de vida produtivo e comportamental, como a alteração da relação dos seres humanos com o trabalho. Pouco a pouco, um arcabouço de regulação dessa relação começou a ser formado, instituindo-se as associações de classe, sindicatos, legislações, sistemas legais e judiciais, que foram sendo estabelecidos especialmente para ajustar as relações trabalhistas aos anseios da sociedade. Nesse processo de regulação, a figura do "tempo livre" se torna cada vez mais personificada, estabelecendo-se aí a relação dicotômica "trabalho *versus* tempo livre". Entende-se que o "tempo livre" assumiu importância cada vez maior no âmbito dessa dualidade, talvez por se entender que a satisfação agradável proporcionada pelas atividades de lazer venha sobrepujando a importância das horas dedicadas ao trabalho.

Algumas correntes, como as de Satnley Parker, Nelson Marcellino e Pablo Waichiman, defendem que o lazer se apresenta como contraponto ao trabalho, um meio para aliviar a tensão do dia a dia e melhorar a capacidade das pessoas para o próprio trabalho. Essa corrente de pensamento apresentava certa solidez; isso porque prevalecia, em larga medida, um sistema de valores e de crenças preestabelecidas no qual se submetia a ideia de que as pessoas buscam no lazer um alívio para a fadiga dos esforços do trabalho.

De forma contrária, e superando essa maneira tradicional de entendimento do lazer, os sociólogos Norbert Elias e Eric Dunning argumentam que o papel desse acontecimento social, em muitos aspectos, estende-se para além dos limites galgados até o momento. Ao ampliar a visão além dos termos causa-efeito e inserir esse conceito no âmbito de uma teoria contextual do desenvolvimento, o lazer passa a se traduzir como necessidade existencial para as sociedades contemporâneas. Tal concepção vai ao encontro do pensamento de Lefébvre, que entende que "[...] a civilização industrial moderna, com seu trabalho parcelar, suscita uma necessidade geral de lazer".

A construção distinta de lazer e tempo livre como conceitos socio-lógicos independentes viabiliza a discussão por óticas mais abrangen-tes, pois nos liberta da abordagem limitada anteriormente imposta à teorização e investigação do lazer. A relação de antítese entre trabalho e lazer já não é capaz de dar suporte às investigações por causa de sua limitação teórica. Assim, procurando formular respostas para as questões que permeiam os conceitos de lazer, Elias e Dunning desen-volveram um quadro teórico em que as atividades de tempo livre fo-ram abordadas por cinco categorias: trabalho privado e administração familiar; repouso; provimento das necessidades biológicas; sociabili-dade e atividades miméticas ou lúdicas.

Assim, para referenciar o turismo como atividade de lazer, será con-siderada apenas a categoria "sociabilidade", que engloba as atividades relacionadas ou não com o trabalho, incluindo-se as atividades como tu-rismo, excursões, frequência de visitação aos bares, clubes, restaurantes ou festas, cujo eixo principal é a interação entre as pessoas.

As atividades de lazer têm grande efeito, produzindo uma agradá-vel sensação de excitação-prazer em que se configuram, em concomi-tância, a antítese e o complemento emocional que suprem a banalidade verificada nas rotinas racionais da vida. Assim, em uma sociedade em que a maior parte das atividades está submetida à rotina cotidiana das pessoas, essas encadeariam o conjunto de atividades de "não lazer". Então, o que pode ser chamado de "tempo livre" passa a representar a lacuna, ou seja, o espaço temporal em que se exerce o poder de escolha para vivenciar atividades que se traduzem em oportunidades para as experiências emocionais e sensoriais.

A busca por aprimoramento e ascensão social imprime um ritmo acelerado para o cumprimento das atividades rotineiras, o que reduz ao máximo as oportunidades de sensações agradáveis. Assim sendo, as características das necessidades individuais de lazer são socialmente desenvolvidas com base na escassez de oportunidades para evidenciar as expressões emocionais de forma prazerosa. Dessa forma, as características das atividades específicas de lazer, ainda que mais complexas, desenvolvem-se com a intenção de suprir tais necessidades.

Pensando assim, podemos dizer que o lazer produz uma espécie de catarse[5] cujo significado de purificação representaria a limpeza do corpo pelo alívio da carga emocional. Em outras palavras, as atividades de lazer, entre elas o turismo, produziriam um efeito catártico nas pessoas, e esse entorpecimento se constituiria no fator que impulsiona a busca crescente por diferentes formas de experimentação sensorial. Isso acentua a concepção de que as pessoas procuram as atividades de lazer não para atenuar as tensões rotineiras, mas, sim, para suprir uma tensão específica, uma forma de excitação não experimentada no dia a dia.

As sociedades, cada vez mais intrincadas, estão exigindo uma disciplina emocional crescente, o que significa que a manifestação de uma série de sentimentos aprazíveis é reprimida. Desse modo, o lazer, ao produzir seu processo catártico, evidenciado e vivenciado por meio de atividades diversas, constitui-se em um fenômeno complexo, que não é puramente biológico, tampouco se restringe à esfera da psicologia ou da sociologia, como afirmam os sociólogos Elias e Dunning:

> O estudo do lazer é um dos numerosos casos em que não é possível descolar o problema da relação entre os fenômenos do nível social e os que se encontram nos níveis psicológico e fisiológico. A esse respeito, não se pode evitar o trabalho de uma análise múltipla dos níveis, isto é, o de considerar, pelo menos em traços gerais, como é que no estudo do lazer os três níveis – sociológico, psicológico e biológico – se relacionam.

---

5 No conceito médico, significa expulsar as substâncias nocivas do corpo.

A destruição da rotina pode ser compreendida como função do lazer. O fazer algo sobre o qual não se tem completo domínio e/ou conhecimento proporciona um grau de insegurança, cria a expectativa do inesperado e do arriscado, produzindo tensão e excitação decorrentes da ansiedade que as acompanha. Esses altos e baixos de breves e alternados sentimentos antagônicos como esperança e medo, exaltação e abatimento são uma das fontes de renovação emocional de que se vem tratando até aqui.

Há evidências que sugerem a ausência de equilíbrio entre atividades de lazer e atividades de "não lazer", implicando determinado empobrecimento humano, um "esvaziamento" de emoções que afeta toda a personalidade. Sendo assim, as atividades de lazer assumem o papel autêntico, cuja ausência representa certo risco ao equilíbrio emocional e criativo do indivíduo. Alguns dos depoimentos tomados em Saquarema revelam esse aspecto do lazer turístico.

> Saquarema, para mim, é o verdadeiro paraíso. Moro em Curitiba, mas volto sempre aqui para me refazer e visitar minha família. Quando me aposentar, já tenho meu destino certo: Saquarema, é claro! (Relato 97, de uma frequentadora do balneário turístico desde 1991.)

> A única reclamação que tenho de Saquarema é o pouco tempo que tenho para passar lá. Tenho uma casa lá e estou louco para me aposentar para ter todo o tempo do mundo para curtir a cidade e tudo o que ela tem de melhor para me dar. (Relato 83, de um servidor público, frequentador eventual do balneário turístico.)

Essas declarações são proveitosas no que diz respeito à ratificação do significado do lazer para a sociedade contemporânea. Ambos os depoentes transpareceram uma percepção emocional do lazer turístico, reforçando a ideia de que existe um esvaziamento do significado das interpretações tradicionais e superficiais a respeito do lazer na atualidade, ou seja, as várias facetas das atividades de lazer são absolutamente reais e significativas para todas as sociedades da contemporaneidade.

As pessoas têm necessidade de renovação emocional, pela quebra da rotina de uma vida altamente padronizada; nesse sentido, existe uma interdependência funcional do lazer e do não lazer. Alguns autores que estudam a qualidade de vida no trabalho relatam que o bom desempenho das atividades rotineiras estaria condicionado ao expurgo da alta carga emocional no decorrer das atividades de lazer.

Parker ressalta que, nas sociedades contemporâneas, o objetivo "divertir-se" cada vez mais suplanta o prazer do desenvolvimento de uma atividade profissional, e que o crescente culto ao lazer assume características cognitivas subjetivas. É assim que os indivíduos buscam suprir suas frustrações e descarregar o estresse cotidiano, mediante a procura do êxtase nas experiências proporcionadas por tais momentos.

O perfil das necessidades de lazer, assim como o padrão das atividades desenvolvidas para a satisfação dessas necessidades, insere-se em um contexto mimético, notando-se um descolamento entre a realidade objetiva e a emocional, o que significa que tais atividades podem expressar múltiplos sentidos que concorrem para que haja um ponto de equilíbrio na saúde mental das pessoas. O contexto teórico apresentado sugere o entendimento de que o lazer – e o turismo contido nessa esfera – conformou-se socialmente como espécie de cura: o ponto de equilíbrio para a sanidade mental de uma população altamente cerceada de atitudes espontâneas e amplamente envolvida por agentes controladores.

A consideração das necessidades inerentes aos seres humanos, ao estudar o significado do lazer para as sociedades contemporâneas, denota o diferencial do conceito de Elias e Dunning no que diz respeito ao assunto, e ilustra ainda a contribuição dessa abordagem para qualquer trabalho do gênero que se pretenda desenvolver. A esse respeito, ressalta-se que o lazer significa uma prática que não se encerra por meio de um estudo unilateral, ou seja, nos estudos direcionados aos problemas do lazer turístico; deve-se ter em mente que para este não é possível se adotar uma postura reducionista calcada em uma única esfera do conhecimento. O lazer turístico deve ser vislumbrado levando-se em conta a relação entre os aspectos sociológico, psicológico e biológico.

Desde a segunda metade do século XX, o anseio por sentir, vivenciar, experimentar, passou a ser a tônica da construção de um número cada vez maior de destinos turísticos. A mídia e o marketing turístico se ocuparam de povoar o imaginário dos indivíduos ao criarem frases como "As praias secretas do Brasil", "*Yo quiero voltar!*"[6] ou "Saquarema – cidade de gente feliz", e tantas outras que se encontram espalhadas por outdoors e meios de comunicação especializados. Por outro lado, ao término da Segunda Guerra Mundial, o modo produtivo das corporações passou a ser enquadrado de uma série de parâmetros que viabilizavam a construção de padrões e normas.[7] A implantação desses "formatos" não só atingiu os elementos tangíveis da produção, mas também alcançou os indivíduos, que passaram a se conduzir conforme um conjunto de normas e padrões de comportamento a ser seguido em seus ambientes de trabalho. Resultado: as pessoas se despersonalizam e se personificam em uma marca.

Vinculado a isso, o lazer vem se configurando como contraponto a tal situação de normalização de procedimentos e comportamentos do tempo "não livre". Por outro lado, mesmo os indivíduos que gozam seu direito de férias, mas não ocuparam seu tempo livre com o lazer turístico, não sentem que estejam completamente revitalizados. É muito comum ouvirmos: "Quando não viajo, parece que não tiro férias!"

---

6 Campanha publicitária desenvolvida para a Prefeitura Municipal de Búzios e veiculada exclusivamente nos meios de comunicação da Argentina.

7 Em 23 de fevereiro de 1947, em Genebra, na Suíça, foi criada a International Organization for Standardization (ISO), entidade que congrega 170 países signatários para a construção e aprovação de normas internacionais em diferentes áreas técnicas.

Isso porque a rotina doméstica também se tornou um fardo. Assim, o lazer, em suas diferentes expressões, deixa de ser mera ocupação do tempo livre para se tornar uma necessidade.

O turismo como atividade de lazer vem se posicionando como via alternativa capaz de suprir as carências lúdicas que o mundo contemporâneo vem limitando, assumindo a representação de "quebra do cotidiano", algo fora do comum, uma possibilidade de comungar um conjunto de experiências prazerosas, um refrigério para a volta à rotina, como afirma Stanley Parker. Em nosso tempo, um número cada vez mais expressivo de pessoas, inseridas ou não em uma rotina de trabalho corporativo, ao eleger um destino turístico, procura se desvencilhar das amarras diárias, um alívio ao peso do cotidiano; a prioridade passa a ser a busca pela sensação de liberdade, uma experimentação de prazeres.

É fato que o turismo vem se posicionando como contraponto ao ritmo desenfreado impresso pelo mundo contemporâneo; também é inegável que se constitui em uma prática social que pode ser encarada como resposta aos atuais modos de produção, permeado por ansiedades e estresses. Nesse sentido, a prática do lazer turístico pode ser interpretada como reação da sociedade para enfrentar danos psicológicos cada vez mais comuns.

Entretanto, a cooptação do lazer turístico pela sociedade de consumo exige desse "produto" uma "embalagem", a adoção de um estilo definido por um padrão aceitável para que possa ser inserido no sistema competitivo do mercado. O turismo tratado como "produto" exige planejamento, estudo de mercado, marketing e todos os requisitos que antecedem o lançamento para que um negócio possa, então, ser experimentado.

No entanto, a adoção do lazer turístico implica inúmeras consequências diferentes de quando esse indivíduo adota, por exemplo, o lazer desportivo. O turismo envolve, como já mencionado, sociabilização, o que significa troca, contato e, por conseguinte, permanência no local para que isso se estabeleça. Tal permanência exige infraestrutura de acolhimento local, e, nesse ponto, iniciam-se os investimentos para aumentar a capacidade de recepção de turistas. É preciso ressaltar que a capacidade de acolhimento não se relaciona com a melhoria da capacidade de sustentabilidade territorial do destino turístico; esta se relaciona com a observação dos limites da capacidade da infraestrutura local, envolvendo aspectos como rede de abastecimento de águas e tratamento de esgotos, assistência médico-hospitalar, segurança pública, distribuição de energia, saneamento ambiental etc.

Nesse processo, a rede urbana do litoral fluminense, constituída por cidades de médio e pequeno portes que, em sua maioria, representam regiões com mais de trezentos anos de ocupação territorial, vem redefinindo rapidamente seu arranjo e conteúdo, formando novos eixos de urbanização. Assim, o turismo de veraneio vem se estabelecendo particularmente como alternativa econômica de caráter local, responsável pela retomada de expressivo desempenho econômico de diversas localidades do estado do Rio de Janeiro.

Alguns autores vêm tratando o turismo como fenômeno social capaz de processar grandes interferências no território, produzindo nova configuração espacial. Esse aspecto vem se confirmando nas três últimas décadas, nas quais a maior parte da faixa litorânea fluminense vem sendo alvo de acelerado processo de transformação do espaço, sobretudo nas localidades que sustentam o exercício dos agentes econômicos que proveem a demanda turística. O acadêmico Patrick Mullins utiliza a noção de urbanização turística para associar a dinâmica de funcionamento do turismo ao processo de urbanização. Assim: "[...] os centros turísticos são formas novas de urbanização porque são cidades construídas unicamente para o consumo"; e ainda, nessa forma de urbanização, "cidades e vilas (são) construídas explicitamente para o prazer".

A literatura ilustra muitos exemplos de territórios que sofreram intensa urbanização. Em última instância, é possível afirmar que tal urbanização turística se constitui, na verdade, no desenvolvimento de um espaço cênico "teatralizado", no qual a prática do turismo assume seus diferentes desdobramentos. O exemplo mais comumente utilizado é Cancún. Situada na ponta da península de Yucatán, no México, essa cidade foi erguida para o turismo e sua cadeia de consumo. A doutora em Demografia, Heloisa Costa, ressalta: "Em cerca de duas décadas, uma praia praticamente selvagem, localizada na periferia da economia mexicana, transformou-se no segundo ponto de maior afluência do turismo global, depois de Orlando, Disney World."

Para a geógrafa e pesquisadora Maria Tereza Duarte Paes Luchiari, a urbanização turística pode ser entendida como nova organização socioespacial originada da junção entre velhos e novos espaços:

> Este movimento entre o velho e novo, acelerado pela urbanização turística, gera novas paisagens, consome outras, traz à cena novos sujeitos sociais, elimina ou marginaliza outros e redesenha as formas de apropriação do espaço urbano, substituindo antigos usos e elegendo novas paisagens a serem valorizadas pelo prazer.

Ao focalizar a urbanização turística no caso da cidade de Natal (RN), o sociólogo Lopes Júnior destaca que:

> o conceito de urbanização turística tem emergido nos últimos anos para expressar uma nova forma derivada da conexão entre o desenvolvimento de atividades turísticas e a emergência de novas paisagens urbanas no fim do século XX.

Entretanto, o autor afirma que "em Natal, a urbanização turística não chega a moldar toda a cidade nem a redefinir completamente sua vida econômica".

O núcleo RMNatal da rede Observatório das Metrópoles vem apontando o novo papel econômico das capitais do nordeste brasileiro: o de receptoras turísticas. Cidades como Natal (RN), São Luís (MA) e Maceió (AL) vêm se conformando mediante novos processos e articulações da rede urbana. Questiona-se se as consequências decorrentes desse rearranjo propiciam o desequilíbrio das forças econômicas, provocando a segregação socioespacial, especialmente, da orla nordestina, como ressaltam os pesquisadores Alexsandro Silva e Ângela Ferreira.

Outra concepção é oferecida pela geógrafa e pesquisadora Rita Cruz, ao ressaltar a ideia de urbanização para o turismo, argumentando que:

> [...] embora a urbanização turística seja uma forma de urbanização para o turismo, a distinção conceitual se faz necessária porque, em se tratando do litoral nordestino, há casos em que o processo de apropriação do espaço pelo turismo não chega a ser uma urbanização turística.

A distinção proposta por Rita aplica-se ao exemplo de Porto Seguro (BA), pois, além dos espaços produzidos unicamente para o uso turístico (praias, praças, centros comerciais etc.), considera-se o conjunto das transformações socioespaciais, englobando outras áreas que não as de uso exclusivo do turismo (as periferias urbanas, as áreas socialmente excluídas etc.). Assim, o turismo como atividade econômica redefiniu a dinâmica demográfica regional, "moldando" o espaço urbano e consumindo vorazmente, de forma literal e figurada, o patrimônio ambiental local.

Do ponto de vista da relação entre população e meio ambiente nos espaços em processo de acelerada transformação gerada pelo turismo, permanece atual a argumentação do doutor em demografia e ecologia, George Martine, segundo a qual:

[...] a forma de a questão demográfica incidir sobre o problema ambiental no Brasil está mais relacionada com a utilização do espaço do que com o crescimento vegetativo. O que têm a ver os padrões de distribuição da população com a questão ambiental? Ocorre que a redistribuição da população sobre o espaço obedece à evolução da localização e da reestruturação da atividade econômica.

Os conflitos de uso do espaço, desencadeados pelo turismo, enquadram-se nessa discussão quando as estratégias e políticas de desenvolvimento territorial local repercutem em questões sensíveis como migração, habitação, segurança pública etc. Dessa forma, é preciso aprofundar as questões relativas à compreensão da sustentabilidade territorial e suas perspectivas de desenvolvimento.

Autores de diversas áreas propuseram adequações ao conceito de desenvolvimento sustentável, demonstrando que sua validação é passível de assumir nuances diferenciadas e alinhadas com propósitos distintos. As novas linhas de discussão incluem a materialização de ações concretas aplicáveis em territórios definidos, as quais buscam corrigir distorções geradas pelo crescimento da economia. A incorporação da sustentabilidade em diferentes instâncias busca expressar e reconfigurar o modo de formular as propostas econômicas, culturais, políticas, sociais e ambientais, transformando o conceito em exercício prático. Isso se constitui em um grande desafio, visto que em um mesmo território há níveis diferenciados de desenvolvimento. No entanto, o foco das sustentabilidades locais passa a ser a coletividade equilibrada em uma base territorial, o que pode se traduzir em melhoria da qualidade de vida das comunidades.

A contextualização do conceito de sustentabilidade territorial representa a inserção da questão ambiental no universo urbano e rural, implicando a premência de convivência de dimensões distintas – econômica, sociocultural e ambiental. Assim, o equilíbrio de forças no território estaria submetido à lógica das práticas espaciais, econômicas e institucionais, em que os efeitos sociais desejáveis precisam estar afinados com o papel desempenhado pelos atores sociais atuantes, assumindo o conceito do "sustentável" perante uma realidade objetiva, como afirma Henri Acselrad.

A socióloga Selene Herculano também destaca a necessidade de se reconhecer a diversidade social do uso e da ocupação do solo, julgando-as quanto à compatibilidade e à vocação natural do território. Na visão da apropriação do território, a sustentabilidade deve ser avaliada com base no conjunto de aspectos e no papel de funcionalidade da sociedade, considerando sua interação na esfera ambiental e de coletividade. O pesquisador Robert Prescott-Allen encaminhou seu raciocínio na direção da qualidade de vida territorial, cuja combinação mais adequada está entre o bem-estar humano e o ecologicamente sustentável, cujo resultado é a sustentabilidade territorial.

Diferentes correntes, as quais defendem a sustentabilidade dos territórios e concordam ser necessário realizar um esforço para reduzir os efeitos negativos do desenvolvimento, assumem a defesa do bem-estar das populações, dentro de uma base mais concreta em que se pressupõe o atendimento às condições mínimas de vida. Por outro lado, a qualidade de vida, apesar de adotar paradigmas que envolvem certa dose de subjetividade individual e coletiva, vem galgando espaço nos programas governamentais, nos quais muitas das ações programadas para os territórios têm buscado atingir anseios da população residente e se coadunam às questões entendidas e percebidas como qualidade de vida.

Uma das dificuldades na tomada de decisões que viabilizam o direcionamento dos territórios para o caminho da sustentabilidade está na análise dos aspectos que interferem em seu sistema. Os parâmetros para análise se apresentam de forma intersetorial e interdisciplinar, por isso atingem elevado grau de complexidade.

Essas interações normalmente aumentam a complexidade das questões, criando obstáculos aos que estão preocupados em gerenciar ou avaliar os diferentes sistemas de apropriação do solo.

O entendimento de que a atividade turística é um elemento desestabilizador do equilíbrio dos territórios tem início ainda quando o conceito assumiu as premissas da capacidade de suporte. A aplicabilidade em sistemas naturais ou urbanos se restringia simploriamente à adequação aos níveis de consumo e estilos de vida à disponibilidade dos recursos naturais, a fim de que esses não se esgotem em uma velocidade acima da capacidade de regeneração e/ou absorção. Essa linha de raciocínio foi corroborada pelo relativo sucesso apontado por algumas experiências, nas quais foram incorporados aspectos representativos da multiplicidade dos significados sociais nas apropriações do espaço territorial, considerando-se, ainda, as peculiaridades ambientais da região. Esse arcabouço conceitual poderia, até certo ponto, amparar algumas discussões sobre os efeitos do turismo nos territórios cujo intenso e concentrado fluxo de turistas perturba o equilíbrio dos destinos mais suscetíveis à degradação, o que conduziria a aplicação do conceito de capacidade de suporte com o objetivo de se estabelecer o limite de visitação em determinada base territorial.

Na década de 1980, algumas experiências sobre capacidade de carga aplicada em áreas turísticas foram realizadas por Miguel Cifuentes e aplicadas no Parque Nacional de Galápagos, no Equador. No entanto, o modelo desenvolvido apresentou aplicabilidade limitada às situações em que a visitação era restritiva e amparada por legislação específica, isto é, o acesso controlado ao território reduz drasticamente o grau de interações e passa a ser de difícil replicação para sistemas não controlados. Uma tentativa de se aplicar o conceito para áreas não restritivas veio por intermédio do engenheiro ambiental SenGupta Arup, que desenvolveu uma modelagem a qual buscou validar a aplicação do conceito de capacidade de suporte.

A referência para o modelo foi a cidade de Chester,[8] no Reino Unido, cuja proposta foi pautada na premissa de que a avaliação da capacidade de suporte de uma cidade turística estabelece a necessidade de identificação de um conjunto de variantes às quais o território estaria submetido, quais sejam: atributos físicos (os descritores do meio antrópico, a malha urbana, as construções, os parques e os descritores do ambiente natural); atividades econômicas produtivas e moradia; funcionalidade dos sistemas existentes; lazer, recreação e a análise da percepção pelos habitantes locais.

Segundo o autor, seria pela análise dessas tensões que surgiriam elementos relevantes para se chegar a uma aproximação dos limites de sustentação do território; uma das premissas para a análise da capacidade de suporte é a identificação dos parâmetros de avaliação. O modelo de Arup, ainda que aplicado a uma cidade com considerável fluxo de visitantes, foi desenvolvido para um local com barreiras físicas e restritivas à visitação, o que pode nos subsidiar na lógica de que são necessárias medidas limitadoras para o controle da visitação. Tais medidas podem ser barreiras físicas ou administrativas relacionadas à cobrança de taxas ou de controle numérico de pessoa ou meios de transporte. Assim, há muitas localidades turísticas de pequeno e médio portes que adotam medidas restritivas à circulação e ao parqueamento de veículos, com prática de taxas e limite numérico, como Fernando de Noronha (PE); Ilha Grande, Búzios e Cabo Frio (RJ); São Luís do Paraitinga (SP), entre outras.

No entanto, apesar de o modelo de Arup (Figura 1.3) não ser aplicável em toda a sua concepção, contribui para correlacionar o entendimento de que a avaliação da capacidade de suporte pode ser

---

8 Chester foi fundada pelos romanos no primeiro século da era cristã. Distante 31km de Liverpool, a cidade tem 3km de muros erguidos por seus fundadores. Apesar de seu mais de um milhão de visitantes, os muros servem como barreira para controlar o fluxo turístico.

compreendida como sustentabilidade territorial. Essa demanda à adoção de uma abordagem sistematizada, com base na observação das interações dos aspectos intersetoriais e interdisciplinares, fornece, assim, a identificação do grau e da amplitude das tensões que cada um deles é capaz de gerar.

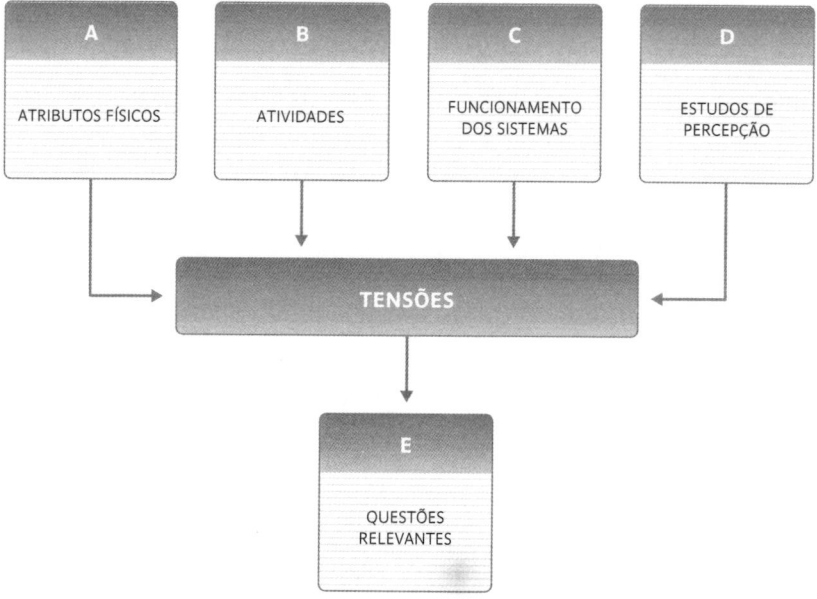

FIGURA 1.3 MODELO PARA ESTUDO DA CAPACIDADE DE SUPORTE DAS CIDADES, CRISTIANE SOARES (2008), COM BASE EM ARUP ET AL. (1994).

A inclusão do viés da sustentabilidade territorial vem permitindo a incorporação de novas percepções das relações da sociedade, que encerra em si mesma uma grande amplitude de inter-relações. A compreensão da interdisciplinaridade das sociedades contemporâneas repercute em análises diferenciadas, cuja busca pode ser refletida positivamente na atualização das informações referentes ao esforço do posicionamento identitário dos diferentes atores da sociedade que buscam se apropriar dos espaços territoriais.

O reconhecimento da multiplicidade de olhares sobre a realidade exige esforço de interdisciplinaridade por causa da complexidade da rede de problemas, o que significa assumir um aspecto de trabalho que leve em consideração as relações de reciprocidade e cooperação, garantindo o redimensionamento e a participação de diferentes elementos sociais. A pluralidade de papéis existente nas sociedades urbanas frequentemente se depara com situações dúbias e conflitantes. Em muitas delas, as informações recortadas de universos complexos legitimam análises circunstanciais e limitadas, obstruindo a identificação dos sinais multifacetados que os problemas emitem. A análise dos efeitos da atividade turística nos núcleos receptores, mediante a visão interdisciplinar, possibilitaria a formulação de políticas e programas para o desenvolvimento lastreado em bases sustentáveis.

A preocupação com os efeitos provocados pela atividade turística sobre a paisagem urbana, natural, bem como seus reflexos sobre a cultura e o comportamento social de grupos minoritários, vem se tornando pauta recorrente não só nos meios acadêmicos, mas também nas governanças públicas e privadas. Apesar de estabelecidas tais preocupações, tanto os representantes da governança pública quanto os representantes dos agentes econômicos têm se deparado com dificuldades na implantação das ações. Isso tem sido atribuído à elevada complexidade de funcionamento das atividades turísticas, aos múltiplos agentes que nela interferem e à descontinuidade dos programas que fragilizam a geração das informações que poderiam nortear as ações.

Assim, observa-se que formas não capitalistas de apropriação e uso do território e seus recursos – como as camponesas, as extrativistas, as de pesca artesanal – são frequentemente tornadas "insustentáveis" por serem comprometidas ou destruídas por outras formas capitalistas, que se expandem na trama social à custa da destruição das formas preexistentes. Em muitas situações, a introdução da prática do turismo nos territórios compromete, em qualidade e extensão, os ambientes da base territorial em que tais formas não capitalistas se desenvolvem – mangues, lagos, florestas – ou ainda promove privatização do uso do meio ambiente comum, com criação de "praias e ilhas particulares", o desvio de cursos d'água para formação de piscinas, entre outros. A ocorrência da especialização funcional, que vem a ser a aglomeração produtiva por afinidade[9] (pousadas, restaurantes e centros de consumo situados nos atrativos turísticos mais concorridos), em muitas situações, compromete a permanência dessas configurações produtivas mais tradicionais.

Diferentes organismos têm discutido a criação de estratégias e procedimentos que permitiriam ao turismo contribuir para a sustentabilidade territorial. Tais estratégias têm sido pautadas na busca da integração das diretivas dos acordos e protocolos internacionais, criando diretrizes para a prática do turismo em suas diversas formas e lugares.

Ainda em 1995, em Lanzarote, na Espanha, foi publicada a Carta Mundial do Turismo Sustentável, que estabelece os princípios para desenvolver o turismo sustentável em todo o mundo. O texto aponta para o "papel central do turismo como motor de desenvolvimento para muitas regiões, especialmente nos países menos desenvolvidos". No entanto, apenas em 2003, a Organização Mundial do Turismo (OMT) definiu o Turismo Sustentável como sendo:

> Aquele que atende às necessidades dos turistas de hoje e das regiões receptoras, ao mesmo tempo em que protege e amplia as oportunidades para o futuro. É visto como um condutor ao gerenciamento de todos os recursos, de tal forma que as necessidades econômicas, sociais e estéticas possam ser satisfeitas sem desprezar a manutenção da integridade cultural, dos processos ecológicos essenciais, da diversidade biológica e dos sistemas que garantem a vida.

---

9 Conhecido também como *cluster* ou Arranjo Produtivo Local (APL).

No entanto, esse conceito ficou aquém da necessidade de congregar a aceitação das diferentes correntes de pensamento, ficando o segmento ainda carente da formulação de ações que materializem os conceitos do turismo sustentável em uma base territorial concreta. Para a adequação da atividade turística no Brasil, o Ministério do Turismo, por meio do Programa de Certificação em Turismo Sustentável (PCTS), formulou, em 2005, um conjunto de princípios gerais com o objetivo de orientar as linhas de ação para a implantação e gestão da atividade turística, observando as cinco dimensões da sustentabilidade: ambiental, social, cultural, político-institucional e econômica. Esses princípios são:

- → Solidariedade com as gerações futuras e as atuais;
- → Respeito aos valores culturais;
- → Fortalecimento da cidadania ("empoderamento" local);
- → Adequação e melhoria da governabilidade local; e
- → Inclusão das variáveis ambientais e sociais nas avaliações econômicas de investimentos ("custo total").

Esse direcionamento veio contribuir positivamente para que outros modelos de prática turística pudessem emergir com objetivos direcionados para a busca da responsabilidade social, promoção do desenvolvimento e o protagonismo das comunidades. Não podemos perder de vista outro significado da atividade turística que ultrapassa o limitado papel de instrumento de promoção social e de dinamização econômica: essa atividade turística desempenha função com um conjunto de atividades culturais agregadas ao universo do lazer. Nessa instância, do ponto de vista do olhar do turista, a apreciação de paisagens naturais e culturais, a vivência das manifestações artísticas e a apreciação dos pratos típicos das regiões representam trocas e interações com linguagens simbólicas que dizem respeito às pessoas e suas sensibilidades, suas normas, seus valores e suas emoções, que são expressões da cultura e da identidade local. É nessa nova perspectiva que se insere o turismo de base comunitária. Conceitualmente, foi introduzido pela World Wildlife Fund (WWF), segundo o coordenador de projetos em turismo Sergio Salvati, como sendo o turismo praticado pelas sociedades locais, cujo controle efetivo – desenvolvimento e gestão – está sob seu poder por meio do envolvimento participativo desde a origem, e cujas ações devem retornar na forma de benefícios para a população local.

Esse modelo de desenvolvimento turístico é planejado e desenvolvido pelas comunidades, podendo se constituir em uma estratégia eficaz ao desenvolvimento sociocultural e ambiental. Para tanto, a atividade deve considerar as reais necessidades e os anseios das comunidades, sobretudo as detentoras de patrimônio ambiental e cultural diferenciado.

O turismo de base comunitária, aplicado aos núcleos receptores de pequeno e médio portes, pode ser o caminho a ser adotado; um modelo viável e propício à integração dos alicerces sociais das comunidades e da manutenção positiva da qualidade ambiental, mediante a gestão comunitária do receptivo. A tradução desse padrão turístico pode se reverter em aplicação vocacionada aos diferentes segmentos como: ecoturismo, turismo rural, turismo cultural, entre outros. No entanto, para o turismo de base comunitária, a participação dos moradores locais é premissa para assegurar a legitimidade, a representatividade e o sucesso nas ações do projeto. Para se desenvolver de modo eficiente perante as comunidades, esse modelo turístico deve seguir alguns princípios norteadores de acordo com a WWF, como Salvati afirma:

> [...] O turismo deve ser da comunidade, ou seja, a comunidade deve ser proprietária dos empreendimentos turísticos e gerenciar coletivamente a atividade. O turismo é para a comunidade, assim, esta deve ser a principal beneficiária da atividade turística, que deve

existir para o desenvolvimento e fortalecimento das associações comunitárias, tem que haver uma troca cultural; desse modo, as atividades são criadas para proporcionar intercâmbio cultural.

A necessidade de gerir e planejar de forma estratégica a atividade turística local se torna essencial para que as questões relativas à comunidade local, incluindo também o ambiente, sejam valorizadas e ponderadas no processo de planejamento e definição estratégica do turismo, porque é sobre elas que recai grande parte dos impactos.

No processo de desenvolvimento turístico, entram em cena diversos atores (poder público, residentes, hoteleiros, agricultores, pescadores, comerciantes etc.), cada um deles com necessidades e expectativas diferentes mediante o desenvolvimento desse segmento econômico. No entanto, ao analisar a atividade sob a ótica do mercado, não se pode esquecer de que este assume as localidades como produtos turísticos, formados de atrativos naturais e culturais. Na ponta dessa cadeia produtiva, estão as ações de marketing, que suscitam e orientam a demanda por viagens, capitalizando o desejo e a disposição do consumidor em visitar determinado destino. Essa relação mercantilista da atividade turística, quando entregue à sua lógica própria de maximização incondicional de lucros, pode provocar danos ambientais, culturais e sociais irreversíveis aos núcleos receptores e a suas comunidades.

Então, pode-se dizer que, em geral, a origem da cadeia produtiva acontece nos grandes centros urbanos. Ou seja, as atividades são geridas por cidadãos cosmopolitas, para destinos não metropolitanos, nos quais os atores envolvidos são membros de comunidades locais, provincianos ou, muitas vezes, rurais, que, em muitos casos, não dispõem de elementos e competências necessárias para avaliar os efeitos negativos da atividade ou dos empreendimentos. Nessas áreas, a atividade turística tende a se organizar de forma apartada dos problemas locais e a gerar benefícios econômicos que contemplam outros elos da cadeia, deixando uma parcela muito pequena das receitas totais no destino; os que deveriam ser beneficiados, os moradores locais, terminam por arcar com prejuízos, em vez dos benefícios esperados.

Diante desse quadro, não faltam exemplos de empreendimentos turísticos que comprometem seus locais de destino. Além dos danos ambientais, somam-se os danos ao patrimônio histórico e a desorganização das estruturas socioeconômicas e culturais das comunidades locais. Desse modo, o turismo de base comunitária busca inverter a lógica da oferta e formatação do "produto turístico", transformando o morador local no protagonista da oferta turística, e, ainda, impedir e controlar o que se denomina "efeitos perversos do turismo", dos quais se destacam a desqualificação dos empregos, que, frequentemente, encontram-se vinculados ao setor informal; a aculturação; o processo inflacionário pelo aquecimento de demanda; a evasão de divisas; e a ausência de legislação adequada que impeça o uso especulativo do solo turístico.

« 1.4 »
COMUNIDADES LITORÂNEAS, SEGREGAÇÃO E RESISTÊNCIA

Recentemente, o termo "comunidade", até então consolidado, vem sendo discutido e mesmo questionado por alguns teóricos. Alguns alegam o desgaste e a perda de seu significado no mundo atual, por outro lado, vem sendo empregado como célula de resistência que comprovaria sua pertinência, em face do individualismo dominante nas sociedades contemporâneas. O sociólogo polonês Zygmunt Bauman procurou analisar o conceito de comunidade sob nova ótica, em que se discutem elementos como: individualismo, liberdade, transitoriedade, cosmopolitismo dos "bem-sucedidos" e segurança. O autor entende que a relação liberdade-comunidade se sustenta; em contraponto, a compreensão do termo "comunidade" implica admitir a existência de elementos compartilhados e permutados entre seus membros e sem os quais o grupo social não se sustenta. Assim, para Bauman, a comunidade se estrutura na:

> [...] obrigação fraterna de partilhar as vantagens entre seus membros, independentemente do talento ou [sic] importância deles, indivíduos egoístas, que percebem o mundo pela ótica do mérito (os cosmopolitas), não teriam nada a "ganhar com a bem-tecida [sic] rede de obrigações comunitárias, e muito que perder se forem capturados por ela".

No entanto, o autor defende a ideia de que, hoje, comunidade e liberdade são conceitos em conflito, pois o preço a se pagar pelo privilégio de "viver em comunidade" é o comprometimento da autonomia, ou seja, as identidades individuais assumem importância menor diante da coletividade. Não pertencer a uma comunidade pode representar o desamparo e a solidão, ao mesmo tempo em que pertencer a determinado grupo social pode significar renúncia e anulação diante da vontade do grupo; um sistema perde-ganha. Para o sociólogo, essa noção paradoxal se atribui à noção de comunidade construída e:

> [...] tecida de compromissos de longo prazo, de direitos inalienáveis e obrigações inabaláveis [...] E os compromissos que tornariam ética a comunidade seriam do tipo "compartilhamento fraterno", reafirmando o direito de todos a um seguro comunitário contra os erros e [sic] desventuras que são os riscos inseparáveis da vida individual.

Na literatura acadêmica, o conceito de comunidade apresenta-se dividido entre as diferentes correntes de pensamento. É frequente encontrar o termo aplicado para designar não só pequenos agregados rurais (aldeias, freguesias) ou urbanos (quarteirões, bairros), mas também grupos profissionais (comunidade médica, comunidade científica), organizações (comunidade escolar), sistemas mais complexos como países (comunidade nacional) ou até mesmo o mundo visto como um todo (comunidade internacional ou mundial).

Nos últimos anos, o interesse pelas comunidades tem aumentado, pois elas podem apresentar fatores protetores ou fatores de risco para os indivíduos. Julian Rappaport, estudioso de psicologia comunitária, entende a comunidade como grupo social que partilha características e interesses comuns, cujo comportamento coletivo gera percepções diferenciadas naqueles "não pertencentes ao grupo"; da mesma forma, o "grupo" desenvolve percepções distintas em relação aos diferentes aspectos da sociedade.

Entre as linhas de pensamento mais conhecidas, está a proposição clássica do sociólogo alemão Ferdinand Tönnies, na qual comunidade é um tipo de organização social caracterizado por relações pessoais, face a face, que se fortalecem por vínculos de vizinhança, cujo envolvimento interpessoal é integral e direto. Já a sociedade é marcada por relações abertas, impessoais, estruturada sob laços legais e contratuais.

O entendimento da antropóloga Eunice Durham para o conceito de comunidade é que este não prescinde de que as pessoas tenham uma vida ou um destino em comum ou estejam radicadas em um mesmo espaço, compartilhem a mesma cultura e os mesmos valores. Os autores ressaltam que, no Brasil, as comunidades, tal como nomeadas, são organizações transitórias, estruturadas quanto a objetivos comuns específicos e restritos, que ocupam parte e tempo pouco significativos da vida das pessoas. O apelo do termo reside na pressuposição de que a ideia da "comunidade" carrega consigo um sentido de igualdade básica entre as pessoas, uma vontade comum; na verdade, assume-se a acepção da palavra, e não um sentido sociológico.

A delimitação geográfica é muitas vezes mencionada para caracterizar as comunidades, utilizando como referência a união de pessoas que vivem em determinada área. Outro critério privilegia a presença de interesses comuns, no qual o conceito de comunidade estaria relacionado ao conjunto de pessoas unidas por algum objetivo comum relevante. O estabelecimento de uma comunidade estaria muito mais voltado à construção de elos comuns, como laços étnicos, de parentesco ou proximidade geográfica, que a associações voluntárias ou conexões políticas compartilhadas, que se relacionam mais com formas de participação política, como afirma Mark Gottdiener. Em referência ao sentido político, Eunice Durham também considera que a associação desprovida de laços de valores não possa ser incluída no conceito de comunidade e tratou o conceito como "deslizante". Nesse âmbito, o termo pode ser usado metaforicamente por movimentos reivindicatórios, por associações de classe, em que tais estruturas carregam em si uma hierarquia de poder sem carga emocional, por isso não se constituem comunidades no sentido sociológico.

O sociólogo Joseph Gusfield fez distinção entre as duas formas de usar o termo comunidade. A primeira, calcada na tradicional noção territorial ou geográfica, amplia a ideia de que a comunidade independe do tamanho de sua base territorial, desde que esteja atrelada ao sentimento de pertencimento, seja a localidade, sejam os membros e as funcionalidades da estrutura social. A segunda diz respeito à qualidade e forma interativa das relações entre os membros da comunidade com outros grupos locais e comunitários, como afirmam Gusfield, David McMillan e David Chavis, e Agnes Heller, caracterizando, embrionariamente, os referenciais para a construção representativa das redes sociais.

No entanto, muitos autores, ao reconhecerem essa pluralidade, têm procurado convergir em alguns pontos para a consolidação do conceito de comunidade. Sendo assim, um grupo social, para se enquadrar no conceito sociológico de comunidade, precisaria partilhar uma territorialidade definida (geográfica e/ou simbólica), manter relações e laços comuns, reconhecer o sentimento de pertencimento e ter determinado grau de organização. O sociólogo Marcos Palacios foi mais além, incorporando a noção de tempo ao conceito, pois ele entendeu que o desenvolvimento de pertencimento exige a permanência no local por certo período. Também para o autor, a comunidade deve apresentar uma interação social com caráter cooperativo em comunhão com um projeto e, ainda, a existência de formas próprias de expressão.

O traço marcante e comum, na maior parte dos estudos, é que, para a existência de uma comunidade, é necessário que seus membros tenham um sentimento de consciência compartilhada, com referências comuns, um grupo de pessoas com as quais interajam e que, por essas relações, atinjam uma sensação de estímulo e de acolhimento. O sentimento de pertencimento à trama social, com fortes laços, supõe, por um lado, a obtenção de apoio social e, por outro, a disposição de recursos que podem minimizar os efeitos de situações de estresse ao longo de suas vidas.

O doutor em psicologia José Ornelas acredita que cada grupo social assume uma lógica própria de organização e os que conseguem suplantar as dificuldades se encaminham para a conquista da sustentabilidade: "[...] deveríamos fazer um esforço para compreender os mecanismos naturais adotados pelas comunidades na promoção de sua própria sustentabilidade, bem como a manutenção dos indivíduos que lhes pertencem." Assim, o papel de uma comunidade passa a ser realçar e incentivar as capacidades e qualidades dos indivíduos. Esse esforço implica a ideia de que os indivíduos são os peritos, e não os sistemas, pelo que se deveria encontrar os que, na comunidade, resolvem os problemas e participam em atividades de melhoramento do espaço. Em outras palavras, os líderes emanados desses grupos são capazes de prover a solução de problemas e o desenvolvimento pessoal dos demais membros.

Com o maior dimensionamento da abordagem para o fenômeno comunitário, é possível considerar que o conceito de comunidade busque a integração de um conjunto de ideias associadas, as quais estão relacionadas ao alto grau de intimidade pessoal, às relações sociais afetivamente alicerçadas, ao compromisso moral, à coesão social e à continuidade no tempo, como afirma o assistente social Julio Prina.

Com o resgate da relação dicotômica sociedade *versus* comunidade, proposta por Ferdinand Tönnies, entende-se que as sociedades modernas alçaram estruturas e comportamentos que remetem a imagens de competitividade e, até certo ponto, de "hostilidade potencial". Esses novos contornos se contrapõem à vinculação afetiva, originária e essencial que caracteriza as comunidades. A comunidade considerada lugar de construção do saber psicológico comunitário é também célula primária, base cultural e palco embrionário da transformação política das sociedades. A comunidade se opõe à chamada relação societária, que pressupõe a organização social com o objetivo da obtenção de medidas de compensação e ganhos para ambos os lados, que são, em verdade, impulsionadas por motivos racionais. As comunidades, em essência, não se organizam primariamente com esse intuito, mas se estruturam ao redor de um sentimento subjetivo (afetivo ou tradicional) em que os participantes se organizam em torno de proposta emocional.

Ainda sobre o que distingue a sociedade da comunidade, podemos inserir a questão do poder: o domínio é exercido dentro da estrutura da sociedade em oposição aos que estão "dominados". À medida que se foi estabelecendo uma sociedade complexa, o padrão "dominador *versus* dominado" levou à coexistência de muitos grupos sociais heterogêneos que se desenvolveram sob a mesma lógica. No entanto, em meio à trama social, práticas de poder foram surgindo de grupos sociais relativamente homogêneos e fechados, em que a relação "dominador-dominado" assume uma face de poder mais branda, menos impositiva, cujo princípio é a pactuação, a negociação em prol de uma necessidade coletiva.

Os estudos conduzidos nas áreas litorâneas do município de Saquarema revelam que este conta com cerca de vinte associações e organizações, que constituem o movimento social e se posicionam em defesa do desenvolvimento de atividades coletivas, no entanto, ainda sem atuação articulada como rede social. Alguns depoentes ressaltam o lado passivo da população diante das situações de abandono e negligência dos responsáveis pela oferta de serviços:

> Lutamos pelo asfaltamento da região, não só pela ligação de Ponta Negra até a rua principal de Jaconé. A população local precisa estar mais mobilizada e estar determinada a questionar. (Relato 57, de um representante de vendas morador local.)

Algumas falas dos moradores remetem a uma memória contextual cujo epicentro é a "lagoa", elemento de referência central nas lembranças dos mais velhos. As recordações da juventude dão indicações do desencantamento e da melancolia relativas às consequências geradas pela degradação desse elemento natural. Da mesma forma, a construção do canal da Barra Franca representou a redenção de um suplício, um bálsamo para a alma.

> Houve uma época em que o canal na Barra Funda[10] era aberto pela natureza. Quando fechava, os pescadores se reuniam, inclusive meu pai e meu avô, para reabrir. Depois veio o esgoto, a poluição, e não era mais possível reabrir o canal de forma braçal. Agora, depois de tantos anos, temos um canal reaberto permanentemente, foi a salvação! (Relato 113, de um pescador.)

---

10 Os moradores mais antigos chamam o canal da Barra Franca de canal da Barra Funda.

Assim, o nascimento de uma comunidade está em sua base territorial, que lhe proporciona abrigo, sustento, relacionamento afetivo, cujo resultado é o sentimento de pertencimento construído em estruturas de referência, herdadas por ancestrais, que incutiram mitos, crenças e práticas coletivas em cada um de seus integrantes. No entanto, a sobrevivência dela está na manutenção de elementos-chave, cuja preservação é essencial ao equilíbrio do grupo, proporcionando dada resistência aos processos adversos.

O resgate desse elemento-chave pode representar o fator de aglutinação no processo de reestruturação da comunidade. Alguns representantes e líderes dos grupos locais vêm reconhecendo a importância de se preservar elementos simbólicos que representam ou foram representativos para os habitantes locais; assim, é reforçada a importância do papel dos indivíduos-líderes para avivar memórias e suturar identidades despedaçadas. Esse esforço contribui para a solução de problemas e melhoria da qualidade de vida no território. A percepção dessas lideranças contribui para o despertar dos demais membros desses grupos, a saber:

> A nossa luta é a manutenção da qualidade ambiental da lagoa, ela é a razão da nossa sobrevivência. Não existe veranista, nem turismo, nem comércio, simplesmente nada, se ela voltar ao estado crítico em que se encontrava. A qualidade de vida das nossas famílias depende da continuidade dos investimentos em saneamento, coleta e destinação de lixo e todos os demais serviços de infraestrutura. (Relato 115, de um membro da Associação de Pesca da Lagoa de Saquarema.)

Igualmente, é preciso nos acautelar quanto ao uso recorrente de expressões como "comportamento comunitário" ou "vida comunitária" em equivalência ao conceito de comunidade. Essas expressões representam apenas a existência de uma pluralidade de pessoas isoladas, com interesses particulares, entre as quais se estabelece um vínculo de natureza racional, em que cada qual busca obter vantagens individuais. Em última análise, essa parcela da trama social pode ser identificada como um grupo local entendido por Eunice Durham como um agregado consciente e organizado de pessoas que residem na mesma localidade específica, com autonomia espacial, econômica e com políticas restritas, sustentando estruturas coletivas comuns (igrejas, escolas etc.) e reconhecendo certa interdependência entre si. Por sua vez, as comunidades são agregados humanos atrelados a um processo de interação social que dá origem a práticas de colaboração e participação, no qual se realiza a vida social e cotidiana, diferenciando-se em essência da vida comunitária ou, ainda, da societária.

A análise da organização de uma comunidade precisa considerar as relações e instituições familiares, dos grupos de vizinhança e das associações voluntárias; de forma secundária, na circunstância em que se instala e se inter-relaciona o arranjo político do grupo com as demais faces da sociedade. A perspectiva de se considerar a subjetividade da carga emocional dos participantes em relação à comunidade nos permite, sob essa ótica, analisar aspectos da vida social que se desenrolam dentro dessa relativa autonomia, nos quais se encerram tais agrupamentos sociais; no entanto, é preciso avaliar até que ponto essa autonomia está apartada das demais estruturas da sociedade.

O movimento de expansão[11] da sociedade vem alcançando e desestabilizando as estruturas organizacionais mais tradicionais, que acabam adotando comportamentos antagônicos aos praticados pelo grupo. A desintegração cultural é instituída gradativamente pelo abandono dos

---

11 Aqui se deve considerar "expansão" não apenas a ocupação da base territorial física, mas também a expansão cultural proporcionada pelo contato intenso e dominante da cultura dos visitantes.

valores e preceitos que regiam a comunidade, conduzindo ao desmonte das estruturas social, emocional e produtiva, podendo fazer com que uma parcela dos membros migre, e, por fim, os demais não mais se identifiquem como um coletivo, como observa o teórico cultural Stuart Hall.

> As identidades nacionais estão se desintegrando, como resultado do crescimento da homogeneização cultural presente na pós-modernidade; as identidades nacionais e outras identidades "locais" ou particulares estão sendo reforçadas pela resistência à homogeneização globalizada e as identidades nacionais estão em declínio, mas novas identidades híbridas estão tomando seu lugar.

A cadeia econômica do turismo se constitui em um dos eixos desencadeadores da espacialização, produzindo novas configurações na paisagem, agindo não só no desenvolvimento dos multiterritórios, mas também na desterritorialização das ocupações mais tradicionais. Assim, as regiões litorâneas originalmente ocupadas pelos indígenas, pescadores, quilombolas e pelas comunidades tradicionais vêm sendo expropriadas dos espaços físicos de suas comunidades. No domínio da reconfiguração espacial, estão reservadas as áreas mais nobres para a instalação das residências de veraneio, para o uso dos complexos turísticos – representados pelos resorts e pelas cadeias hoteleiras – para os polos gastronômicos e para as demais instalações turísticas, como parques temáticos e casas de espetáculo. Nessa "repaginação" espacial, insere-se a luta dos atores locais mais sensíveis a esse processo: os "residentes originais", usuários do espaço litorâneo, que tentam defender suas propriedades, ou bens de usos, contrapondo-se aos interesses dos empresários, dos agentes imobiliários e do próprio Estado.

Ao discutir o turismo no litoral do Ceará, a geógrafa Luiza Leide Coriolano afirma que a comunidade é constituída por:

Uma população com seu modo próprio de ser, de sentir, com suas tradições religiosas, artísticas, com seu passado histórico, com seus costumes típicos, com seu estilo de vida social e familiar, com suas atividades produtivas, com seus problemas, [sic] necessidades e aspirações, vivendo em determinado espaço-lugar e tendo, sobretudo, consciência desta [sic] vida comum.

Para a autora, dois elementos regem os princípios daqueles que compõem uma comunidade: a solidariedade e a responsabilidade coletiva de tornar melhor a vida local. As comunidades ou populações tradicionais sinalizam grande dependência do uso dos recursos naturais renováveis, na medida em que suas estruturas econômicas dependem do equilíbrio desses sistemas não só para suas subsistências, mas também para a perpetuação de um conjunto de saberes e tecnologias patrimoniais, cuja manutenção encerra aspectos que vão além da apropriação de um território. Essas questões estão enraizadas ao pertencer; esse sentimento metafórico que, em certos grupos sociais, reproduz suas identidades econômica, social e simbólica. Por se vincular por meio de significados do território, é capaz de se perpetuar e perpassar por várias gerações. A sensação de "pertencimento" estabelece o significado do empoderamento, no qual o sentir-se pertencente a um lugar e, ao mesmo tempo, sentir que esse lugar o pertence constrói a crença de que podemos interferir e, mais que tudo, de que vale a pena interferir na rotina e nos rumos desse tal lugar.

As pesquisas sobre as comunidades litorâneas contam com muitos relatos, como os de Lopes Junior, Luchiari, Calvente, Ciacchi e Coriolano, em que figuram a intensidade e o alcance dos processos de expulsão de moradores de comunidades tradicionais, em nome de um "desenvolvimento sustentável" voltado à carcinicultura, ao turismo, à construção de moradias e de instalações de lazer. Os exemplos mais contundentes vêm das cidades litorâneas do nordeste brasileiro, especialmente as distantes até 250km de capitais como Fortaleza (CE), Natal (RN), João Pessoa (PB). O sociólogo Andréa Ciacchi afirma:

> As comunidades do litoral paraibano são, basicamente, compostas por pescadores artesanais ou pescadores-agricultores, possuidores de sistemas próprios de manejo sustentado dos recursos naturais (mar, rios, mangues etc.), baseados, entre outras considerações, etnoecológicas, em relações de trabalho também peculiares: do tipo familiares, de compadrio ou comunitárias. A esse sistema socioeconômico associa-se um sistema de valores que, basicamente, envolve traços religiosos.

No processo de reestruturação urbana contemporânea, as comunidades locais são afetadas por diferentes fenômenos socioespaciais, entre os quais se destacam a segregação, a marginalização, o confinamento dos grupos sociais mais desfavorecidos economicamente, a perda do espaço público por todas as comunidades, o distanciamento da vizinhança, o enclausuramento dentro de espaços de consumo, shopping centers, parques temáticos, entre outros. Em face da ocupação dada pelos negócios e das práticas atreladas à cadeia produtiva do turismo, devemos referenciar que tais ocorrências se desenvolvem no espaço construído, independentemente de seu grau de urbanização. Assim, é possível discutir que o desenrolar da vida cotidiana de uma comunidade se dá no mesmo espaço em que se instalam as representações do domínio econômico.

Assim, as separações e a segregação socioespacial passam a estar implícitas ao processo social, transformando-se em autossegregação concebida e administrada ao longo do processo de formação de territórios urbanos turísticos. A segregação pode ser entendida de duas maneiras. A primeira é encará-la como sendo a inacessibilidade ao uso do solo nas áreas mais providas por serviços públicos e privados. A segunda é entendê-la como a negação do urbano e da vida urbana para certas parcelas da população, o que se fundamenta na privatização do solo urbano, produzindo fragmentação dos elementos das práticas socioespaciais urbanas, isolando os lugares e comprometendo a qualidade de vida.

Para Lefébvre, a segregação deve ser enfocada sob três aspectos que se apresentam ora simultâneos, ora sucessivos: espontânea, a exemplo dos condomínios fechados; programada, pela intervenção estatal; e por meio da mercantilização do uso como mercadoria.

Paul Singer aborda o elemento prestígio, aqui glamorização dos espaços, como principal contribuinte no processo de segregação, em que os espaços mais nobres são assumidos pelos segmentos mais ricos em detrimento das classes média e pobre. Os promotores imobiliários procuram tirar proveito disso ao fazer lançamentos de loteamentos e construções em áreas cada vez mais afastadas do centro para quem pode pagar o preço do isolamento ao incorporar prédios de apartamentos e residências em áreas exclusivas (condomínios fechados).

A segregação assumiu maior complexidade na década de 1970, tornando-se mais evidente quando examinada sob a ótica da vida diária. O cotidiano não existe sem espaços e tempos apropriados, que são os chamados territórios de uso, como afirmam Santos e Lefébvre. Segundo as pesquisas da doutora em Arquitetura e Urbanismo Luciana Correa do Lago, discute-se a segregação socioespacial como um processo inerente à ordem de mercado ou à ordem institucional. Na visão do mercado imobiliário/fundiário, a segregação é a expressão da distribuição espacial das classes (com base em critérios de renda, ocupação etc.); nesse ínterim, encontram-se, subordinados à lógica mercantil, os mecanismos estruturantes da dimensão institucional pública. A geógrafa Doralice Maia e Luciana Correa do Lago partilham dessa visão ao analisarem a relação entre estrutura socioespacial e dinâmica imobiliária (ou formas de acesso à moradia).

Da perspectiva institucional, a segregação é encarada como a diferenciação espacial legitimada por normas legais ou sociais que conformam os enclaves fechados por barreiras físicas ou simbólicas. Esse padrão de segregação institucionalizado remete a um novo conjunto de impactos territoriais, cuja reestruturação econômica espacial acarreta uma relativa exclusão social. A sobrevalorização do uso dos espaços decorrente das intervenções do poder público deixa transparecer evidências de nova segregação, na qual, em uma ponta, estão os condomínios residenciais de alta renda, e, na outra, estão os guetos dos excluídos, incrustados no mesmo espaço territorial, como mostrado na Figura 1.2 (Modelo de uso e ocupação do solo).

Os trabalhos de Teresa Caldeira e Maria Luchiari se enquadram nesse universo. Suas pesquisas relacionam três padrões de segregação: a que se distingue pelos padrões de moradias, a relação centro-periferia e os enclaves fortificados que se estabelecem desde os anos 1980, como afirma Caldeira. Ao discutir a urbanização turística, Patrick Mullins chamou a atenção para a formação dos enclaves turísticos como "redutos espaciais de consumo hedonista". Nesses espaços de realização dos desejos, o bem-estar do turista não pode ser incomodado pela presença de personagens e usos alheios à fantasia do consumo. Os enclaves são geralmente incorporados à trama urbana transformada em objeto de fascinação e consumo de si mesma. O sociólogo ambiental John Hannigan afirma que as uniformidades dos espaços que habitam os turistas os sujeitam a uma experiência urbana medida, controlada e organizada que elimina a imprevisibilidade, imprescindível à qualidade da vida cotidiana, corrobora o pesquisador Dennis Judd. Na relação entre o turismo urbano e a geografia da cidade, para Judd, os espaços turísticos de enclaves regulam e controlam os habitantes por meio da promoção e do marketing, do confinamento, da segurança e da programação:

> Los espacios turísticos enclavicos están diseñados para regular a sus habitantes a través del control de cuatro aspectos principales de la agenda; el deseo, el consumo, el movimiento y el tiempo. El deseo y

el consumo son regulados por la promoción y el marketing. El tiempo y el movimiento están estrictamente confinados y monitoreados por cámaras y guardias de seguridad. El uso del tiempo es también delimitado por la programación de espectáculos y representaciones.[12]

Para o sociólogo Jean Lojkine, a segregação espacial apresenta três características: a oposição entre o centro e a periferia de acordo com o preço do solo; a separação entre as áreas de residências destinadas à população de maior poder aquisitivo e as áreas de residências populares; e a distribuição das funções urbanas (zoneamentos) como áreas de uso residencial, industrial, comercial e de lazer. Sendo assim, a segregação pode ser expressa mediante nova situação produzida pela conjunção das transformações no processo produtivo.

As discussões sobre segregação compartilham situações em que a ocupação dos espaços territoriais encerra o universo da diversidade cultural dos grupos locais e das comunidades; assume-se, então, que esse passe a ser [...] "o local do conflito e da cooperação, onde a vida social é individualizada, mas onde a contiguidade cria a comunhão", como afirma Milton Santos. A supressão de direitos e a escassez de recursos fomentam o enfrentamento entre diferentes grupos locais; por outro lado, as estruturas organizadas das bases comunitárias constituem espaços de resistência. Milton Santos complementa:

> Há uma forte resistência acontecendo por parte dos pobres, no cotidiano, que geralmente é deixada de lado, principalmente pelos

---

12 Tradução livre da autora: "Áreas turísticas incorporadas são destinadas a influenciar seus habitantes por meio do controle de quatro aspectos principais: desejo, consumo, movimento e tempo. O desejo e o consumo são regulados pela promoção e pelo marketing. Tempo e o movimento são estritamente limitados e monitorados por câmeras e seguranças. O uso do tempo também é limitado pela programação de shows e *performances*."

intelectuais, e que pode significar o começo da negação, pela maioria, a realidade tal como está sendo conduzida. Portanto, o cotidiano é revelador da dialeticidade do território. O cotidiano pode ser o espaço da alienação, mas, sem dúvida, é também o espaço da descoberta.

A resistência é representada pelas formas de uso do espaço, consolidadas historicamente, contrapondo-se à homogeneização e à generalização de materiais, desenhos, maneiras de viver, impostos pela indústria do espaço. Como afirma Milton Santos:

> O lugar, não importa a sua dimensão, é espontaneamente a sede da resistência, às vezes involuntária, da sociedade civil, mas é possível pensar em elevar esse movimento a desígnios mais amplos e a escalas mais altas. Para isso, é indispensável o conhecimento sistemático da realidade.

As tensões entre os processos de luta e resistência, especialmente para discutir os embates ante a cultura popular em relação à cultura dominante, têm tomado a direção da ampliação dos conceitos de cultura e de memória até o ponto que consigam dar conta da subjetividade e das estruturas sociais. Para Stuart Hall, as práticas populares se desenrolam em meio aos conflitos e embates com valores, costumes e práticas dos grupos dominantes:

> Creio que há uma luta contínua e necessariamente irregular e desigual, por parte da cultura dominante, no sentido de desorganizar e reorganizar constantemente a cultura popular; para cercá-la e confinar suas definições e formas dentro de uma gama mais abrangente de formas dominantes. Há pontos de resistência e também momentos de superação.

Lefébvre considerou que a transformação da vida cotidiana se correlaciona com a transformação do espaço, pois uma está vinculada à outra, visto que "um dos problemas mais perturbadores da problemática urbana é a extraordinária passividade das partes interessadas". Por isso, Lefébvre indaga: "Por que o silêncio dos usuários?" E continua:

> Mudar a sociedade, mudar a vida nada significa se não houver produção de um espaço apropriado... Enquanto existir cotidianidade no espaço abstrato, com suas coerções muito concretas, enquanto houver apenas melhoramentos técnicos, enquanto os espaços (de trabalho, de lazer, de residência) continuarem separados e rejuntados apenas através de controle político, o projeto de mudar a vida permanecerá um lema, às vezes abandonado, às vezes aceito de novo.

Alguns exemplos de resistência vêm se destacando, tais como: Trindade e Praia do Sono, Paraty (RJ); Prainha do Canto Verde, Beberibe (CE); e comunidades pesqueiras marítimas do Complexo Industrial Porto de Pecém (CE). Conforme o relato da geógrafa pesquisadora Maria do Céu Lima, tais comunidades apresentaram elementos que constituíram barreiras contra o processo de segregação e desterritorialização imposto pela urbanização turística e demais usos do solo. Ela ainda afirma:

> Na década de 1990, as políticas públicas de ordenamento territorial, de Urbanização turística e de incentivo à industrialização (a construção do Complexo Industrial Porto do Pecém) foram consolidando vetores de desenvolvimento que desterritorializavam e/ou segregavam as comunidades pesqueiras marítimas. Destacam-se, nesta década, a construção de povoados litorâneos e os enclaves turísticos, ao mesmo tempo em que comunidades pesqueiras marítimas refletem e recriam estratégias de lutas, buscando alternativas que possibilitassem melhores condições de vida e criando novas possibilidades de afirmação cultural e política.

Na década de 1990, na praia da Penha, no litoral sul de João Pessoa (PB), os moradores da beira-mar, ameaçados de despejo, organizaram-se, resistiram a um mandato judicial e descobriram, também por meio da justiça, que as terras que ocupavam há mais de cinquenta anos pertenciam ao Patrimônio da União, como afirma a geógrafa Alzení Gomes da Silva. Nas comunidades litorâneas estudadas por Maria do Céu Lima e Alzení Silva, a passividade e o silêncio dos moradores ou usuários vêm se rompendo com a organização das partes interessadas na permanência em seu lugar de vida, preservando sua cultura, suas tradições, confirmando o que afirmou Milton Santos: "É no cotidiano que ocorre o conflito e a cooperação."

Essa predisposição cooperativa e solidária ante as situações adversas leva à reflexão sobre o porquê de algumas comunidades conseguirem conservar suas tradições, seus rituais e costumes mais antigos, resistindo ao processo de erosão cultural. Para isso, talvez seja necessário analisar tal fato sob o paradigma da psicologia do desenvolvimento, que ressalta a importância da interação ambiente-indivíduo no processo de adaptação psicológica diante das novas realidades. Para se entender o porquê de algumas comunidades se adaptarem sem que isso represente um dano à sua raiz cultural, é preciso compreender o conceito de resiliência.

Segundo Isadora Garcia, psicóloga pesquisadora, a resiliência pode ser entendida como a capacidade de os indivíduos superarem os fatores de risco aos quais são expostos, desenvolvendo comportamentos adaptativos adequados. Pode também ser caracterizada pela capacidade de modificação do ambiente impulsionada pela crença de que as novas situações representariam oportunidades de progresso, quando há plena adaptação ao novo estado situacional da comunidade.

Maria Calvente, em seu trabalho de campo, defende que, apesar de muitos dos habitantes locais de Ilhabela (SP) terem se tornado funcionários públicos, caseiros ou professores, estes em suas entrevistas se declararam caiçaras, como manifestação orgulhosa, principalmente, os mais velhos. É como se fosse uma forma de resistência, um fortalecimento da territorialidade, uma declaração da identidade cultural, uma forma de expressar o pertencimento ao território.

Não existe, ainda, um consenso sobre quais fatores e mecanismos podem contribuir para a resiliência, mas a literatura cita a existência de três tipos: acadêmica, social e emocional, como afirma Suniya S. Luthar, psicóloga e pesquisadora americana. A acadêmica pode ser observada no grau de escolaridade e nos interesses culturais. A social aparece no bom relacionamento interpessoal, na competência social, capacidade de empatia e no senso de pertencimento dos indivíduos. A emocional pode ser identificada em indivíduos com senso de autoeficácia, autoestima e confiança em suas potencialidades, bem como no conhecimento de suas limitações, como afirmam os pesquisadores Luthar, Zimmermann e Arunkumar, e Koller.

Pessoas e comunidades expostas a situações de risco e que não desenvolvem a capacidade de resiliência são vistas como mais vulneráveis. Evidenciam alterações aparentes no desenvolvimento físico e/ou psicológico quando submetidas a estressores e riscos. Tais alterações ficam evidentes na trajetória de adaptação dessas pessoas, podendo torná-las suscetíveis e propensas a apresentar sintomas e doenças.

É importante salientar que elas podem ser ora vulneráveis, ora resilientes diante de um mesmo tipo de evento. Podem, ainda, ser vulneráveis em algumas áreas de seu desenvolvimento e resilientes em outras. Muitos fatores interagem no aumento da vulnerabilidade ou na redução dos efeitos do estresse sobre a pessoa. O desafio de alguns pesquisadores está em entender a resiliência não só individual e em famílias, mas também sua inserção e relação com a comunidade, com as classes sociais e os diferentes grupos étnicos.

Dessa forma, o fluxo excessivo de turistas em períodos concentrados pode ser considerado um fator de risco cultural e emocional para as comunidades receptoras de pequeno e médio portes. Igualmente, é possível adotar os conceitos expressos pela resiliência, lançando um novo olhar sobre as causas que levam à adaptação eficiente ou à vulnerabilidade de determinados grupos sociais cujo exame de questões sob o enfoque dos fatores de mudança ambiental, cultural e social repercute no comportamento dos que recebem os fluxos migratórios transitórios, como é o caso do turismo.

CAPÍTULO 2

Turismo e transformações socioespaciais na comunidade do município

« 2.1 »
PROCESSO DE OCUPAÇÃO
E ORGANIZAÇÃO SOCIOESPACIAL

O estudo foi realizado no território do município de Saquarema (355,6km²), que se constitui no portal de entrada de uma das principais regiões turísticas do estado do Rio de Janeiro. Até a década de 1960, o município era ocupado por pouco menos de 20 mil habitantes (pescadores, pequenos comerciantes, agricultores de cana-de-açúcar e pequenos criadores de gado de corte e leite). Entre os anos de 1970 e 1980, houve certo incremento na curva de crescimento (Figura 2.1), e atualmente sua população de 62.174 habitantes encontra-se distribuída entre os distritos de Saquarema: sede, Bacaxá e Sampaio Correia.

A qualidade de vida do município e sua atual ocupação são consequências de um conjunto de situações que se procura compreender

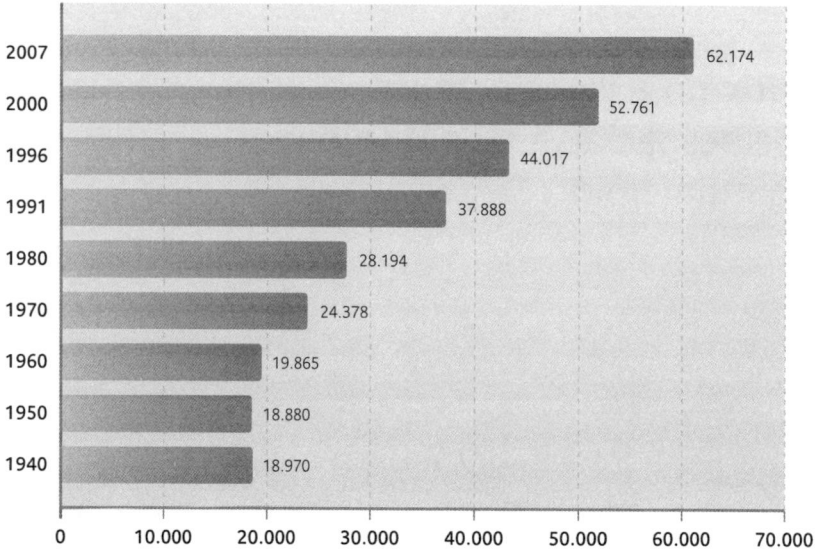

FIGURA 2.1 EVOLUÇÃO DA POPULAÇÃO NO MUNICÍPIO DE SAQUAREMA.
FONTE: CENSOS DEMOGRÁFICOS IBGE, DADOS BRUTOS; E FUNDAÇÃO CIDE, DADOS DERIVADOS.

de uma resumida abordagem histórica. Os esforços de instituições de pesquisa e de estudiosos sobre o passado e as raízes da região vêm embasando os atuais embates da população com o poder público local, em busca da preservação de algumas áreas de sambaquis e de seu patrimônio natural. Assim, justifica-se o respaldo no resgate de algumas passagens históricas que colaboraram na composição do atual cenário.

Todo o território do litoral fluminense é marcado por diversos registros que confirmam a contundente presença indígena em toda a sua extensão. A região de Saquarema também passou por esse padrão de ocupação humana que, provavelmente, remonta de 6 mil a 8 mil anos BP (*before present*, antes do presente), como testemunham os 24 sambaquis presentes na região, afirma o geólogo Benedicto H. R. Francisco.

Segundo os historiadores, em 1530, D. João III, rei de Portugal, enviou "expedições" para guardar o litoral brasileiro. Parte dessas embarcações chegou à costa fluminense e, após contornar Cabo Frio, alcançou o litoral de Saquarema, fundeando no Costão, em frente ao antigo Morro do Canto, situado próximo à Barrinha. No entanto, os anos se passaram sem que a região fosse efetivamente ocupada pela presença portuguesa. Essa porção litorânea foi invadida pelos franceses presentes no litoral fluminense, e tais incursões aguçaram a cobiça do reino francês, que passou a enviar grupos para aliciar os indígenas, transformando-os em aliados e facilitando, assim, a posse das terras. Relatos históricos dão conta de que os indígenas, procurando atender o grupo dominante – primeiro os franceses e, depois, os portugueses –, deram início ao processo de descaracterização da paisagem original pela constante retirada da vegetação para usá-la como lenha, como afirma o historiador Francisco Rodrigues de Alencar Filho.

Exceto pela exploração do pau-brasil, os portugueses não tinham certeza das possibilidades econômicas da nova terra, e, procurando vencer as barreiras para a fixação das bases portuguesas no Brasil, no ano de 1534, a colônia foi dividida em capitanias hereditárias: as terras do atual município de Saquarema. Ainda assim, o interesse para a ocupação dessas terras não foi imediato, somente em 1594, os padres da Ordem do Carmo pleitearam a doação de algumas sesmarias[1] localizadas na região. No lugar, hoje denominado Carmo, próximo ao bairro de Ipitangas, foi iniciada a construção de um convento chamado, inicialmente, de Santo Alberto. Entretanto, atualmente, nada restou do marco de fundação da cidade.

O incentivo da indústria açucareira também chegou à região das terras fluminenses, e o açúcar veio a ser a base da economia, juntamente com a criação de gado; ambos permitiram a formação e a fixação dos primeiros grupamentos humanos na região. Efetivamente, a

---

1 Dada a extensão territorial da Capitania, a região foi dividida em sesmarias. A região em questão era pertencente à Capitania de São Vicente, cujo donatário era Martim Afonso de Souza.

nova conformação socioeconômica, baseada na importação de mão de obra negra em larga escala, viabilizou o povoamento das terras fluminenses, que adquiriu uma estrutura fundiária específica, na qual o nobre português cultivava a cana de açúcar, e mestiços e pescadores ocupavam as margens das lagoas e a orla marítima.

A partir de 1755, a região passou a ser reconhecida por sua importância econômica, e o governo concedeu, então, o título de Freguesia ao Curato de Nossa Senhora de Nazaré de Saquarema. O período de prosperidade decorrente do ciclo da cana-de-açúcar[2] fez com que, até 1859, a região de Saquarema contasse com quatro engenhos,[3] todos pertencentes ao coronel José Pereira dos Santos, que recebeu de D. Pedro II o título de Barão de Saquarema; esse mesmo fazendeiro foi responsável pela introdução da cultura cafeeira. Foi o prestígio político do Visconde de Itaboraí,[4] aliado dos barões do café, que levou o vice-presidente da província, Visconde de Baependy, por meio da Lei nº 238 de 1841, a elevar o Arraial de Nossa Senhora de Saquarema à categoria de município de Saquarema, emancipando-o da Comarca de Cabo Frio. A criação da Câmara Municipal e os limites territoriais foram estabelecidos pela mesma lei.

Nem mesmo a introdução da cultura cafeeira conseguiu dar impulso à economia local, pois não tardou para que a influência do movimento abolicionista atingisse as senzalas da região, fazendo com que consecutivas fugas de escravos[5] dificultassem o cultivo no local. Toda essa instabilidade deu início, então, a um ciclo de decadência que culminou em 1859, com um decreto que retornou o município à condição de

---

2 O primeiro engenho de cana-de-açúcar foi instalado em 1839.

3 Instalados na região de Palmital, Redonda, Rio Seco e Mato Grosso.

4 O sr. Joaquim José Rodrigues Torres, senador do Partido Conservador pelo Rio de Janeiro, representava o grupo de fazendeiros escravagistas.

5 Nessa ocasião, ocorreu a Revolta dos 400, na qual escravos rebelados atearam fogo em um engenho de cana-de-açúcar localizado em Ipitangas.

"Freguesia Vila de Araruama". O fim do ciclo do açúcar transformou a região em um mosaico de pequenos produtores que tinham condições apenas de abastecer o mercado local. A vida produtiva do setor agrícola não foi suficiente para impulsionar o desenvolvimento de Saquarema.

Essa oscilação de virtuosidade e decadência nos ciclos econômicos se refletiu também na formação da população praieira local, em que, por um tempo, seguindo o padrão das demais regiões litorâneas, ocorreu a mistura dos elementos português, negro e indígena. No entanto, por ordem do Marquês de Pombal, os jesuítas foram expulsos da região, e os indígenas sobreviventes fugiram para o interior, tendo restado em Saquarema os pescadores mestiços de indígenas, alguns poucos senhores e escravos. Em seu trabalho, o cientista ambiental Jacques Sochaczewski resgata referências de Lamego ao descrever a passagem do príncipe Maximiliano de Wied-Neuwied[6] pelo litoral fluminense, que, em seus relatos de viagem, faz referência à postura entorpecida e conformada da população, chamando-os de "gente das areias".

Essa era a percepção de que os "externos" tinham da população local. De fato, o perfil da população permaneceu quase inalterado ao longo da história da ocupação da região, como afirma o geógrafo e geólogo Alberto Ribeiro Lamego:

> [...] Padroniza então todas essas pequenas vilas do litoral das restingas, onde o habitante quando não voltado para a pesca se absorve numa retaguarda de pequenas lavouras incapazes de gerar fortunas grandes. [...] Assim dormita a pequena vila por quase todo o século XIX. A rápida passagem da onda do café pelas encostas de seus morros não sacode a inércia original do meio litorâneo em que nasceu. Nenhum desses municípios teve como o de Campos um

---

6 Príncipe alemão e naturalista que esteve no Brasil, no período de 1815 a 1817, e que percorreu o litoral do Rio de Janeiro até Salvador.

progresso contínuo e próprio, estimulado pelo meio físico. Somente um impulso externo poderá sacudir esse torpor que se diria herdado dessa gente das areias que primitivamente ali entrou sedentarizando-se em palhoças à beira das lagunas. Só com a permanente ligação ferroviária é que esta zona poderia receber um surto renovador de ideias e iniciativas imigradas.

A estagnação só poderia ser vencida com a superação do isolamento histórico da região, continua Lamego:

> [...] Havia núcleos dispersos pela baixada e encostas das elevações. Inicia-se uma nítida separação de atividades, imposta pelo meio natural. Nas colinas e serras, havia lavouras, engenhos e, mais tarde, fazendas de café. Nas restingas, a pesca desenvolveu-se naturalmente. Era forte a pesca de robalo e camarão principalmente. As lagunas de Maricá, Saquarema e Araruama, entre outras, abasteciam o mercado do Rio de Janeiro com pescado.

No entanto, foi a chegada da estrada de ferro Maricá-Bacaxá que projetou um sopro de vida na região, pois melhorou as condições de escoamento do pescado para os centros consumidores da antiga Guanabara.

Assim, sucedendo a elite rural, surge uma nova elite de comerciantes e, em sua maioria, ainda existe uma forte relação entre as famílias que acumularam capital nesse período com a atual classe empresarial que administra a economia do município. No entanto, isso não bastou para imprimir à cidade um ritmo maior de desenvolvimento, ainda assim a pressão dos republicanos locais conseguiu restaurar politicamente a condição de Vila ao local, e, apesar dos agravantes econômicos, a Vila foi elevada à categoria de cidade.[7]

---

7 Ocorrida em 3 de janeiro de 1890.

No início do século XX, as poucas lavouras de café foram abando-nadas e substituídas pela pecuária, mas sem que conseguisse restaurar a saúde econômica da cidade, que passou por um novo ciclo de deca-dência, responsável pelo mais grave esvaziamento urbano. Já no final da década de 1930, a citricultura veio proporcionar certo alívio econô-mico à região, que prosperou como importante centro de exportação.

O primeiro governo de Ernani do Amaral Peixoto,[8] reconhecendo a oportunidade de negócios na região, promoveu obras que melhora-ram os acessos rodoviários para Niterói, Itaboraí e Cabo Frio, e novos trechos da estrada de ferro foram inaugurados.[9] A exportação incen-tivou novos produtores e expandiu o nível de emprego e de renda na localidade até 1940, quando as dificuldades da Segunda Guerra Mun-dial vieram alterar as relações comerciais entre Brasil e Europa. Ainda assim, a região prosseguiu com a citricultura voltando sua produção para o abastecimento do mercado interno, e, até o fim da década de 1960, o município detinha o título de "a capital do limão".

No entanto, a destruição das matas ciliares promoveu o aumento de pragas transmissoras da *tristeza azul dos citrus*, doença que, na década de 1970, era totalmente desconhecida dos pesquisadores e acabou por dizimar as lavouras. Por recomendação do controle sa-nitário da Empresa de Assistência Técnica e Extensão Rural (Ema-ter-RJ), como afirma o pesquisador Adyr B. Rodrigues, as plantas contaminadas eram erradicadas (arrancadas e queimadas). Toda a região citricultora fluminense, que compreendia ainda 12 muni-cípios vizinhos, foi considerada inapropriada para o cultivo dessa lavoura. Esse episódio desencadeou outra séria crise na economia local, motivando muitos agricultores a abandonarem a atividade e migrarem para a região metropolitana.

---

8 Nomeado, em 1937, por Getulio Vargas, como interventor do estado do Rio de Janeiro.
9 Embora, mais tarde, a ferrovia tenha entrado em declínio.

Concomitantemente a esse cenário, em 1973, é fechada a última usina de cana-de-açúcar de Sampaio Correia, encerrando definitivamente a atividade açucareira na região. Esse fato, juntamente com o declínio da citricultura, levou os fazendeiros mais persistentes a direcionarem atividades para a pecuária, que, atualmente, está restrita a esse distrito, preservando muitas das características naturais, bem como algumas das tradições culturais locais. Entretanto, o desgaste provocado pela exploração intensa da terra e as características inapropriadas do relevo comprometeram ambientalmente a região com voçorocas e assoreamento de corpos hídricos.

No final dos anos de 1950, a prefeitura de Saquarema passou a fazer doações de lotes de 450m², na restinga do distrito-sede, em uma área então reconhecida como terras devolutas (patrimônio do estado-membro) e terrenos de marinha (patrimônio da União, administrado pelo Ministério da Fazenda). Os primeiros beneficiários dessas doações para a edificação de casas de veraneio foram oficiais da FAB, seus familiares e amigos, que se comprometiam com a prefeitura em erguer um alicerce em até seis meses e finalizar a casa em até dois anos, como afirma Selene Herculano.

O plano de expansão do perímetro urbano continuou e ganhou impulso, em 1974, após uma controvertida ação judicial, na qual a municipalidade de Saquarema entrou na posse definitiva de 5 milhões de metros quadrados da restinga do distrito-sede, passando a intensificar seu programa de urbanização pela venda da área vazia ainda disponível a preços módicos e até usando o voto como moeda de troca. Em menos de duas décadas, Saquarema urbanizou-se por meio do mecanismo de privatização e parcelamento de terras públicas, que passaram a ser ocupadas por residências secundárias, para o veraneio da população metropolitana de classe média.

Os anos 1960 e 1970 representaram tempos de muitas mudanças para a cidade. Após a falência da Usina de Sampaio Correia e o comprometimento ambiental das áreas naturais, o município, que já vinha abalado por conta do declínio da citricultura, entra em um severo estado de estagnação tanto em seu desenvolvimento econômico como populacional. Foi nesse período que teve início o parcelamento dos imóveis rurais, com a prefeitura expandindo sucessivamente o perímetro urbano, a fim de facilitar o loteamento de sítios e fazendas. A ânsia da municipalidade em buscar a modernidade e o desenvolvimento via urbanização estimulou e incrementou a função veraneio. A população metropolitana que para lá afluiu inicialmente buscava desfrutar, além das belezas naturais, o acesso à casa própria, por conta das doações de terrenos e da construção informal. Para um número expressivo de veranistas, como atesta Selene Herculano, a construção da casa própria em Saquarema foi um meio para se conseguir, pela negociação, um imóvel metropolitano.

A estratégia do governo municipal era o desenvolvimento da região pelo processo de urbanização, no qual a construção civil seria o motor propulsor para os novos empregos. Dados primários gerados pelo Instituto Brasileiro de Geografia e Estatística (IBGE), publicados em 1980, sobre a População Economicamente Ativa (PEA) do município, demonstram que cerca de 80% do total da população ocupada no setor secundário estava empregada no segmento da construção civil. A inauguração da Ponte Presidente Costa e Silva (Ponte Rio-Niterói) viabilizou essa proposta do governo municipal, pois facilitou o acesso de visitantes da capital e dos municípios da baixada fluminense. No entanto, foi o movimento do surfe que fez a cidade ganhar as mídias e assumir definitivamente um lugar de destaque nos almanaques e guias de turismo, o que fez aumentar, consideravelmente, o interesse por lotes na região.

Em meio à repressão dos "anos de chumbo" da ditadura, Saquarema se tornou, então, um ícone representativo do "grito de liberdade", no qual muitas ideologias em favor da liberdade ascendiam entre as mais diversas idades. Nesse sentido, a cidade, com tantas riquezas naturais, foi palco de encontros entre jovens, pacifistas, hippies e surfistas. Eleita como cenário da liberdade de expressão, a Saquarema da década de 1970 foi adotada como palco de um dos principais eventos do surfe brasileiro – o Festival Brasileiro de Surfe. Entre 1975 e 1983,[10] a cidade sediou diversos torneios promovidos pela Associação de Surfe de Saquarema. Os moradores mais antigos relatam que, quando os primeiros "surfistas" chegaram, foi uma convivência tranquila. "Eram poucos... Vinham, acampavam na areia por dois ou três dias, compravam nosso peixe e depois iam embora." (Relato 132, de um ex-pescador nascido no município.)

A sociedade brasileira tem uma ideia lúdica e romantizada do litoral, e o surfe contribuiu para alimentar essa face do imaginário popular. O apreço exacerbado pelo litoral se constitui em uma herança da organização da ocupação litorânea que era parte integrante de uma estratégia da colonização portuguesa. Os portugueses "criavam todas as dificuldades às entradas terra adentro, receosos de que com isso se despovoasse a marinha", afirma o historiador Sérgio Buarque de Holanda. Desse modo, diversos entrepostos comerciais surgiram dando origem aos pequenos núcleos junto à orla, quase todos com a mesma concepção estrutural. No entanto, hoje, mais que uma estratégia histórica, esse perfil de ocupação representa uma herança cultural transmitida por gerações, um *status* de residir próximo ou de frente para o mar. Tal cultura impregnada nas raízes do povo brasileiro consiste em um fator de incentivo para a concentração populacional litorânea.

Não se pode deixar de ressaltar que a região de Saquarema, assim como muitas outras do litoral brasileiro, guarda heranças adquiridas da colonização portuguesa – seus mitos, padrões culturais, religiosos

---

10 Com exceção de 1979 e 1980, anos em que o evento não aconteceu.

e seu perfil de ocupação que, como em muitas outras cidades, teve início na orla marítima. Uma ocupação como tantas outras que a coroa portuguesa implantou, na qual se instalaram a igreja, a praça, as residências das personalidades mais ilustres e as representações das autoridades públicas locais – prefeitura, delegacia etc.

Assim, desde a colonização, paira no imaginário das sociedades brasileiras que os que residem no litoral estão próximos ao centro do poder, têm mais chances de interferir nos rumos das políticas e, por conseguinte, usufruir e se beneficiar de tais decisões, ao passo que os que estão no interior ficam relegados a segundo plano e acabam por padecer com a demora na implantação dos serviços públicos e privados.

Em Saquarema, as mudanças no processo de produção e apropriação do espaço urbano ocorreram com maior intensidade no início da década de 1970, com a expansão da área urbana, até então concentrada no núcleo central (Centro). O processo de expansão tomou a orla no sentido sul (Jaconé) e no sentido norte (Massambaba), produzindo intensas intervenções no território da cidade, decorrentes da dinamização turística, cujas alterações afetaram profundamente tanto o panorama ambiental do município quanto seu padrão arquitetônico, restando poucos testemunhos patrimoniais do passado colonial da região.

Mapas e levantamentos[11] mais antigos fazem saber que, a despeito da legislação vigente,[12] as áreas marginais do conjunto de lagunas foram recomendadas como propícias às atividades de lazer (Figura 2.2). Tal documento pode ter subsidiado as autorizações municipais para a implantação de loteamentos no Boqueirão, em Vilatur e Itaúna.

---

11 Em 1979, foi realizado pela Empresa Brasileira de Pesquisas Agropecuárias (Embrapa) um levantamento de reconhecimento detalhado dos solos do município para fins de planejamento do uso.

12 A vegetação existente nas restingas é considerada de preservação permanente pelo efeito da Lei nº 4.771 de 1965 (Código Florestal, art. 2º, alínea "f").

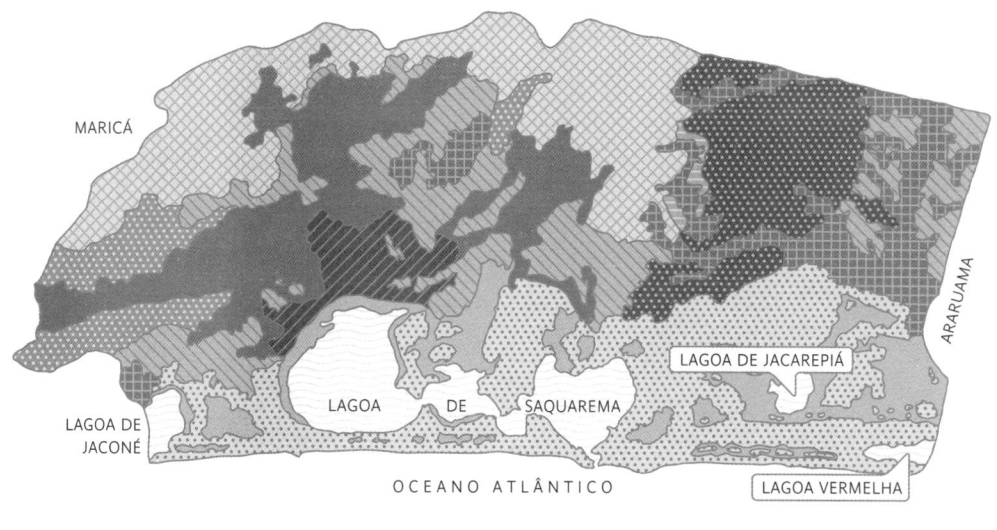

MARICÁ

ARARUAMA

LAGOA DE JACAREPIÁ

LAGOA DE JACONÉ

LAGOA DE SAQUAREMA

OCEANO ATLÂNTICO

LAGOA VERMELHA

ÁREAS INDICADAS À EXPANSÃO URBANA IMEDIATA

INDICADAS, TAMBÉM, ÀS ATIVIDADES DE RECREAÇÃO (LAZER)

INDICADAS À EXPANSÃO DA POPULAÇÃO QUE SE ENCONTRA EM PEQUENOS SÍTIOS E ÀS ATIVIDADES DE RECREAÇÃO.

A MÉDIO E LONGO PRAZOS

INDICADAS TAMBÉM ÀS ATIVIDADES DE RECREAÇÃO (LAZER).
DEVIDO À NATUREZA DOS SOLOS SERÃO NECESSÁRIOS TRABALHOS DE ENGENHARIA PARA ADAPTAÇÃO DESSAS ÁREAS.

ÁREAS INDICADAS ÀS ATIVIDADES HORTIGRANJEIRAS

ÁREAS INDICADAS A FINS ESPECIAIS

ÁREAS MAIS INDICADAS À INSTALAÇÃO DE INDÚSTRIAS

ÁREAS INDICADAS ÀS ATIVIDADES AGROPASTORIS

INDICADAS À FORMAÇÃO DE PASTAGENS ARTIFICIAIS PARA CRIAÇÃO DE GADO LEITEIRO E DE CORTE

INDICADAS À FORMAÇÃO DE PASTAGENS O À EXPLORAÇÃO DE CULTURAS DE CICLO CURTO

ÁREAS INDICADAS ÀS ATIVIDADES DIVERSAS

INDICADAS A SEREM RECUPERADAS PARA UTILIZAÇÃO EM PASTAGENS

INDICADAS PARA REFLORESTAMENTO. UTILIZANDO-AS PARA ESTE FIM, ATENDERÍA AS PECULIARIDADES DO SOLO E DO RELEVO, ALÉM DE PROTEÇÃO DA FAUNA E FLORA LOCAIS, FLORA LOCAL E REGIONAL E NASCENTES DOS RIOS

INDICADAS ÀS ATIVIDADES DE SILVICULTURA

FIGURA 2.2 MAPA DE USO DO SOLO DO MUNICÍPIO DE SAQUAREMA, PRODUZIDO EM 1980 (MENDES ET AL. 1980); DESTAQUES INTRODUZIDOS POR CRISTIANE SOARES (2008).

Outro documento, "Perfil ambiental do município de Saquarema", produzido pela Fundação Estadual de Engenharia do Meio Ambiente (Feema), em 1988, ressalta o crescimento urbano apresentado pelo distrito-sede do município já a partir dos anos de 1950. Em face do interesse imobiliário-turístico, o perímetro urbano legal foi modificado gradativamente, englobando os novos loteamentos e, ao mesmo tempo, permitindo que novas áreas se valorizassem e fossem loteadas fomentando esse ciclo. Deve-se, ainda, observar que não só o interesse imobiliário-turístico, mas também o interesse da administração municipal em aumentar a arrecadação de impostos levaram à transformação das áreas rurais em urbanas (Figura 2.3).

Também esse documento, em menor extensão, veio referendar em parte as áreas ao redor da lagoa como apropriadas para expansão urbana, recaindo na impropriedade de ratificar as áreas de restinga. Ao se comparar os dois documentos (1979 e 1988), observa-se certo recuo das áreas de pastagem, indicando que as dificuldades do terreno podem ter levado os sitiantes a implantarem culturas mais adaptadas à declividade e ao solo.

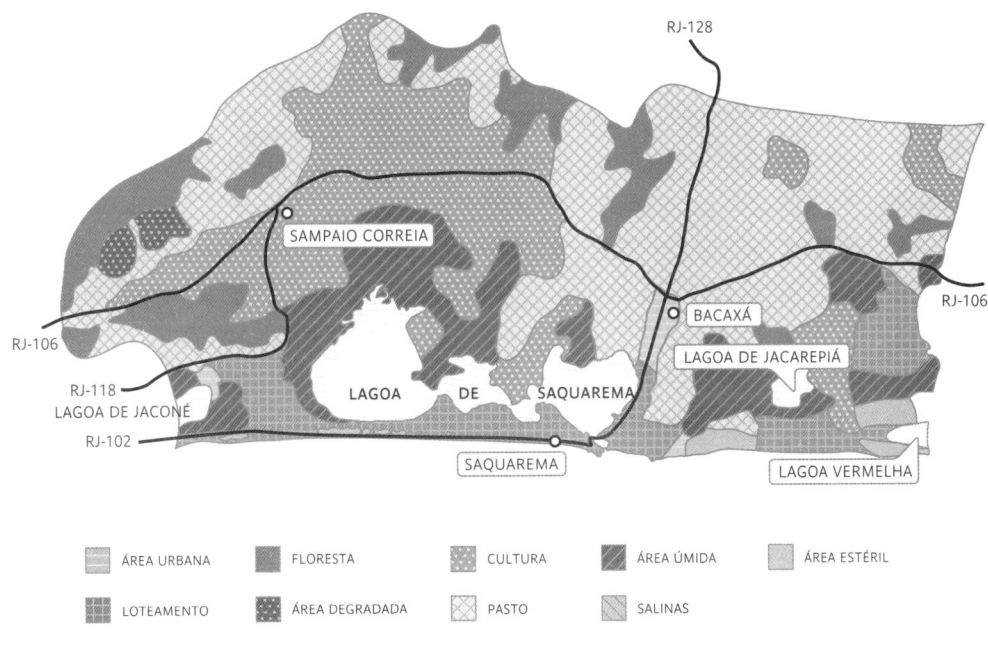

FIGURA 2.3 MAPA DE USO DO SOLO DO MUNICÍPIO DE SAQUAREMA (RJ) PRODUZIDO PELA FEEMA, EM 1985, E PUBLICADO EM 1988; DESTAQUES INTRODUZIDOS POR CRISTIANE SOARES (2008).

Assim, o distrito de Sampaio Correia viu suas atividades produtivas serem cada vez mais comprometidas dentro de uma conjuntura econômica recessiva dos anos 1980 e de uma política fundiária local que incentivava o parcelamento do solo.

No distrito-sede, parte dos imóveis resiste ao assédio imobiliário, dividindo espaço com outros que, apesar de manterem as suas fachadas, alteraram-se para usos comerciais ou mistos. A maior parte das residências que mantém certo padrão colonial está concentrada no centro histórico da cidade. Já os turistas-veranistas preferiram adquirir lotes um pouco mais afastados do centro, fazendo com que surgissem bairros como Vilatur e Itaúna, e, com valores de lote ainda mais baixos, a região de Jaconé também teve suas áreas loteadas.

O distrito de Bacaxá, por se localizar mais distante da orla, não foi inicialmente considerado nos planos de expansão imobiliária, isso porque, além de não apresentar atrativos turísticos, a infraestrutura de serviços públicos e privados era incipiente. No entanto, aos poucos, pequenos centros comerciais foram se instalando, e o distrito começou a consolidar sua vocação para a atividade comercial. O inventário turístico preliminar, em 2008, mostrou que 60% das instituições bancárias e financeiras se localizam nesse distrito. Também nessa área se concentra a maior parte dos serviços de alimentação e de apoio (farmácias, agências de correios e comércio varejista).

Assim, a cidade foi se expandindo mediante um conjunto regulatório frágil, no tocante ao parcelamento e uso do solo, e o resultado foi um processo desordenado de ocupação, em que o controle e a fiscalização sobre os processos de construção e sobre o cumprimento dos gabaritos municipais são feitos de maneira extremamente precária. A falta de organização e planejamento no desenvolvimento urbano e rural tem resultado na degradação da paisagem e gerado sérios problemas de contaminação ambiental.

Ainda hoje, há construções sendo feitas às margens da laguna, na faixa de proteção, sem qualquer tipo de autorização. Eventualmente, as obras são embargadas, como é o caso das construções que começaram a ser feitas às margens do Saco de Mombaça, na área da restinga, entre a laguna e o mar; contudo, em pouco tempo, as obras são retomadas. Em alguns lugares, ainda nessa mesma região da lagoa, pôde se observar parte da faixa inundável preparada para receber aterros e iniciar novas construções.

Boa parte dessas invasões é realizada por camadas mais pobres da população em que o discurso da carência de recursos financeiros se sobrepõe aos argumentos da importância da vegetação marginal. Por outro lado, é grande o número de casas das classes média e alta não construídas na faixa de proteção marginal, cujos proprietários têm forte tendência a avançar seus muros até as margens, acabando por destruir os bancos de taboa para poder melhorar a visão da laguna. Em Saco de Fora e no Jardim, esses tipos de construção estão avançando de forma selvagem, podendo facilmente ser avistados.

Nessa perspectiva, para o economista mexicano Enrique Leff, os valores ambientais penetram com dificuldade nas consciências, alcançam reconhecimentos relativos, porque, em muitos casos, não podem se fundamentar em um conhecimento factual, em uma correlação entre valores, fatos e experiências, entre racionalidade e subsistência. Entende-se que o despertar para o respeito dos limites da sustentação do ambiente independe da posição social dos grupos e seus membros, mas se relaciona muito mais com a percepção de um senso de coletividade.

A ocupação por construções residenciais na restinga de Saquarema, iniciada mais intensivamente na década de 1970, mantém uma distância de algumas centenas de metros tanto do oceano quanto da lagoa, com exceção do trecho situado próximo ao Boqueirão, ocupado na década de 1980, cujas construções localizadas nas margens da lagoa. A Fundação Cide – Capacitação, Inserção e Desenvolvimento – organizou, em

2000, dados acerca da evolução da ocupação urbana, indicando, em três períodos, o avanço sobre a orla das lagunas (Figura 2.4). Observa-se que a ocupação até 1974 limitava-se ao entorno da Igreja Nossa Senhora de Nazaré; já no decanato seguinte, a ocupação se espalhou por toda a orla, mas, ainda guardando certa distância da faixa marginal, a ocupação entrou em uma rota de descontrole entre 1980 e 1990.

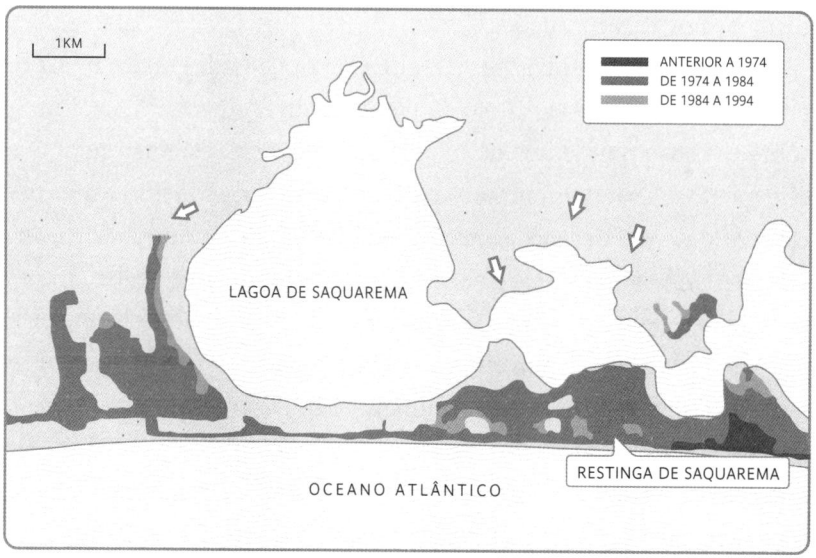

FIGURA 2.4 EVOLUÇÃO DO USO DO SOLO AO REDOR DO ESPELHO D'ÁGUA DO COMPLEXO LAGUNAR. FONTE: FUNDAÇÃO CIDE (2000).

Por ocasião da construção do canal da Barra Franca, o estudo de impacto ambiental apresentado levantou dados sobre a ocupação das áreas do entorno da lagoa, identificando um decreto (Decreto Estadual nº 2.417, de 16 de fevereiro de 1979) que definiu os contornos da lagoa adotados no Projeto de Alinhamento da Orla (PAL). Os mapas da Fundação Cide (Figura 2.5) confrontam diferenças em relação ao contorno da lagoa referente ao decreto de 1979 e à análise de satélite realizada no ano 2000. Na ocasião, observava-se que, em muitos pontos, o perímetro da lagoa já havia sofrido assoreamento, causando redução no espelho d'água, propiciando, assim, a instalação de construções residenciais e comerciais especialmente nos bairros do Boqueirão e Jardim.

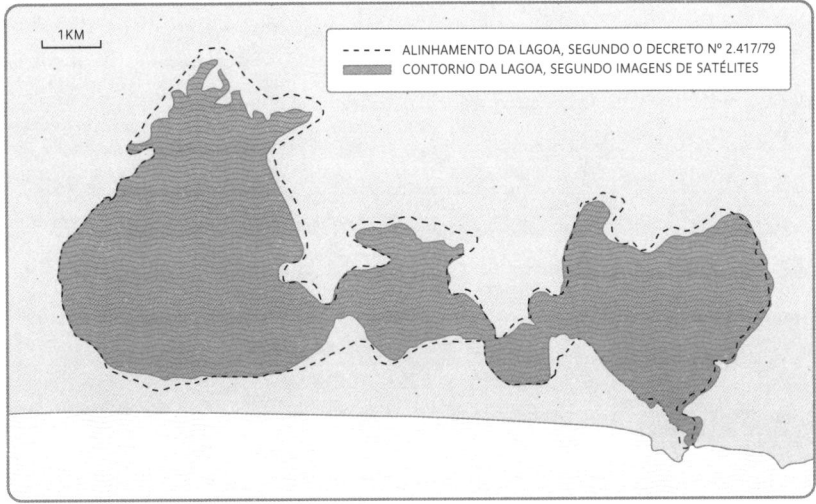

FIGURA 2.5 DIFERENÇA ENTRE OS PERÍMETROS DA LAGOA DEFINIDOS PELO DECRETO DE 1979 – PROJETO DE ALINHAMENTO DA ORLA (PAL) – E PELO PROJETO DE LEVANTAMENTO DO ESTUDO DE IMPACTO AMBIENTAL (EIA) DA BARRA FRANCA EM 1996.
FONTE: WASSERMAN (2000).

Com uso do software Environmental Systems Research Institute Maps (ESRIMAP), disponível no site da Rede de Laboratórios de Geoprocessamento do Rio de Janeiro (Labgeo), foi gerado, em maio de 2008, um mapa do atual uso do solo, no qual se observa que o avanço da ocupação tem tomado a direção de Jaconé, da mesma forma que a região de Sampaio Correia também apresenta certa expansão.

Ao se analisar as duas últimas décadas do século XX, observa-se que a evolução dos usos do solo do município de Saquarema tem demonstrado que o processo de ocupação foi incrementado pelas facilidades de acesso aos lotes decorrentes do parcelamento do solo, o que contribuiu para a massificação da atividade turística na região.

Por outro lado, o sopro de crescimento demonstrado pelos números da PEA na década de 1980 não se traduziu em crescimento sustentável; esgotadas as áreas loteáveis, a geração de empregos (relação de admitidos e desligados) no município (Figura 2.6) continua obedecendo à sazonalidade do perfil turístico da região, que não tem sido capaz de reter o visitante em uma estada maior, tampouco promover uma perenidade na visitação.

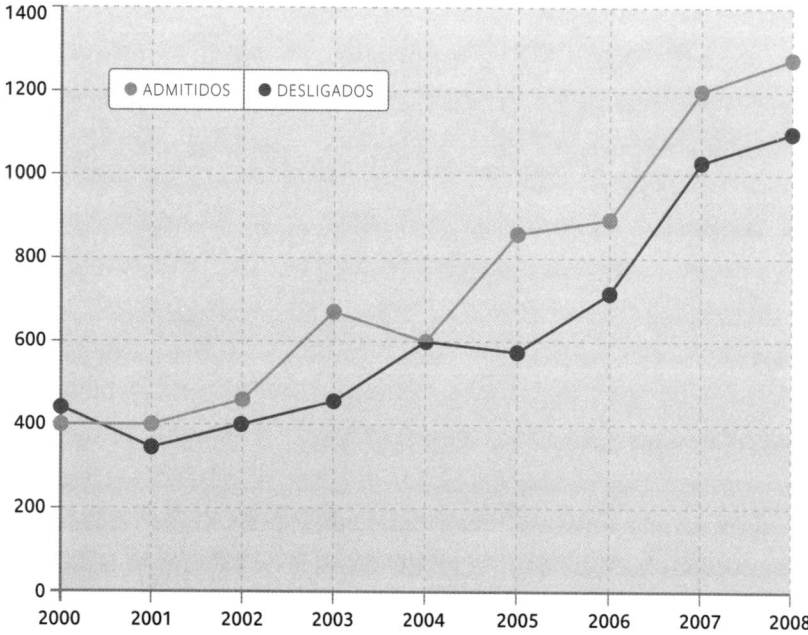

FIGURA 2.6 RELAÇÃO DE ADMITIDOS E DESLIGADOS NO MUNICÍPIO DE SAQUAREMA.
FONTE: CADASTRO GERAL DE EMPREGADOS E DESEMPREGADOS (CAGED) (2008).

Ainda assim, a aposta para desenvolvimento econômico da região continua concentrada na promoção do turismo. O período 2000/2008 foi marcado por decisões ralacionadas à condução de um programa de urbanização voltado para atender às necessidades do turista-visitante, com estruturas e instalações que têm buscado causar "boa impressão", dar mais conforto e atratividade no atendimento ao turista. Esse novo plano para desenvolvimento local, até certo ponto, tem motivado a implantação de novos empreendimentos, agora não mais agregando novas áreas, mas verticalizando as áreas mais nobres.

Recentemente, os loteamentos de residências vêm sendo substituídos por edifícios com até quatro pavimentos, em sua maioria ocupando a orla marítima, isso porque os lançamentos imobiliários estão buscando atingir outro perfil de comprador – o migrante da capital. Este vem buscando a cidade com intenção de se instalar não mais como segunda residência, mas para aproveitar a relação custo-benefício dos imóveis (em comparação às cidades do Rio de Janeiro e de Niterói), a razoável infraestrutura de serviços da região (escolas, comércio varejista, serviços de saúde etc.); para desfrutar de um maior contato com a natureza e ainda vivenciar uma relativa segurança, o que muitos confundem com qualidade de vida.

Apesar de o litoral do município ter quase 30km de extensão, percebe-se o início de um movimento de verticalização dos imóveis em alguns bairros refletindo a supervalorização dos espaços. Tal movimento repercute-se no processo de especulação imobiliária. A busca por novos espaços com o objetivo de expansão dos loteamentos de residências e prédios residenciais tem gerado maior pressão sobre as construções mais antigas. Concomitantemente a esse processo, a ocupação desses imóveis por camadas de poder aquisitivo mais elevado tem atraído o comércio de alimentos e bebidas para a orla, e sua instalação tem promovido a alteração da paisagem litorânea pela retirada sistemática da vegetação. Assim, percebe-se que a ocupação do solo da orla não vem observando aos preceitos legais, comprometendo severamente o ecossistema costeiro. Tais práticas carecem de uma revisão na política de ordenamento municipal.

« 2.2 »
EXPRESSÕES DA SOCIEDADE LOCAL: DEVOÇÃO AO SANTUÁRIO DE NOSSA SENHORA DE NAZARÉ

Há aproximadamente oitocentos anos, surgiu o culto a Nossa Senhora de Nazaré, cuja devoção teve início em Portugal. A manifestação dessa crença religiosa é expressa de diferentes formas ao redor do mundo e, em cada lugar, incorpora peculiaridades das culturas regionais. Por isso, as expressões ritualísticas se adaptam, aproximando-se às suas identificações, respeitando as individualidades sem perder o significado da devoção. A forma pode mudar, mas continua transmitindo a mesma mensagem.

Se for estudado qualquer momento da História, é visível o fato de que o ser humano sempre teve certo respeito ou temor pelo divino, pelo sagrado. É imprescindível a necessidade de se dedicar a vida a princípios mais elevados. O ser humano necessita dar sentido à vida, e isso se traduz em uma dedicação ao divino, uma valorização por sobre o que é material, pois o terreno é transitório, mas o divinal é eterno.

O culto a Nossa Senhora de Nazaré de Saquarema é considerado um dos mais antigos do país.[13] Relatos indicam que, após uma tempestade, os pescadores da praia de Saquarema[14] teriam encontrado em suas redes, junto aos peixes, a imagem de Nossa Senhora, que foi, então, levada para uma cabana para ser cultuada, e desapareceu para ser novamente descoberta no dia seguinte. Segundo os moradores, o local dos reaparecimentos determinou a construção da igreja matriz da Virgem de Nazaré. É dessa igreja que, sempre

---

13 Os primeiros relatos são do século XVII.
14 Atual Prainha do Centro.

no dia 8 de setembro, milhares de pessoas conduzem a imagem de Nossa Senhora pelas ruas.

Em Saquarema, esse rito religioso foi o marco de agregação para o surgimento da comunidade; não tardou muito para que as romarias se tornassem frequentes. Os relatos informais dão conta de como se construiu a mítica do local e de como esse rito passou a fazer parte das tradições da comunidade. Observa-se uma credulidade acentuada sobre os inexplicáveis reaparecimentos da imagem na região do costão do outeiro. Não resta dúvida de que as histórias e lendas acerca da origem do santuário e da devoção à Nossa Senhora de Nazaré contribuíram para aumentar o valor histórico, cultural e místico do lugar. Vale registrar que não há confirmação das histórias do reaparecimento da imagem, apenas existe uma ratificação dos relatos orais passados de geração a geração.

O simbólico culto a Maria é uma representação fortemente permeada por referenciais emocionais, como comiseração, sacrifício e benevolência, que pouco interessava à classe mais abastada – os sesmariantes, que percebiam aquela manifestação como pertencente à "gente das areias". A elite não tinha muito interesse no litoral, pois o cultivo da cana-de-açúcar não se adaptava à proximidade com o mar. Os posseiros que buscavam as terras mais férteis eram expulsos e se alojavam na orla, onde não seriam incomodados por séculos,[15] mas sem que isso representasse qualquer garantia de direito em relação à posse definitiva da terra.

O Círio de Saquarema, apesar da herança cultural portuguesa, incorporou traços regionais, marcados principalmente pelo tipo de entrega que o grupo social devoto podia realizar. Os pescadores pobres pouco tinham a oferecer e incorporaram às expressões de devoção

---

15 A falta do título de propriedade foi a principal causa da segregação do litoral de Saquarema, visto que o poder público local reclamou a propriedade da terra para que pudesse realizar seu plano de distribuição de lotes.

elementos de seu cotidiano, como a procissão marítima e a oferta do pescado. As oferendas se reportavam aos produtos da natureza – mandioca, milho, feijão e pescado, guardando certo paralelo com a mística medieval que celebrava o pedido de fartura de alimento.

> Minha avó conta que a procissão começava com o amanhecer, os barcos iam para o mar, os homens jogavam a rede e a "pega" desse dia era toda dada no altar de oferta. Era uma festa de vizinhos, os romeiros vinham somente de dia, mas a novena acontecia a semana toda. Isso de barraquinha e show não tinha, não. (Relato 124, de um ex-pescador morador local.)

Até os anos de 1940, Saquarema não passava de uma aldeia de pescadores, cuja manifestação da devoção ao culto da santa desenvolveu fama e atraiu a peregrinação de toda parte do estado. Filhos de antigos pescadores contam que a orla e a boca da barra eram ocupadas pelas casas dos pescadores, e que, enquanto eles ocuparam as áreas litorâneas, as celebrações se mantiveram como no "início". Os laços de compadrio constituíam um traço marcante na comunidade; a descrição dos entrevistados revela as casas como construções erguidas em sequência e próximas uma das outras, revelando os vínculos de reciprocidade e vizinhança entre os pescadores.

Toda a vida dessa comunidade girava em torno da prática de seus conhecimentos mais tradicionais, marcados pela solidariedade familiar. A religião, a pesca e a agricultura de subsistência eram as referências para as relações sociais entre os moradores. De certa forma, a manutenção mais genuína das manifestações culturais estaria associada à permanência desse grupo junto a seus meios de produção – o mar e a lagoa. Na medida em que a região litorânea ainda não havia despertado o interesse do mercado imobiliário, a comunidade pesqueira seguia reproduzindo suas tradições.

Os pescadores foram os principais responsáveis pela perpetuação de algumas das manifestações culturais. A manutenção das expressões culturais se correlaciona com a memória, de suma importância na construção de uma identidade consistente de determinado grupo. Para isso, é necessário que não se deixe de rememorar, de buscar as raízes, as origens, o âmago da história etc. Nesse sentido, a memória assume um papel na elevação de grupo social, pois aporta elementos para sua transformação sem que isso represente sua desintegração.

O teórico Stuart Hall afirma que as identidades nacionais são formadas e transformadas no interior de suas representações, assim, podemos considerar que, em cada parte de uma nação, constituída por inúmeras comunidades, há um conjunto de símbolos vinculados os quais geram sentimentos de identidade e de pertença que podem, até, ultrapassar os limites geográficos. Partindo do pressuposto de que a memória é a faculdade de reter ideias ou reutilizar sensações, impressões ou quaisquer informações adquiridas, percebe-se que essa memória proporciona a lembrança da própria lembrança e não deixa que se apaguem as experiências adquiridas por todos os envolvidos no episódio.

A memória é um elemento constituinte do sentimento de identidade, tanto individual como coletiva, na medida em que ela é também um fator extremamente importante do sentimento de continuidade e de coerência de uma pessoa ou de um grupo. No entanto, essa memória não pode ser enquadrada, emoldurada de acordo com os interesses próprios, pois é livre e atua em seus personagens de forma bastante independente, sem interferências.

As lembranças da historicidade de um grupo social constituem um fator de identificação e aproximação entre seus membros, é a marca ou o sinal de sua cultura. Segundo o historiador Arno Wehling, a memória tem finalidades:

A memória do grupo, sendo a marca ou o sinal de sua cultura, possui algumas evidências bastante concretas. A primeira e mais penetrante dessas finalidades é a da própria identidade. A memória do grupo baseia-se essencialmente na afirmação de sua identidade.

A relação entre memória e identidade é tão estreita, que o imaginário histórico-cultural se alimenta delas para se autossustentar e se reconhecer como expressão particular de determinado povo. A memória não pode ser entendida apenas como ato de busca de informações do passado, tendo em vista a reconstituição desse passado. Ela deve ser tratada como um processo dinâmico da própria rememorização, o que estará associado à questão de identidade, segundo Santos.

Apesar da precariedade das populações litorâneas que se instalaram em Saquarema, durante um longo período, foram esses grupos os responsáveis por manter e guardar as manifestações lúdico-religiosas e lúdico-folclóricas. De certa forma, as identidades invocam uma origem que residiria em um passado histórico com o qual o grupo social continuaria a manter certa correspondência. Hall aponta os recursos da história, da linguagem e da cultura como elementos na produção não do que se é, mas do que se torna.

Os loteamentos e a distribuição de terras que ocorreram nos anos 1950 não beneficiaram a comunidade pesqueira local, pois a preocupação estava voltada para atrair novas construções para o município. Na verdade, a fragilidade legal da comunidade pesqueira, aliada à especulação imobiliária e deterioração da qualidade ambiental da lagoa, fez com que os integrantes dessa comunidade fossem pouco a pouco abandonando a atividade, a região, as tradições, comprometendo a identidade do grupo que não mais se comporta como comunidade.

A data de 8 de setembro marca o dia oficial de homenagem à Santa; o período de homenagens religiosas sempre foi mais extenso, durando cerca de sete a oito dias. No entanto, a "massificação das festividades" e a incorporação de elementos não relacionados com as crenças religiosas fizeram com que cada vez mais o período de comemoração fosse estendido, com início no final de agosto e término em setembro. Nesses dias, a cidade de Saquarema chega a receber mais de cem mil pessoas para os festejos. As ruas mais próximas à igreja são ocupadas por barraquinhas com comidas típicas e artesanatos.

A beleza das festas que celebram a religiosidade e os santos católicos nem sempre conserva a autenticidade de suas origens devocionais, mas constitui-se em um dos principais atrativos turísticos do Brasil segundo o historiador Antonio de Paiva Moura. No entanto, grupos religiosos, compostos por residentes da localidade de Saquarema, têm procurado se organizar para resgatar e perpetuar os ritos simbólicos como forma de manter o sentimento de pertencimento em relação ao santuário de Nossa Senhora de Nazaré. Esses grupos têm se ocupado na organização das celebrações – missa campal dos romeiros, novenas, procissão etc.

O remanescente que remonta mais fielmente ao imaginário das lembranças dos residentes mais antigos é o próprio santuário, cuja construção foi cercada de lendas e mitos. Ainda que tenha passado por algumas modificações, sem que se respeitasse fidedignamente a estrutura original, ainda se mantém altivo como que guardando a identidade regional. O centro histórico de Saquarema guarda poucas características de seu passado colonial, mas, se, por um lado, a arquitetura colonial foi perdida, por outro, a cidade mantém costumes que revelam modos de vida simples, mas muito valorizados pelos residentes. A imagem de terra pacata, com pães, sorvetes, frutas e legumes que ainda batem à porta dos moradores, vendidos em bicicletas, carroças, automóveis e as carrocinhas de sorvete artesanal e de pele frita[16] que circulam pelo centro da cidade são

---

16 Espécie de torresmo à pururuca.

mostras da resistência ante os sinais de que os elementos modernos introduzidos não foram suficientes para alterar completamente as características culturais da região.

Podemos dizer que o bairro do Centro é o espaço que mais se conecta a existência dos indivíduos locais, pois é onde se resguardam as lembranças e a sensação de pertencer a um lugar. Por isso, ainda que as representações materiais históricas tenham se dispersado, os poucos vestígios que resistem servem como elementos de resistência da identidade cultural local, mesmo que os espaços territoriais não sejam mais homogeneamente ocupados pelos grupos sociais originários. Ao que parece, existe uma essência comum de valores sociais e subjetivos que se manifesta, especialmente, na celebração do Círio. Depoimentos de moradores e visitantes respaldam tal observação. No relato 125, uma aposentada, moradora local, relata: "Nem sei o que seria de mim sem a minha fé. Foram tantas as dificuldades que só a fé na minha santinha para me fazer ir adiante."

Uma dona de casa também confirma:

> Não nasci em Saquarema, mas minha mãe vinha todos os anos ao Círio. Quando casei, vim algumas vezes, sem regularidade, mas, depois que ela morreu, voltei a frequentar. Acho que devia isso a ela. (Relato 126, de uma dona de casa visitante.)

Dessa forma, entendemos que um elemento material ou imaterial, tratado como patrimônio herdado pelas populações locais, espelha a identidade da localidade e se constitui em um marco referencial para o qual se pode retornar e vivenciar o sentimento de pertencimento. Do mesmo modo, podemos entender que a preservação de tais elementos pode ser assumida como elemento de resistência capaz de despertar e acentuar os atributos da resiliência que reside em algum ponto do subconsciente coletivo.

« 2.3 »
RESISTÊNCIA E RENASCIMENTO
DE OUTRAS MANIFESTAÇÕES CULTURAIS

Por outro lado, alguns outros atores sociais[17] vêm procurando resgatar suas raízes e festividades. Uma dessas manifestações é a celebração de Corpus Christi (Corpo de Cristo), na qual os voluntários passam a noite trabalhando na confecção de tapetes de sal grosso e tinturas.

Algumas outras representações[18] da sociedade têm se empenhado no resgate das festas juninas, especialmente a de São Pedro. Mais uma vez, a conjugação dos ritos religiosos e festivos se faz presente à beira-mar no entorno do Santuário, reforçando a igreja matriz como o elemento unificador mais importante da representação da identidade cultural local. Uma professora, moradora local, afirma: "As danças, como a quadrilha e a ciranda, praticadas pelos populares da região estavam se perdendo; era preciso resgatar esse passado." (Relato 129)

Outra tradicional manifestação do folclore fluminense, a Folia de Reis, foi introduzida no Brasil pelos portugueses. Na realidade, é uma tradição religiosa, expressa na forma de teatro musical com base no nascimento do menino Jesus e na visita dos reis magos com seus presentes. A comitiva vai percorrendo as casas, o anfitrião deve oferecer comida e bebida e, assim, receber a bênção da promessa de prosperidade. As comemorações se iniciam normalmente à meia-noite do dia 25 de dezembro para terminarem em 20 de janeiro, entretanto, como atividade folclórica, o grupo pode se reunir em qualquer época quando solicitado.

---

17 O resgate de algumas festividades vem sendo realizado principalmente pelas diferentes associações de moradores do município.

18 Mulheres Empreendedoras de Saquarema (Ameas) e Associação de Moradores da Barra Nova (AMA).

A Folia de Reis ainda é mantida viva na área rural de Saquarema. Segundo os moradores mais antigos, havia outros dois grupos, o Boi Pintadinho e o Caxambu. A falta de trabalho resultou na migração de boa parte de seus membros, especialmente os mais jovens, e, sem a continuidade, a tradição foi sendo apagada pelo tempo. Hoje há apenas alguns remanescentes, como o Estrela D'Alva, natural do distrito de Sampaio Correia.

Já a Festa do Divino Espírito Santo tem uma origem difusa, sabe-se que veio com os portugueses no período colonial. Segundo Rita Amaral, essa celebração foi sofrendo transformações paulatinas e "decaindo" na preferência popular por alguns anos, devido, talvez, ao empobrecimento das regiões nas quais se solidificou como forma de culto ao Espírito Santo, uma vez que parece ter sido mais representativa no ciclo do ouro. Segundo o Instituto Estadual do Patrimônio Cultural (Inepac), Saquarema é um dos últimos municípios do estado do Rio de Janeiro[19] onde ainda ocorre esse tipo de manifestação.

A ligação da comunidade com o território se dá por meio de seus ritos religiosos, e a relação de afetividade da comunidade com o Santuário de Nossa Senhora de Nazaré vai além do sentimento de patrimônio religioso, cultural e turístico: é uma afinidade que se sobrepõe à beleza estética do local e a seu significado religioso. A festividade do Círio de Nazaré representa um marco de resistência, que vem exercendo seu poder de influência no estímulo da busca de outros laços representativos da identidade cultural local.

O resgate da memória local representa um mecanismo de resistência dos grupos sociais que não querem esquecer suas memórias; pelo contrário, querem preservá-las e perpetuá-las para que as futuras gerações saibam dos acontecimentos ali passados. Para a comunidade de Saquarema, é a possibilidade de resgate e reestruturação

---

19 A Festa do Divino ocorre também no município de Paraty (RJ).

de sua identidade mais genuína; aquela que reflete suas origens na forma de ocupação e produção do espaço. E, ainda nesse caso, a memória pode significar um elemento essencial não só para a identidade, mas também para a contribuição para a formação e o resgate da cidadania e para a percepção dos direitos da comunidade em busca de uma vida com a qualidade ambicionada.

« 2.4 »
INTRODUÇÃO DE MANIFESTAÇÕES CULTURAIS: O ESPETÁCULO E O ESTRANHAMENTO

Um questionamento pode iniciar este tópico: se a cultura e suas manifestações são importantes na coesão dos grupos sociais, como podemos definir o que seja uma manifestação cultural? Para essa resposta, cabe resgatar as diferentes visões que se têm do que seja a cultura. Para o antropólogo Roque Laraia, a cultura se desenvolveu a partir da possibilidade da comunicação oral e da capacidade de fabricação de instrumentos capazes de viabilizar, com maior eficiência, a sobrevivência biológica do ser humano. Essa visão nos leva a entender que a construção cultural advém do convívio dos seres humanos com seus semelhantes. A comunicação oral torna-se, então, um processo vital para a cultura, na qual a linguagem pode ser considerada seu primeiro "produto".

Uma vez incorporada à estrutura humana, a cultura define a vida e o faz não por pressões de ordem material, mas de acordo com um sistema simbólico definido que se diversifica em sua forma de expressão. A cultura, portanto, serve de veículo para que o ser humano veja o mundo e se equipara à satisfação das necessidades mais elementares. Um indivíduo se insere em um sistema cultural, da convivência dentro de um grupo social. No entanto, o domínio e conhecimento mínimo devem ser compartilhados por todos os componentes da sociedade de forma a permitir a convivência deles. Nesse sentido, é resgatada a discussão sobre a comunidade, na qual, para se conceber seu conceito mais legítimo, é preciso que haja convivência, camaradagem e familiaridade entre seus pares. A familiaridade que se reporta à "família", a estrutura primária na formação da sociedade, na qual os valores e costumes são construídos e repassados, é o lugar onde a maior parte das lembranças busca respostas para a resistência às mudanças em seu meio.

A construção da cultura estrutura um sistema de orientação individual e coletivo que tem uma lógica própria, na qual a coerência de um hábito cultural somente pode ser analisada com base no sistema a que pertence. Todas as sociedades humanas dispõem de formas diversificadas de manifestação cultural com características próprias. O que significa que cada uma desta é múltipla e diferenciada em si. Por conseguinte, a expressão "diversidade cultural" pode ser considerada um pleonasmo.

Assim, a cultura não pode ser um mecanismo para unificação. No sentido generalizado, entende-se que a função das atividades culturais é a manutenção da autoestima, seja dos indivíduos, seja de uma comunidade. A questão da autoestima sugere que a cultura pode ser um unguento para apaziguar a diferença. Da mesma forma, a cultura também pode ser um elemento de inclusão social, uma vez que traz consigo uma noção de ajustamento; essa é uma manifestação múltipla e diferenciada em si. Assim, pode-se considerar que a cultura é um elemento capaz de transpor barreiras sociais, promover a agregação, influenciar a autoestima e modificar a autodeterminação de dado grupo social. Assim, o resgate de práticas e manifestações culturais pode significar mais que uma composição de percepções de correntes diferentes; pode ser um meio de expressão política.

Voltamos, então, ao contexto da questão inicial, apenas alterando seu direcionamento: como as manifestações culturais interferem no espírito de uma comunidade? A resposta pode estar no entendimento de que as manifestações culturais no âmbito de sua multiplicidade podem ser bem mais que uma simples questão de autoestima ou de inclusão social, elas podem estar atreladas à necessidade de afirmação de identidades. Na ótica da percepção de um grupo social, unir-se em torno de uma expressão cultural pode ser vital para a mudança comportamental em relação a seu território e suas vidas. Nesse aspecto, as manifestações culturais e suas diversidades podem assumir contornos que vão um pouco mais além de apenas uma forma de expressão; também podem significar um passo na direção de uma postura participativa a ser assumida pelos componentes desses grupos.

O antropólogo Carlos Rodrigues Brandão afirma que o ser humano é essencialmente "criativo e recriador", e modifica o que, um dia, aprendeu a fazer. O mesmo autor ainda afirma que:

> Um ritual praticado em um contexto camponês pode ser modificado substancialmente quando os seus participantes migram para a periferia da cidade e saem do trabalho com a terra para um trabalho operário.

Assim, pode-se dizer que a diversidade cultural é um processo natural da evolução, pois a cultura é um processo cumulativo de experiências, não podendo ser tratada de forma estática nem regressiva. A questão não reside em imaginar um pluralismo brando, mas, sim, uma diversidade como multiplicidade forte, na qual não há uma unidade final. Ela não apenas preserva a identidade, mas também a alteridade. Não se trata de uma questão de identidade, mas de afirmar que há outros com tais ou quais qualidades, e depois perceber como essas qualidades são apropriadas.

Para Giddens e Pierson, a modernidade gera o "desentranhamento das formas de vida, sua desvinculação e recombinação mediante o tempo e o espaço, mas também a reconstituição dos contextos a que pertenciam". Transportando isso para um território sobre considerável influência do afluxo turístico, significa que os grupos originários do local, que até então desenvolviam atividades produtivas de baixa escala (agricultores familiares, pescadores, artesãos etc.), produziam para um mercado local, isto é, estavam entranhados em sua região ou comunidade. Na medida em que o território vai se segmentado e assumindo outras funcionalidades, as redes vão se expandindo e as relações da comunidade local passam a se recombinar no tempo e espaço. O "local" tende a refletir processos cada vez mais amplos e complexos até o ponto de se "perderem" as características artesanais do processo, o que para muitas situações pode representar uma descaracterização cultural.

Em muitos casos, esse salto no modo de vida gera desconfianças, uma vez que as mudanças, seja no seu processo ou em seu resultado final, podem significar o comprometimento da existência futura de um grupo ou de um sistema de vida. Essa avaliação do risco, em geral, é superficial e unilateral, pois advém das tomadas de decisão dos agentes econômicos ou das governanças públicas.

É importante perceber como a apropriação e a troca entre culturas se desenvolve, fazendo com que não seja possível, por vezes, afirmar um lugar social estático e permanente para o tratamento de certo grupo. As experiências culturais são necessariamente intercambiantes, e fenômenos de fusão cultural são comuns no Brasil. Em muitas situações, o sincretismo foi a tônica da formação do povo brasileiro, podendo-se citar, por exemplo, a miscigenação das culturas portuguesa, africana e indígena no tocante às tradições religiosas, à linguística, à gastronomia etc. Assim, podemos nos pautar no pensamento de Maura Penna, cujo discurso diz que "[...] as marcas da identidade não estão inscritas no real, embora os elementos sobre os quais as representações de identidade são construídas sejam dele selecionados".

Nesses casos, o "apropriador e o apropriado" terminam por coexistir. E não cabe apelar, em tais circunstâncias, para a pureza dos povos originários e das tradições, uma vez que há uma dinâmica transformadora natural ao longo do percurso histórico. Cabe ressaltar que a colonização brasileira foi marcada por disputas, guerras e epidemias, fatores esses que contribuíram para o desaparecimento de alguns povos nativos. Por outro lado, esse foi um período de grande intercâmbio, não só comercial, mas também cultural. Diferentes autores, como Guillaume Boccara, Miguel Bartolomé e Margarida Barreto, citam que esse período foi importante para o surgimento de diversas formas novas de manifestação cultural; nesse sentido, pode-se entender que foi um período histórico profícuo para a etnogênese.[20]

É preciso tratar o diferente com compreensão, e não apenas com tolerância. A mudança da ótica e da postura dos grupos nativos locais deve levar em conta, antes de tudo, as relações de identidade de seus membros. O empobrecimento econômico e cultural desses povos deriva de um processo de dominação histórico, que tem início na apropriação da sua base territorial e se propaga pela dominação cultural. Isso explica o subjugar cultural sob a face do domínio, que também se presta para explicar o surgimento de identidades fragmentadas ou, ainda, a reinvenção de etnias já conhecidas.

Nesse aspecto, é válido discutir a questão da autenticidade aplicada às manifestações culturais. George Simmel escreve que, no mundo moderno, há uma saturação de imagens proporcionada pelo avanço tecnológico, "o acúmulo rápido de imagens mutantes, a marcante descontinuida-

---

20 O conceito de etnogênese busca caracterizar o dinamismo inerente aos agrupamentos étnicos, entendendo-o como processos básicos de configuração e estruturação da diversidade cultural humana.

de, ao se apreender um único olhar, o inesperado das impressões que se sucedem sem cessar". Alguns autores acreditam ser essa a causa da busca incessante do turista, e, por isso, a voracidade de se produzirem destinos e roteiros novos. O objetivo é saciar de "autenticidade" um consumidor já saturado de novidades. Isso parece um paradoxo, mas, ao se entender a forma como são "produzidos" tais destinos, compreende-se que a autenticidade para muitos lugares turísticos representa a base de sua organização e as "autenticidades encenadas", como afirma John Urry.

Os questionamentos sobre autenticidade e a criação de representações da realidade levam à abordagem do conceito de simulacro desenvolvido por Jean Baudrillard em sua obra *Simulacros e simulação*. O conceito de simulacro não representa o antagonismo entre a simulação e a realidade, entre o real e o signo, em outras palavras, não significando irrealidade. Os simulacros são experiências, formas, códigos, digitalidades e objetos sem referência que se apresentam mais reais que a própria realidade, ou seja, são "hiper-reais". Baudrillard defende que a simulação não é a aparência enganadora, ou a criação de um "disfarce" no território, mas a produção de um novo referencial gerado pelos modelos de um real sem origem nem realidade: o que ele chamou de hiper-real. Assim, o autor entendia essa condição como a de uma ordem social na qual os simulacros e os sinais estão, de forma crescente, compondo o mundo contemporâneo, de tal forma que qualquer distinção entre "real" e "irreal" torna-se mais delicada.

Pela linha desse pensamento baudrillardiano, a sociedade-cultura contemporânea se evidencia no momento em que a reprodução do real acontece em qualquer esfera do sistema. Para esse autor, tudo se tornou um simulacro: o mundo do trabalho, o capital, a etnologia, o teatro, a arte, a pedagogia, a psiquiatria, a política, o sexo etc.

Seguindo esse raciocínio, pode-se assumir um dinamismo, presente nas relações sociais, na composição dos espaços físicos do território e tudo mais que compõe as sociedades contemporâneas de tal modo que tudo se metamorfoseia. A aplicação desse conceito na formação do produto turístico dos territórios é uma forma de estimular o consumo da realidade alheia, em que o caráter do olhar do turista é fundamental, pois, via de regra, direciona a modelagem dos espaços.

Esse, sem dúvida, é um campo conflituoso entre o que o turista quer ver e vivenciar, partindo-se do pressuposto de que tal atrativo representa a expressão da cultura local; não que haja algo condenável na reprodução de cenas históricas ocorridas nas localidades, na elaboração de réplicas, ou ainda na reconstituição de patrimônios, mas, possivelmente, seja a forma como isso vem sendo abraçado pelas comunidades, até que ponto seus membros entendem, concordam e comungam dessa autenticidade, ainda que "encenada".

Segundo John Urry, o turista é a versão contemporânea do peregrino, procurando autenticidade em outras épocas e em outros lugares, distanciados de sua vida cotidiana, demonstrando um especial fascínio pelas vidas reais dos outros, que, de certo modo, têm uma realidade difícil de descobrir em suas próprias experiências.

Nesse aspecto, a autenticidade envolve confiança, o que afasta da "encenação" os atores e dançarinos profissionais. A busca por uma plasticidade cênica maior ao "espetáculo" submete a manifestação à composição de elementos (alteração de figurinos, cores, materiais, sonoridades etc.) que levam à sua descaracterização e, por conseguinte, à perda da tradicionalidade, ao passo que a "encenação" arquitetada e conduzida pelos locais transparece de credibilidade.

Em Saquarema, festividades tradicionais, como a Festa da Padroeira, recebem progressivas alterações em seu perfil religioso, com a introdução de shows de MPB, rock e forró com bandas e artistas conhecidos da grande mídia. Depois do Carnaval, essa é a principal festividade do município. Segundo informações obtidas no site oficial da prefeitura, a cidade recebeu, em 2008, cerca de 100 mil visitantes. Relatos dos moradores dão conta da percepção dessa festividade.

O Círio é uma festividade que, além de representar a alma do povo dessa terra, não atrai turistas vândalos. Os romeiros são tranquilos, eles sim geram renda para a cidade. (Relato 19, de um técnico em informática morador local.)

É clara a diferença no perfil do frequentador das programações religiosas: de dia estão os moradores locais, e, no período da noite, o predomínio é de adolescentes e adultos jovens. Segundo moradores, é perceptível certo "encolhimento" da festa religiosa.

> [...] Desde sexta feira, estou trabalhando feito louca... Quem é de Sa-quarema sabe do que estou falando, é a típica "Festa de Setembro" ou "Festa da Santa". Para você que não é daqui, eu vou explicar: é o final de semana que antecede o dia 8 de setembro, que é dia de Nossa Se-nhora de Nazaré, padroeira da cidade, onde vêm milhares e milhares de pessoas visitar e passear na nossa grande cidadezinha (grande em tamanho, pequena em desenvolvimento). Nessa festa, costumam vir centenas de "barraqueiros" vender seus lanches e suas tranqueradas; atualmente já não são mais centenas, mas ainda são muitos, ficam api-nhados no centro da cidade, causando o caos e atrapalhando a anima-ção da festa que, para mim, não faz nenhum sentido, só sei que ganho dinheiro, e não é explorando a fé alheia, porque eu não colo santinhos na embalagem das tortas que vendo. Este Círio, que parece já ter sido o segundo maior do Brasil, foi assolado, assombrado e perseguido por uma falta de organização-mor da prefeitura local, e por isso tem dimi-nuído e recebido menos visitantes e romeiros. Só dá garotada... (Rela-to 127, de uma quituteira autonôma moradora local.)

A peregrinação é um costume católico de visitar os locais dos santuários de suas devoções e costuma ser passado entre as gerações. Diversas famílias de municípios da região metropolitana foram os principais responsáveis pela construção da notoriedade da Festa de Nossa Senhora de Nazaré.

> [...] Por muitas vezes, integrei-me ao grupo de famílias do meu bairro, em São Gonçalo – o Desvio de Dona Zizinha –,[21] liderado por um casal de romeiros, devotos da Santa, principalmente Maria. Mas eles, enquanto vivos e com saúde, nunca, em ano nenhum, faltaram à festa. Dizem que o casal ia pelo prazer da excursão, mas é difícil saber o que vai dentro da alma de cada um. Particularmente, conheço muitas dessas famílias. Algumas se mantêm até hoje ligadas à Santa e à cidade, como eu mesmo no passado fiquei até mantendo casa naquele recanto praiano maravilhoso. Por isso conheço um pouco do que ocorre na pequena cidade, que não recebe forasteiros apenas em razão de sua beleza à beira-mar, mas principalmente por causa da crença nos milagres de Nossa Senhora de Nazaré. (Relato 130, de um advogado visitante.)

A massificação da cultura e do turismo se constitui em uma armadilha para a identidade cultural, especialmente das pequenas comunidades. E aí é que reside o paradoxo do turismo, que consiste na reclamação dos moradores quanto à presença dos visitantes, mas, ao mesmo tempo, seu reconhecimento de que sem os visitantes eles não poderiam usufruir as melhorias investidas em seus territórios.

A introdução de elementos e práticas modernizantes nos espaços físicos tem levado alguns territórios à massificação de seu uso, em suas várias escalas de interação. Até certo ponto, tal condição pode conduzir ao esfacelamento da identidade local, estabelecendo-se, então, uma relação conturbada entre o indivíduo e seu posicionamento nos múltiplos territórios que se estabelecem. O sentimento de que o espaço físico dos territórios tem se convertido em espaços funcionais hie-

---

21 Localizado no atual bairro Lindo Parque, em São Gonçalo (RJ).

rarquizados em seu acesso, mediante a condição social de cada grupo acaba se tornando sinônimo de segregação socioespacial.

Assim, podemos considerar que a massificação cultural ou a "espetacularização" impregna não só os espaços do território, mas também embota a identidade cultural local. Na visão do núcleo receptor, o visitante-turista é o "diferente"; e o é por ser detentor de uma carga de referenciais qualitativos difíceis de mensurar na percepção desses núcleos, mas consentidos de que não são como os da região. Nesse sentido, segundo a filósofa Hannah Arendt, podemos introduzir o conceito de alteralidade, pois nela reside um aspecto importante da pluralidade humana; é a razão pelas quais todas as nossas definições são distinções, e o motivo pelo qual não podemos dizer o que uma coisa é sem distingui-la de outra. A alteralidade nos estudos culturais contextualizados lança um olhar sobre o modo como se fala do "outro" e que não corresponderia apenas a um simples desejo de conhecimento e saber: se produziria o "outro" pela expressão. O modo de vida e os aspectos culturais do "outro" surgiriam no âmbito de uma lógica que serviria de referência para a construção contrastante da própria cultura. Essa seria a base da produção das identidades fundamentadas em etnias, raças e gêneros como observações negativas na literatura de disciplinas dedicadas a assuntos culturais. Essa distinção, aparentemente sutil, é importante em suas implicações de convivência e influência, e demonstram o padrão de alteralidade local.

É quase inevitável que o encontro entre culturas qualitativamente diferentes promova comparações, seja nos padrões de comportamento, seja nos valores trazidos pelos grupos visitantes. Se os turistas-visitantes se consideram "diferentes" quanto à superioridade, pelo aspecto cultural (por seus modos) ou por seus bens materiais, isso se constituiria em uma questão da percepção do povo local receptor, pois lhe caberia avaliar se ele se sente inferiorizado no que concerne à presença desse grupo social.

Ao assumir múltiplos papéis, percebe-se a existência de dois polos: um positivo, que propicia a vivência simultânea de múltiplos territórios e identidades, permitindo, dessa forma, um pluralismo cultural, e o contraponto negativo, referenciado pela fragilidade e instabilidade de alguns grupos sociais ao se relacionarem com o meio externo. Os grupos sociais minoritários na ocupação do espaço, na perspectiva da manifestação da territorialidade identitária se percebem como minoria. E, justamente por serem minoritárias, essas alteralidades frequentemente adquirem caráter defensivo, transformando os indivíduos, ou até mesmo coletividades, em vítimas oprimidas de um sistema de forças circunstanciais ou permanentes. A ótica de interpretação do grupo social "invadido" assume forma maniqueísta, adotando-se uma visão exclusivista de suas identidades: separa-se o nós dos outros em fronteiras mais rígidas, por vezes marginalizadas.

Tal disputa demonstra que, ao longo do processo de apropriação e controle, a territorialização se inscreve sempre no campo de poder, não apenas no intuito de apropriação física, material, mas também imaterial e simbólica. A ótica do território abstrato, imaterial e simbólico representa a característica bidimensional humana que marca a capacidade de ocupar fisicamente e de dominar culturalmente determinados espaços. Em outras palavras, o ser humano é capaz de produzir, relacionar-se e habitar de forma diversificada o mesmo território.

As pesquisadoras Yvette Reisinger e Lindsay Turner classificam a interação entre turistas e habitantes locais como mais que um simples contato intercultural, no entanto, apesar de o turismo oportunizar igualmente o intercâmbio entre os grupos, para o habitante local isso é extremamente limitado. Isso porque a tendência é desenvolver o predomínio de uma relação servil, o que penderia o enriquecimento cultural para o visitante e, consequentemente, se traduziria em uma relação empobrecida para o habitante local. A impressão de que os locais visitados ganham com o fluxo de pessoas provenientes de regiões mais desenvolvidas economicamente é equivocada. No primeiro momento, o aumento da renda local representa um alívio à sobrevivência, entretanto essa diferença material-econômica pode criar sentimentos de inferioridade na população local e o desejo "de ser como eles", os turistas ricos, segundo os pesquisadores Abrahan Pizam e Julianne Pokela.

Tal conflito pode ser uma das razões para o crescimento descontrolado de alguns destinos especialmente nos países emergentes, haja vista a degradação das estruturas e dos valores tradicionais, começando pela prostituição, violência e por outros abusos envolvendo drogas e álcool. Seja qual for o motivo da viagem, o turista encontra-se diante de um conjunto de transações de troca envolvendo as populações locais, pois em essência esse é o sistema turístico. A população local se aproxima do "estrangeiro", indivíduo culturalmente diferente dele, meramente por uma razão profissional; o outro lado se aproxima por lazer.

O impacto sociocultural é resultado de diferentes tipos de relações que ocorrem entre os turistas e os residentes. O contato direto de residentes não representa necessariamente um impacto negativo apenas por ocorrer um simples encontro com turistas, ainda que seus modos e comportamentos possam influenciar mudanças comportamentais em parte dos residentes, como afirma Cexat Tosun.

A política de distribuição de terras que se deu no município de Saquarema, que imaginou que o contato com a população metropolitana de veranistas alavancaria uma modernização generalizada, causou danos irreparáveis à cultura e à identidade local da cidade, cujo patrimônio histórico material foi drasticamente alterado. Até seu principal marco identitário, a Igreja de Nossa Senhora de Nazaré, sofreu ao longo dos anos alterações significativas, como a retirada dos túmulos dos antigos nobres que viveram na região e que, pelo costume antigo, eram enterrados no interior da igreja: o piso original da igreja foi substituído por materiais cerâmicos modernos. Ainda, a instalação de um pequeno cemitério municipal, fundado em 1924, atrás da igreja que, apesar de procurar seguir o estilo colonial, promoveu modificações significativas da originalidade do entorno.

O desgaste nos marcos identitários da cidade foi pressionado pela introdução de novas práticas territoriais. E a mais importante delas, nos anos 1970, foi o surfe. Essa prática esportiva foi lentamente se instalando na região até virar uma unanimidade entre os esportistas como sendo uma das melhores praias brasileiras para o esporte.

No entanto, na medida em que o surfe se organizava e ganhava *status* de esporte competitivo e rentável, tiveram início os problemas com a infraestrutura desses territórios que abrigavam os campeonatos, pois a região de Saquarema não dispunha de estruturas que suportassem o deslocamento em massa desses participantes. A grandiosidade dos eventos que começaram a ocorrer em Saquarema quebrou a linha pacífica de convivência entre os moradores e os surfistas. "Era uma música barulhenta, tóxico em todos os cantos e grupos fazendo sexo na praia. Nós, que chegávamos cedo para trabalhar, ficávamos vexados." (Relato 131, de um ex-pescador morador local.)

O jornalista Alex Gutemberg (1989), em seu livro sobre a história do surfe no Brasil, cita ocorrências passadas nos festivais de Saquarema: "[...] era um território livre para as experimentações das drogas que 'abriam a consciência', do sexo livre e do *rock-and-roll* tupiniquim." Essa mistura foi o estopim para as frequentes confusões, brigas e prisões. As sucessivas conturbações advindas desses eventos fizeram com que o principal campeonato fosse retirado da cidade, ainda que a praia de Itaúna seja citada, pelas revistas especializadas de todo o mundo, como uma das cem melhores do planeta e a melhor do Brasil para a prática desse esporte, e que o município ostente e utilize o título de "Capital Nacional do Surfe" em seu marketing turístico, está fora da maior competição do calendário nacional, o SuperSurf, promovido pela Associação Brasileira de Surfe Profissional.

Mesmo que problemas tivessem ocorrido nos eventos esportivos do surfe, a cidade tem uma vocação natural para o esporte. Pelo lado dos esportistas locais, há uma inconformidade em relação ao fato de Saquarema ter sido retirada do circuito de surfe com o maior valor de premiação no mundo.[22] Para minimizar isso, o órgão público responsável pelo turismo e lazer, juntamente com a associação de surfe do município, não tardou a promover outros circuitos de menor porte como: Circuito VIVO de Surfe Profissional, Campeonato da Associação de Surfe de Saquarema, Petrobras Long Board Classic, Circuito Petrobras de Surfe Feminino, Seletiva Petrobras de Surfe Masculino, Maresia Brasileiro de Surfe Amador e Campeonato de Surfe do SEI – Colégio Anglo.

As desconfianças e o estranhamento da sociedade local se deram em parte pelo comportamento pouco adequado de alguns atletas, pelas confusões durante e após as competições, e ainda por disputas pelo uso da praia. A desconfiança sobre grupos juvenis é um fenômeno que ocorre em diferentes sociedades e momentos do século XX, sobretudo quando seu comportamento e suas preferências são vistos como ameaça ao *status quo*. O próprio processo de ocupação e uso da praia para fins de lazer é histórico e sofre mudanças importantes ao longo do tempo, como afirmam estudos como os de Barickman (2006), Booth (2001) e Corbin (1989).

Os conflitos entre surfistas e a população local não são raros. A pesquisadora Rosyan Britto cita que, em Arraial do Cabo (RJ), nem mesmo a Lei Municipal nº 169 de 1987[23] foi capaz de reduzir os confrontos pelo direito de uso da praia, onde o território é disputado por surfistas e pescadores. Um grupo alega o direito ao lazer afirmando

---

22 Para o circuito de competições de 2009, a exclusão de Saquarema ficou mantida.

23 A promulgação da Lei Municipal nº 169 de 1987 foi uma tentativa de negociar a convivência entre surfistas e pescadores na Praia Grande, Arraial do Cabo; em sua primeira edição, não deixava claro o acordo de uso da praia, apenas na revisão é que se estabeleceu um acordo entre as partes.

ser a praia de domínio público, e o outro alega o direito de sobreviver sem ter de alterar sua identidade cultural de pescador. Na primeira batalha, venceram os surfistas, que conseguiram reverter a legitimidade da Lei nº 169. A trégua só veio no final de 1988, com um acordo entre a Associação de Surfe de Arraial do Cabo e a Associação de Pescadores, o qual definiu que a Praia Grande é território dos pescadores e que o surfe poderia ser praticado nos dias de "mar alto" e feriados prolongados como Semana Santa, Carnaval e Réveillon.

Em Saquarema, as disputas também estão presentes nas falas dos moradores e visitantes, e é perceptível o tom de ressentimento em ambas as partes.

> É insuportável a invasão que, frequentemente, ocorre em nosso paraíso. Esses veranistas mal chegam e já vão dando pitadas no terreiro dos outros. Todos poderiam ir morar em Cabo Frio ou Búzios, pois lá tem bastante asfalto para que todos possam rodar à vontade, sem que se sujem de lama. Jaconé não é lugar para "urbanoides". Eu sei que a pretensão dos estrangeiros é abrir negócios em Jaconé, mas estamos de olho. Não me venham com essa conversa, não! Além do mais, vocês infestam a laje e tem me obrigado a surfar em Saquarema. Tenho um recado para vocês: fora, intrusos! (Relato 64, de um estudante residente de Jaconé.)

> O surfe foi o principal responsável pela renovação de Saquarema, mas alguns moradores não dão valor para isso e ainda torcem o nariz para os surfistas e suas famílias. (Relato 67, de um surfista visitante.)

> A praia de Itaúna está aqui disponível o ano todo, e o resultado dos campeonatos para os saquaremenses é um vexame; os atletas locais não conseguem ganhar nada. Sempre quem leva o campeonato e os prêmios são os paulistas e catarinenses. (Relato 68, de um vendedor ambulante morador de Sampaio Correia.)

Esses relatos reforçam a disputa de poder pela apropriação material e cultural inserindo-se no processo de territorialização dos espaços litorâneos, em que tal embate não tem raiz dotada de valor econômico, mas perpassa pelas características de sua essência imaterial e simbólica. Nesse caso, o território abstrato, imaterial e simbólico é representado pela habilidade da dominação, a subjugação cultural em espaços eleitos.

Atualmente, não é possível justificar o aumento de turistas e visitantes apenas pela prática do surfe e pela promoção de seus campeonatos. A introdução de inúmeras festividades no calendário de eventos vem contribuindo para o acirramento desse estranhamento. Pesquisas apresentadas pelo Ministério do Turismo indicam que, desde 2002, a motivação de deslocamento por eventos vem crescendo 10% ao ano. Dessa forma, a introdução de eventos ou artificialização de manifestações culturais são elementos habituais e preconizados pelas cartilhas do marketing turístico.

Essa predileção do brasileiro por festas vem sendo tratada por diversos autores como um fenômeno em si, pois essas teriam um caráter positivo, construtor da identidade cultural do povo. O antropólogo Roberto da Matta pensa que as festas assumem em si um ritual com discurso simbólico, em que certos aspectos da realidade se destacam e são manipulados por intervenções da organização dos que as promovem. As festas do Carnaval brasileiro são consideradas pelo autor um ritual de inversão, em que as hierarquias por alguns momentos se apagam: o pobre fantasia-se de príncipe, o homem de mulher, e assim por diante. Da Matta continua:

> [...] o projeto da sociedade brasileira, com suas regras e seus ritos, é o de dissolver e fazer desaparecer o indivíduo. No carnaval, contrariando o projeto social, as leis são mínimas: é o folião que conta. É o folião que decidirá de que modo irá brincar o carnaval.

Carlos Rodrigues Brandão, estudando as festas no interior de vários estados brasileiros e sua importância para a vida dos que a realizam e delas participam, também observa que a festa é:

> O lugar simbólico onde [sic] cerimonialmente separam-se o que deve ser esquecido e, por isso mesmo, em silêncio não festejado, e aquilo que deve ser resgatado da coisa ao símbolo, posto em evidência de tempos em tempos, comemorado, celebrado.

Para Brandão, a "festa" em primeiro lugar assume e personaliza os mesmos sujeitos, objetos e estruturas das relações estabelecidas na vida social, e depois os transfigura. A festa exagera o real. Ela se apossa da rotina, mas não a rompe; excede sua lógica e é nesse sentido que ela força as pessoas ao "breve ofício ritual da transgressão". Assim, a ideia de transgressão relaciona-se, para ele, ao exagero, à ultrapassagem de limites, ao excesso. Até as inversões seriam exageros, simbolizando aspectos sempre latentes no comportamento dos homens.

Seja como for, o espírito festeiro pode ser considerado um traço da miscigenação na formação do povo brasileiro. Isso porque muitas das manifestações culturais praticadas não nasceram no Brasil, tendo sido para cá transplantadas pelos colonizadores. As festas coloniais foram, por vezes, usadas como instrumento para a inserção dos portugueses, catequização dos índios e negros, e ainda foi usada como mecanismo para suportar o isolamento e as condições adversas do território. Pouco a pouco, as festas europeias foram se moldando à realidade pluricultural brasileira, e, como forma de se sentir pertencente à festividade, cada povo foi acrescendo seus símbolos às festividades. Dessa forma, as manifestações culturais foram sofrendo grandes transformações, não apenas nos aspectos mais formais, mas também em seus significados.

A estratégia de criar atrativos artificiais vem sendo adotada pelos governos municipais e por muitas cidades no Brasil. Em Saquarema, essa prática começou em 2000, e uma série de eventos foi introduzida no calendário turístico da cidade, como: Arena Fest Show, Saquafolia, Festival de Verão, Saqua Fantasy, Lagos Folia, entre outros.

As tomadas de decisão em relação aos investimentos também têm sido direcionadas para dar sustentação à produção de eventos cada vez mais grandiosos. Esse direcionamento é sinalizado pelas intervenções na orla do município, onde foi implantado o Projeto Saquarema Orla,[24] que asfaltou toda a beira da lagoa, desde a descida da ponte, na entrada da cidade, até o bairro Boqueirão, passando pelo bairro Areal e pela Ponte do Jirau. A contrapartida para a comunidade foi que o projeto implantou também ciclovia, calçadas, saneamento básico e instalou nova iluminação pública. Essa nova orla também teve o objetivo de melhorar a circulação de veículos e vem sendo usada como via de acesso para entrada e saída da cidade. No entanto, quando ocorrem os eventos de grande porte como o Saquafolia, o Carnaval e o Réveillon, essa via fica interditada e passa a ser usada como um "circuito" para os trios elétricos.

Entre os moradores, há muita insatisfação quanto à forma como vem sendo desenvolvido o calendário de eventos da cidade. Eles esperavam que o calendário de eventos pudesse atrair outros públicos além dos que buscam as atividades esportivas. Muitos reconhecem que a cidade carece de outras infraestruturas que poderiam melhorar a qualidade do fluxo turístico.

> Esperávamos que fossem cumpridas as promessas dos eventos que vínhamos solicitando e que constavam no "plano de governo" que eram a realização da Festa do Coco, Festival do Camarão, Festival de Pesca e congressos profissionais de médicos e dentistas ou feiras comer-

---

24 Projeto de urbanização turística implantado pelo governo municipal, gestão 2004-2008.

ciais de móvel rústico e artesanato. Isso vale também para as obras de infraestrutura, como a construção da rodoviária e a reformulação do aeroporto e a anunciada construção de um Centro de Convenções, do Parque de Exposições e dos Parques Ecológicos. Onde estão essas realizações prometidas ao povo de Saquarema? (Relato 3, de uma artesã moradora local.)

Os depoimentos tomados após o Carnaval demonstram que os moradores ficaram assustados com o rumo que tomou a festividade, e a preocupação era assunto recorrente nas rodas de conversas.

O turismo no município saiu gravemente ferido do último Carnaval. Aqueles que vivem aqui ou aqueles que procuram Saquarema para o lazer estão muito preocupados com a falta de uma gestão firme, com autoridade e inteligência para coibir a balbúrdia descontrolada que vem se tornando um risco para moradores e visitantes. Os comerciantes mostram-se extremamente temerosos com o futuro do turismo, já sentindo o desprestígio cada vez maior da cidade no panorama turístico. A consequência maior será o prejuízo certo nas próximas temporadas. (Relato 8, de uma professora moradora local.)

Conseguiram transformar o Carnaval de Saquarema num baile de terror. Hoje, nós recebemos todas as pessoas que não são aceitas nas cidades civilizadas da Região dos Lagos. De Carnaval nada se vê, apenas um bando de loucos, indo de um lado para o outro como se fosse uma horda de drogados. Brigas, tiros, casas vazias invadidas, ruas transformadas em pista de motocross, com direito a travessia de lagoas. E ainda centenas de "alto-falantes sobre rodas", que deveriam ser proibidos, tocando funk. Nada contra o funk, mas nossas famílias não são obrigadas, a qualquer hora do dia ou da noite, a escutar aquelas baixarias. O policiamento desapareceu, e com isso ficamos à mercê da própria sorte, trancados em casa e com medo de sair à rua. Rezando para tudo terminar na quarta-feira. (Relato 9, de uma funcionária pública, moradora local.)

Alguns relatos demonstraram a preocupação com a imagem da cidade, pois os casos de violência chegaram à grande mídia. Todos transpareceram grande temor em relação à possibilidade de a cidade ficar estigmatizada, sendo esses beneficiados ou não pela atividade turística.

DOIS MORTOS E NOVE FERIDOS EM TIROTEIO NO CARNAVAL EM SAQUAREMA

PLANTÃO O GLOBO | PUBLICADA EM 5/2/2008 ÀS 01H58M

RIO – Um policial civil e um militar morreram na madrugada desta terça-feira durante um tiroteio no Centro de Saquarema, na Costa do Sol. Informações ainda não confirmadas pela polícia dão conta de que outras dez pessoas que brincavam Carnaval foram feridas com balas perdidas. Os feridos estão sendo atendidos no Hospital Municipal de Saquarema.

FONTE: DISPONÍVEL EM: HTTP://OGLOBO.GLOBO.COM/RIO/MAT/2008/02/05/DOIS_MORTOS_NOVE_FERIDOS_EM_TIROTEIO_NO_CARNAVAL_EM_SAQUAREMA-425476793.ASP.

O Carnaval de 2008, em Saquarema, foi um créu[25] na alegria criativa e irreverente dos blocos tradicionais, abafados pelos decibéis do pornofunk que arrombava, com volumes insuportáveis de som e lixo, até os tímpanos de quem não tinha nada a ver com isso, principalmente nossas crianças. Foi um créu, como mostraram os jornais, que aproveitou a falta de policiamento em nossas ruas e escancarou as portas para a violência, manchando com sangue, mais uma vez,

---

25 Referência à música de mesmo nome, nesse sentido aplicado a desgraçar algo ou alguém, promover a desordem e a pornografia.

o nome de Saquarema. Foi um créu no turismo do município por aqueles que o dirigem capazes de deixar o Carnaval, destaque do calendário, se transformar em arruaças fora de controle que só trazem prejuízos à nossa economia. Foi um créu em cada um de nós, eleitores, pelo descaso das autoridades que promoveram uma festa sem as devidas condições, e o resultado foram as notícias de tiroteios pelos bairros. Foi um créu no cidadão saquaremense, abandonado pelo poder público municipal e estadual, que viu seus dias de alegria transformados em tragédia. Foi um créu na segurança de todos nós, cidadãos comuns, foliões ou não, sujeitos a balas perdidas pelas ruas da cidade. (Relato 21, de um professor morador local.)

O Carnaval do créu foi o pior da história da cidade, por isso o turismo no município saiu gravemente ferido. Foi uma baderna desenfreada, uma tragédia anunciada. Mesmo procurando compreender os excessos que o Carnaval desencadeia, a decadência de Saquarema como cidade de turismo e veraneio nunca ficou tão nua como nesse Carnaval do créu. O ano de 2008 ficará na história da cidade como aquele que ultrapassou todos os limites do que pode se chamar de folia de Momo. Por falta de policiamento, a baderna aconteceu sem limites, quase sempre incendiada pela bebida e pelos carros "tunados" (com som em volume muito acima do que a lei permite), agredindo os ouvidos com aquilo que a grande maioria das pessoas não quer ouvir, inclusive pornografia rasteira. Como todo administrador municipal deveria saber, no meio de uma turba, há sempre alguém disposto a criar um caso por nada, transformando uma bobagem qualquer em motivo para puxar uma arma e tirar a vida de alguém. (Relato 24, de uma aposentada e artesã moradora local.)

Nas declarações dos moradores locais, percebemos um elevado grau de insatisfação que se remete ao comprometimento em relação à forma de condução das festividades. As festas no município de Saquarema vêm assumindo rumos que nem de longe agradam aos residentes. Eles entendem que estão "perdendo" a festa. Nesse caso, podemos dizer que os significados que a festa assume, como servir de instrumento de comunicação, ser um elemento lúdico, utópico e transgressor[26] para os indivíduos e para a coletividade, passam a ser inócuos por um simples fato: os moradores locais não mais estão participando.

Apesar das declarações veementes, percebeu-se certo tom melancólico de quem foi expropriado não só da sua terra, mas também de suas representações simbólicas. Os moradores representam uma gente que sonha recuperar o domínio de seus espaços não só em termos físicos, mas como herdeiros dos mitos e das histórias locais.

« 2.5 »
NOVOS ROTEIROS TURÍSTICOS E SUPERVALORIZAÇÃO DOS AMBIENTES LITORÂNEOS COMO ESPAÇOS DE LAZER E TURISMO

Os principais organismos representativos do segmento turístico vêm, desde 1995, investindo na profissionalização dos agentes econômicos atuantes no setor. Nesse mesmo ano, foi lançado o PNMT, no qual a Empresa Brasileira de Turismo (Embratur) identificou, inicialmente, cerca de setecentos municípios com potencial para o desenvolvimento do turismo, e apenas trinta desses destinos eram divulgados e comercializados no Brasil, segundo Rita de Cássia Cruz. Os demais, além de apresentarem recursos turísticos que precisa-

---

26 A transgressão aqui tem o sentido de inovar comportamentos e avançar sobre preconceitos, não se relacionando com o significado legal do vocábulo.

riam ser transformados em produtos, também necessitavam passar por um processo de municipalização, envolvendo suas comunidades e dando as condições necessárias para sua inserção no mercado turístico nacional e/ou internacional.

Hoje, o Ministério do Turismo aponta cerca de 2.500 municípios com potencial turístico para iniciar o processo de roteirização, no entanto, em sua grande maioria, eles carecem de recursos financeiros para investimento na construção e/ou modernização de sua infraestrutura básica e equipamentos turísticos. Nos últimos cinco anos, as municipalidades têm demonstrado maior preocupação em buscar informações e conhecimentos práticos de como, quando, quem, onde e por que estimular o desenvolvimento turístico em seus territórios. Ainda assim, um ponto de essencial importância é o reconhecimento da importância de se estimular a atividade turística de forma sustentável, lembrando que não se trata somente de uma alternativa viável, eficiente e consistente para o desenvolvimento econômico-social, mas que a condução dos investimentos exige responsabilidade e planejamento.

O PNMT tomou como referência para sua estruturação os instrumentos operacionais elaborados pela OMT, os quais foram adaptados à realidade brasileira. O propósito foi implantar um novo modelo de gestão da atividade turística, simplificado e uniformizado, no qual estados e municípios, de maneira integrada, buscariam maior eficiência, eficácia e efetividade na administração da atividade turística, adotando a metodologia de enfoque participativo para a formação de sua equipe técnica de operacionalização.

A proposta desse novo modelo de gestão para a atividade turística defendia que o turismo só existirá em uma localidade se ocorrer de forma planejada e eficiente, e quando as soluções e os caminhos percorridos forem encontrados por seus moradores. Isso porque a indústria do turismo sabe que não há produto sem serviço. Ou seja, não há natureza, ainda que exuberante, que seja capaz de atrair visitantes, se não existirem meios para seu acesso e sua permanência. Entendeu-se, então, que ninguém melhor que os moradores de cada cidade para garantir os serviços turísticos essenciais; são eles que efetivamente conhecem o local onde residem.

A Embratur e o Ministério do Turismo, para implantar o programa, optaram por uma metodologia com enfoque participativo, que consistiu em Oficinas de Capacitação – sendo esta a principal ação do programa. As oficinas foram compostas por grupos de trabalho em que todos os participantes, com base em perguntas ou em documentos orientadores, propunham a construção do conhecimento com base na realidade individual. No decorrer do processo, essa construção sofreu ajustes, correções, sugestões e novas interpretações. As oficinas conduzidas por um moderador, um profissional com formação no método de Planejamento de Projetos Orientados por Objetivos (ZOPP), que tinha o papel de assessorar o grupo; mobilizar os conhecimentos; facilitar o intercâmbio horizontal estimulando o debate entre os participantes; introduzir recomendações e técnicas; e, por fim, contribuir para a criação de um ambiente agradável para interação e cooperação.

A escolha da metodologia se justificou dada sua natureza em que todos os envolvidos contribuem para a construção do conteúdo, eliminando, dessa forma, as dispersões geradas pelos conflitos, na medida em que todos os temas devem obter consenso no grupo, tornando efetiva a assimilação da informação e estabelecendo metas, etapas e tarefas a serem cumpridas no desenvolvimento da rotina de trabalho.

O programa nasceu como um caminho para a gestão do turismo visando à conscientização e à sensibilização dos líderes municipais, para que reconhecessem a importância e a dimensão do turismo como gerador de emprego e renda, conciliando o crescimento econômico com a preservação e a manutenção dos patrimônios ambiental, histórico e cultural, com a participação da comunidade no desenvolvimento do Plano Municipal de Desenvolvimento do Turismo Sustentável.

No Plano Plurianual 2000-2003, o programa sofreu transformações e incorporou ações que incluíam o desenvolvimento de produtos e, assim, foram realizados estudos para a implementação do turismo sustentável local; a capacitação e o apoio financeiro aos artesãos; estudos sobre saneamento ambiental – gestão da limpeza urbana, tratamento e disposição final de resíduos sólidos;[27] a infraestrutura turística e urbana de interesse do segmento; e a promoção do turismo sustentável local.

O programa cuja estrutura era descentralizada ainda é composto por comitês estaduais, os quais tinham como propósito acompanhar, avaliar, coordenar e monitorar as ações do PNMT nos municípios de seu estado; e conselhos municipais de turismo, compostos por representantes da sociedade local e dos segmentos que têm impactos diretos na atividade turística municipal. Aos objetivos de organização da atividade no território municipal somou-se a proposta de trazer os anseios da comunidade para as discussões e decisões acerca do desenvolvimento de ações para o incremento da atividade turística, bem como acompanhar e fiscalizar essas ações.

O PNMT foi, portanto, um programa que teve por objetivo incentivar o desenvolvimento do turismo sustentável local, promovendo a organização da sociedade de forma a gerar emprego e renda duradouros, trabalhando a autoestima do cidadão local, buscando a estruturação e organização dos setores produtivos que impactam direta e negativamente os territórios onde se desenvolvem a atividade turística. No entanto, os efeitos que resultaram desse programa nem sempre favoreceram ao desenvolvimento sustentável da atividade nos territórios. Entre os resultados positivos e mais recorrentes das oficinas, está o consenso sobre a necessidade de programar ações que possibilitem o resgate dos valores sociais comunitários, históricos, culturais e políticos locais, com

---

27 Uma vez que o lixo é a segunda maior reclamação feita por turistas estrangeiros em viagem por nosso país.

base em um pensamento estratégico coletivo que permita à comunidade traçar um cenário ideal e propício para o desenvolvimento da atividade.

Na ocasião, o programa representou o maior esforço já feito no Brasil pelo desenvolvimento do turismo sustentável. E podemos dizer que foi o responsável por articular – nacional, regional e localmente – parcerias e convênios com universidades, associações patronais e de profissionais, associações comunitárias, órgãos da administração pública direta e indireta, empresas, fundações e entidades do terceiro setor.

Contudo, esses esforços não bastaram para garantir a qualidade dos serviços, tampouco promover um fluxo turístico menos sazonal. Muitas localidades não dispunham de recursos para investir na infraestrutura e em seus atrativos, fazendo com que seus potenciais não se transformassem em realidade. A demora entre o planejamento e as ações resultou na desarticulação de muitas localidades, fazendo com que o turismo tomasse dois caminhos. No primeiro, o poder público municipal deixou de alocar recursos, levando os agentes econômicos da atividade a entrarem em estagnação e, por fim, abandonarem a região. No segundo, a comunidade assumiu parte dos investimentos relacionados à infraestrutura básica, à organização da atividade e à promoção turística, fazendo a atividade, mas sem acompanhar qualquer planejamento territorial.

Entendendo que o PNMT precisava de ajustes, foi incorporado ao programa o conceito de *cluster*[28] ou arranjo produtivo local, com o objetivo de fortalecer a cooperação entre os municípios e aproximar a organização das ações que dessem visibilidade não a uma só cidade, mas à região. Assim, em 2003, o Plano Nacional de Turismo (PNT) implantado no período 2003-2007 modificou significativamente os rumos das políticas públicas de incentivo ao turismo. O PNT abriu

---

28 *Clusters* (grupos, agrupamentos ou aglomerados) são concentrações geográficas de empresas de determinado setor de atividade e organizações correlatas, de fornecedores de insumos a instituições de ensino e clientes (Porter, 1999).

um amplo diálogo nacional com a participação de quase todos os atores envolvidos com a atividade turística.

O ambicioso desafio buscou parcerias e apoios com intuito de, juntamente com os interessados no desenvolvimento da atividade, criar um novo mapa turístico no Brasil, priorizando o surgimento de uma nova organização espacial dos destinos turísticos, mas mantendo a estrutura de uma gestão descentralizada para eles. Surgiu, então, o Programa de Regionalização do Turismo,[29] cujo modelo passou a ser coordenado e integrado, com base nos princípios da flexibilidade, articulação, cooperação e sinergia das decisões, como declarado no *Manual do Pesquisador* do Ministério do Turismo.

A proposta de tratar o planejamento turístico tendo por base uma configuração regional estimulou o vínculo entre as ações de transformação de modo centrado não mais na unidade municipal, mas no desenvolvimento de uma política pública para o desenvolvimento turístico local, articulado e compartilhado ao regional, estadual e nacional.

A ampla participação dos atores vinculados ao turismo permitiu, à época da elaboração do Programa de Regionalização do Turismo – Roteiros do Brasil, discutir as bases para o desenvolvimento de produtos e de uma oferta turística com bases mais justas para as comunidades receptoras. O presidente da Association Internationale d'Experts Scientifiques du Tourisme (AIEST), Peter Keller, ressalta:

> O turismo é um fenômeno seguidamente mal-entendido, ele não é uma indústria, pois não proporciona transferências de bens e serviços que seriam produzidos atrás de alguns muros das empresas. O turismo se focaliza sobre os seres humanos que visitam um destino em função de um ou vários atrativos, isso permite que encontrem outros seres huma-

---

29 O PNT propôs a regionalização dos roteiros turísticos, cuja meta é a diversificação, ampliação e estruturação da oferta turística brasileira.

nos que ali vivem e fornecem os bens e serviços exigidos pelos turistas. Os moradores da localidade asseguram os serviços, os empregadores e empregados fornecem uma contribuição essencial à vida turística, mas não podemos entender os recursos sociais, culturais e naturais de uma localidade como mercadorias e sim como relações humanas.

Desenvolver produtos e roteiros turísticos significa criar uma programação de visitas a determinado local, combinando atrativos, equipamentos, informações e serviços, e observando a infraestrutura básica. O desenvolvimento de um produto turístico é uma engenharia complexa que demanda planejamento, conhecimento do local visitado, interpretação do meio natural e cultural, articulação, foco no público alvo, preocupação com a formação do preço de venda e com o mercado consumidor. Para tanto, é necessário ter cuidado, dedicação e consciência, para que a estrutura do produto turístico atenda às demandas de mercado, seja viável operacional e, comercialmente, tenha qualidade, preserve o meio cultural e natural, e apresente lucratividade ao final.

É bom lembrar que os novos viajantes não buscam apenas fugir da vida cotidiana, eles buscam descobrir novas emoções, vivências e experiências. O perfil desse turista passa a ser, então, o de um ator integrado ao ambiente visitado. Ele deseja viver, experimentar e aprender os valores reais de cada localidade visitada, levando consigo as impressões culturais, humanas, ambientais e artísticas desses locais.

O programa Roteiros do Brasil tem buscado desenvolver produtos que se correlacionam à identificação das principais aptidões turísticas da região. As aptidões ou vocações facilitam o processo de desenvolvimento dos produtos e definem o que há de melhor e mais original para compor o produto turístico. Para tanto, os órgãos de turismo vêm atuando na mobilização e articulação dos atores regionais, com o intuito de identificar as aptidões naturais e culturais pela interpretação do processo de formação da sociedade local e, assim, adicionar valor à experiência de um lugar por meio de informações e representações que realcem a história e as características culturais e ambientais.

Em outras palavras, seria possível, pela interpretação local, compreender a identidade cultural e o valor do patrimônio tangível e intangível das sociedades locais. Um dos exercícios usados para interpretar um lugar é perceber o olhar de alguém de fora, o olhar do outro, que analisa e busca entender aquele lugar pela primeira vez. A capacidade de percepção modifica a condição do produto. Recentemente, as discussões sobre a construção de roteiros dão conta de que a percepção do turista compõe de forma subjetiva a experiência turística. Tal aptidão para observação se constitui variável e dependente das expectativas pessoais, da formação cultural e das circunstâncias da interação com o atrativo. Nesse sentido, os dois primeiros aspectos estão fora do alcance do núcleo receptor, no entanto, o último aspecto citado se relaciona com a possibilidade de intervenção na localidade. Nesse ponto, são inúmeras as possibilidades de interferência que vão desde a qualidade do serviço prestado, passando pela infraestrutura dos atrativos, até a experimentação de situações de interação com a cultura das populações locais.

A interpretação agrega a busca do entendimento da história daquele lugar, transformando o que está sendo visto em algo de valor perceptível, valorizado e mágico, fundamentado em vivências e experiências reais. Assim, o produto turístico é o resultado da equação das seguintes partes:

> **PRODUTO =**
> ATRATIVOS + INFRAESTRUTURA (BÁSICA E TURÍSTICA)
> + GESTÃO (CAPITAL HUMANO) + DIVULGAÇÃO + PREÇO

No entanto, o desenvolvimento de um destino turístico não abandona a ótica do mercado potencial, cuja viabilidade para operação exige garantias, entre as quais estão o enquadramento dos serviços dentro dos "padrões de qualidade" normalizados pela Associação Brasileira de Normas Técnicas (ABNT). O que pode significar, até certo ponto, a perda da genuinidade e espontaneidade das populações locais e de suas manifestações culturais, ressaltado anteriormente como a "cenarização" do turismo.

O programa Roteiros do Brasil tem incentivado intensamente o desenvolvimento de novos produtos turísticos. Essas novas oportunidades representam um movimento importante e contínuo que pode vir a se constituir em riscos aos territórios por não se acautelar, devidamente, de investimentos em relação à infraestrutura das comunidades receptoras. Por se tratar de um programa cuja implantação ainda está em curso, não há elementos de análise para avaliar o equilíbrio entre os produtos desenvolvidos e as consequências para os territórios e seus residentes.

Uma linha adotada no desenvolvimento dos roteiros é a abordagem de temas específicos, uma linha-mestra que identifica e combina as principais potencialidades do ambiente natural e cultural de uma região, interpretando-as, combinando-as e transformando-as em produtos turísticos comercializáveis. A construção de roteiros regionais pode se tornar um caminho viável para o fortalecimento da organização territorial, desde que o processo de formatação reflita não só a identificação comercial das iniciativas e atividades empreendedoras que atendam às exigências do mercado turístico, mas também possa servir de mecanismo para a preservação das identidades locais e ainda sirva como inclusão produtiva para as comunidades nativas.

O estado do Rio de Janeiro vem desenvolvendo e implantando, por meio da Secretaria Estadual de Turismo, um conjunto de roteiros, no qual cada um deles se encontra referenciado à herança histórica ou à inter-relação geográfica, tais como o Roteiro Vale Ciclo do Café, Roteiro Serra Verde Imperial, Roteiro Caminhos da Mata, Roteiro Costa Doce, Roteiro Agulhas Negras etc.

No segundo semestre de 2008, foi lançada a proposta para o desenvolvimento do projeto Roteiro Turístico Serra-Mar, com o objetivo de lançar um produto turístico inter-regional, em que o planejamento das ações ocorresse de forma a fomentar e organizar a atividade turística nos municípios participantes, além de criar identidade associada à Estrada Serramar. Esse projeto faria a integração de três programas turísticos já existentes, que são: o Roteiro da Serra Verde Imperial, o Roteiro Caminhos da Mata e o Roteiro Costa do Sol. A ideia foi proposta pelo município de Nova Friburgo e acolhida por vinte municípios, que vêm se mobilizando desde junho de 2008 para a criação do roteiro. A primeira conquista do grupo foi o início da obra de asfaltamento da RJ-142 – Estrada Serramar –, que liga as cidades de Nova Friburgo e Casimiro de Abreu, facilitando o acesso às regiões.

Segundo o jornalista Paulo Roberto Araújo, a Estrada Serramar era uma trilha usada por produtores de bananas que escoavam a produção no lombo de burros. Sua abertura teve início em 1966, quando o engenheiro Heródoto Bento de Mello, do Departamento de Estradas de Rodagem (DER-RJ), assumiu a prefeitura de Nova Friburgo e iniciou o desbravamento da estrada. A rodovia corta o Parque Estadual dos Três Picos e a Área de Proteção Ambiental (APA) de Macaé de Cima, e, por esse motivo, teve a execução da pavimentação do projeto de engenharia negociada em detalhes com representantes da Feema e do Instituto Brasileiro do Meio Ambiente e dos Recursos Naturais Renováveis (Ibama). Foram instalados dois pórticos (para limitar a altura dos veículos) nas duas extremidades da estrada; a pista íngreme e o grande número de curvas (dos 32 quilômetros da estrada, 16 são em curvas) não suportam o tráfego de veículos pesados e a alta velocidade. A estrada pavimentada fecha o Circuito Serramar e vai diminuir a distância entre os turistas da serra e os do litoral, além de facilitar o acesso de turistas mineiros às praias fluminenses. Com a rodovia, o percurso entre Nova Friburgo e a BR-101 (acesso à Costa do Sol e ao Norte Fluminense) é encurtado em 85 quilômetros porque os motoristas não precisam contornar em Itaboraí pela RJ-116 (Rio-Friburgo).

A estrada, que passará a se chamar Ecoestrada Serramar, foi preparada com estacionamentos, mirantes com quiosques, três tipos de sinalização (rodoviária, turística e educativa) e ciclovia. Esse produto procurou agradar ao "olhar do turista" desde o início da trajetória do deslocamento, assim, o projeto, ainda em sua concepção, já buscava oferecer a experimentação da diversidade turística a seus visitantes, conjugando a cultura do artesanato local com uma obra de engenharia que privilegiou o tratamento paisagístico, fazendo com que a estrada destoasse minimamente da paisagem.

O traçado corta muitos lugarejos, que são procurados por adeptos de esportes radicais, além de localidades bucólicas que remontam à época do tropeirismo na região, como Santa Luzia, Lumiar, São Pedro da Serra, Cascata, Figucira Branca, Barra do Sana e Chimenez. Um dos pontos mais procurados pelos turistas é o local onde há o encontro dos rios Macaé e Bonito.

O município de Saquarema vem participando ativamente das oficinas de roteirização, promovidas pela Companhia de Turismo do Estado do Rio de Janeiro (Turisrio), para que os municípios identifiquem seus melhores atrativos e trabalhem em sua estruturação. No entanto, os municípios precisam cumprir algumas exigências para que possam integrar o projeto, tais prerrogativas estão vinculadas às melhorias atribuídas aos atrativos turísticos, e não à cidade como um todo.

Concomitantemente a esse roteiro, foi também criado o Roteiro Caminhos de Darwin, cujas placas comemorativas foram inauguradas em novembro de 2008, sinalizando o trajeto de Darwin e as observações do seu diário sobre o lugar. A expedição para promoção do roteiro turístico educacional e científico contou com a presença do tataraneto do cientista inglês, o cientista e escritor Randal Keynes, que ressaltou a importância da viagem do naturalista para a ciência e para a preservação do patrimônio histórico e geológico da região. O roteiro assumirá o seguinte trajeto: Rio de Janeiro (Jardim

Botânico), Maricá (Fazenda Itaocaia), Saquarema, Araruama, São Pedro da Aldeia, Cabo Frio (Fazenda Campos Novos), Casimiro de Abreu (Barra de São João), Macaé, Conceição de Macabu (Fazenda Sossego), Rio Bonito, Itaboraí e Niterói.

Recentemente, foi criado o Parque Estadual da Costa do Sol (PECS). Essa nova unidade de conservação vai proteger uma extensa e importante área que vai de Saquarema a Búzios, na região da Costa do Sol. A constituição do Parque segue o modelo canadense, que abrange uma extensão mais ampla e atinge muitos núcleos urbanos. Ainda que, em sua abrangência territorial, as áreas de cobertura vegetal estejam segmentadas, o Parque contém muitos espaços onde a vegetação de restinga se encontra em excelentes condições, além de Mata Atlântica com a maior população de pau-brasil do Estado, banhados, manguezais, escarpas, costões rochosos, praias, ilhas e pequenas lagunas. Dentro do PECS ainda se encontram inúmeros sítios arqueológicos de sambaquis, exemplares geológicos que são testemunhos da história da formação do planeta, e, ainda, patrimônios arquitetônicos relevantes, como a Fonte de São Mateus, em Cabo Frio, tombada pelo Instituto do Patrimônio Histórico e Artístico Nacional (Iphan).

As áreas que fazem parte do Parque são os últimos remanescentes nativos em bom estado da região, e são as restingas de Marambaia, Massambaba, Parque da Ilha Grande e Parque Nacional da Restinga de Jurubatiba, em Quissamã. De acordo com a Fundação SOS Mata Atlântica (2009), no total de áreas mapeadas, restam apenas 43.829ha.

Em 2004, o Ministério do Meio Ambiente passou a considerar a Mata Atlântica e seus ecossistemas associados como de alta prioridade para proteção (segundo a recomendação da Unesco encaminhada em 1992, quando esse tipo de cobertura foi elevado à condição de Reserva de Biosfera). A criação do PECS é etapa integrante do cumprimento de acordos internacionais firmados pelo Brasil na Convenção de Ramsar, em que se compromete a proteger as zonas úmidas do planeta.

O Parque está situado em uma área onde o turismo é uma das principais atividades econômicas e recebe milhares de visitantes. A proposta é que o PECS agregue um novo valor ao turismo regional, diversificando a oferta turística com mais atrativos ecológicos e atividades de ecoturismo. Assim, a implementação das atividades nessa unidade de conservação dependerá de uma reavaliação no processo de planejamento do turismo da Costa do Sol, já que são 27 unidades de conservação distribuídas em diferentes municípios que deverão realizar um planejamento em conjunto, pois o produto turístico será partilhado entre eles.

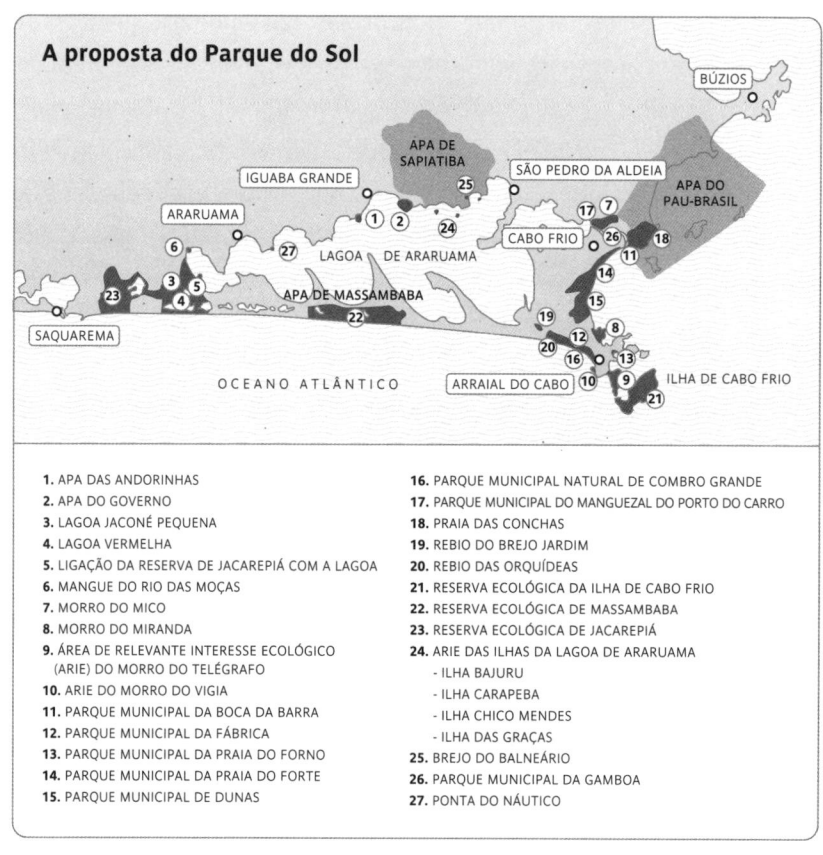

A proposta do Parque do Sol

1. APA DAS ANDORINHAS
2. APA DO GOVERNO
3. LAGOA JACONÉ PEQUENA
4. LAGOA VERMELHA
5. LIGAÇÃO DA RESERVA DE JACAREPIÁ COM A LAGOA
6. MANGUE DO RIO DAS MOÇAS
7. MORRO DO MICO
8. MORRO DO MIRANDA
9. ÁREA DE RELEVANTE INTERESSE ECOLÓGICO (ARIE) DO MORRO DO TELÉGRAFO
10. ARIE DO MORRO DO VIGIA
11. PARQUE MUNICIPAL DA BOCA DA BARRA
12. PARQUE MUNICIPAL DA FÁBRICA
13. PARQUE MUNICIPAL DA PRAIA DO FORNO
14. PARQUE MUNICIPAL DA PRAIA DO FORTE
15. PARQUE MUNICIPAL DE DUNAS
16. PARQUE MUNICIPAL NATURAL DE COMBRO GRANDE
17. PARQUE MUNICIPAL DO MANGUEZAL DO PORTO DO CARRO
18. PRAIA DAS CONCHAS
19. REBIO DO BREJO JARDIM
20. REBIO DAS ORQUÍDEAS
21. RESERVA ECOLÓGICA DA ILHA DE CABO FRIO
22. RESERVA ECOLÓGICA DE MASSAMBABA
23. RESERVA ECOLÓGICA DE JACAREPIÁ
24. ARIE DAS ILHAS DA LAGOA DE ARARUAMA
    - ILHA BAJURU
    - ILHA CARAPEBA
    - ILHA CHICO MENDES
    - ILHA DAS GRAÇAS
25. BREJO DO BALNEÁRIO
26. PARQUE MUNICIPAL DA GAMBOA
27. PONTA DO NÁUTICO

FIGURA 2.7 PARQUE DA COSTA DO SOL (GONÇALVES ET AL. 2008).

A apresentação desses três roteiros em desenvolvimento vem demonstrar, mediante esse conjunto de ações, uma clara intenção de se intensificar ainda mais o fluxo de turistas na região da Costa do Sol. Apesar de já ser uma cidade internacionalmente conhecida, o que se deve ao surfe, e ainda pertencer à segunda região turística (Costa do Sol) mais visitada do estado do Rio de Janeiro, o município ainda tem buscado se engajar em projetos que tenham por objetivo dinamizar o fluxo turístico. Por outro lado, o órgão municipal de turismo vem adotando jargões já conhecidos para divulgar a cidade: "Princesinha da Costa do Sol", "Capital do Surfe" e "Casa do Vôlei". No entanto, essas ações não têm se refletido positivamente na percepção do residente, que parece ter conhecimento apenas parcial sobre as investidas do poder público para melhorar a qualidade da atividade turística no município.

> Foram muitas as promessas para aproveitar o potencial turístico de Saquarema. Enquanto em todo o mundo, o turismo é tratado como coisa séria, já que vem a ser uma das atividades econômicas que mais crescem, proporcionando grande volume de negócios e empregos, Saquarema assiste a seu enorme potencial se perdendo. Sem obras de infraestrutura básica, nem eventos interessantes que não sejam os óbvios como o Carnaval, a Festa de Nossa Senhora de Nazaré, o aniversário da cidade e as competições de surfe, não há nada que funcione como atrativo para os que vêm de fora e que trazem recursos para melhorar a vida dos saquaremenses. (Relato 10, de um comerciante morador local.)

O lazer litorâneo assumiu ressignificação a partir da segunda metade do século XX, quando a orla passou a ser um ambiente reconfigurado e cujas praias tornaram-se um espaço de entretenimento; nesse aspecto, o lazer incorporou-se à cultura nacional como elemento de *status* social. A cultura da praia desenvolveu profundas raízes na sociedade brasileira, não somente ditando formas de diversão, tendências da moda, mas também, principalmente, direcionando comportamentos sociais. Assim, é possível perceber o papel relevante das praias no que diz respeito ao lazer do povo fluminense, cuja relação com esse atrativo se tornou tão próxima que provocou a supervalorização do relacionamento – seres humanos *versus* espaço geográfico, no caso em questão, a orla. Esse elemento geográfico assumiu um papel significativo e relevante no imaginário da sociedade fluminense, materializando imagens projetadas sobre os diferentes cenários das cidades praianas.

A concepção dos marketings turísticos municipais calcados excessivamente na cultura do lazer praiano vem reforçando o movimento da supervalorização dos espaços litorâneos. Todo o litoral fluminense tem sofrido, na contemporaneidade, com a imagem simplista de área de encantamento e palco para o exercício do belo e glamoroso. A construção desse produto serviu fundamentalmente à lógica capitalista, especialmente a do mercado imobiliário, que passou a atribuir às regiões litorâneas, em detrimento dos espaços culturais, uma sobrevalorização que beneficiou tanto os imóveis comerciais quanto os residenciais, estejam esses na orla ou em suas proximidades.

Há uma grande preocupação sobre a gestão dos espaços litorâneos por causa da trajetória histórica de distribuição de lotes no município de Saquarema. Tal inquietação era demonstrada pela recorrência desse tema nas rodas de conversas.

A prefeitura de Saquarema é acusada de distribuir lotes de terra no distrito de Vilatur, que abriga a Reserva de Massambaba, protegida por leis ambientais. A denúncia afirma que interesses políticos podem estar por trás da negociação dos terrenos. O Ministério Público determinou a derrubada de casas que já haviam sido construídas e começavam a formar uma favela no local. O que acontece é que a prefeitura entrega para os cabos eleitorais que vendem os terrenos. Os moradores estão preocupados com a descaracterização do bairro, uma vez que estão sendo usadas áreas que não permitem nenhum tipo de construção ou movimentação de terra. (Relato 35, de um morador local membro da Associação de Moradores de Massambaba.)

A abertura de mais uma via de acesso para o município já desperta certa preocupação, visto que os munícipes alegam que bairros como Jaconé, Palmital, Morro da Chatuba, Basileia etc. não dispõem de infraestrutura, tampouco essas áreas suportariam mais um plano de expansão residencial. Outros temem ainda a especulação imobiliária de lotes, dado o abandono da região e o grande número de residências à venda, essa possibilidade apenas se concretizaria se houvesse uma "maquiagem" na precariedade dos elementos urbanos.

Outros temem ainda que a desigualdade nos investimentos fique ainda mais evidente na diferenciação da qualidade de vida entre os bairros.

O problema de Saquarema é a desigualdade de investimentos em infraestrutura nos bairros. Bairros como Itaúna, Gravatá, Vila Nova, Centro e Vilatur são privilegiados, o problema é quando você não tem a sua casa nesta relação de privilegiados. Aí é lama, falta de transporte, posto de saúde fechado... Fatos que vêm desanimando muitos moradores. (Relato 87, de um jornalista veranista de Jaconé.)

A sustentabilidade sociocultural implica o reconhecimento da contínua necessidade de mecanismos de mediação entre os agentes econômicos, a governança pública e a comunidade local. O fato é que a participação do município em projetos e roteiros turísticos deveria ser validada pelos atores sociais comunitários e, assim, evidenciar a dimensão da sustentabilidade sociocultural, que é essencial ao desenvolvimento do turismo regional. No entanto, esta só será alcançada se, previamente ao processo de inclusão de atrativos turísticos aos mais diferentes roteiros que vêm surgindo ao longo do processo de regionalização do turismo, sejam valorizados não só o patrimônio cultural e histórico e a preservação dos costumes locais, mas também o processo participativo da comunidade cuja validação é essencial ao desenvolvimento local sustentável.

Não resta dúvida de que todos os roteiros que estão sendo desenvolvidos têm como premissa valorizar os aspectos culturais e naturais de uma região, bem como promover a formação de associações que divulguem e concedam valor à identidade regional, para que, dessa forma, o processo do turismo seja potencializado positivamente. No entanto, a principal finalidade do roteiro deveria ser reconduzir as comunidades locais ao controle de seus territórios, a fim de que eles mesmos possam ter a gerência de seu futuro. Todas as demais metas, tais como resgatar as atividades histórico-culturais e naturais, valorizar a gastronomia regional e as expressões culturais, servirão de instrumento facilitador da autoestima das localidades e, decerto, poderão construir significados na promoção da qualidade de vida das comunidades.

No entanto, o que foi observado é que, apesar de haver algumas representações sociais, relevantes em seus papéis, estas ainda não conseguem sensibilizar a maior parte da população saquaremense, que se apresenta desmobilizada e alheia aos principais processos de tomada de decisão do município. A insuficiente representação social propicia uma "voz" que repercute de forma insignificante com o poder público local e regional, fazendo com que essa população apenas colha os efeitos positivos e negativos. Essa observação leva à seguinte reflexão: o que leva uma população a ter pouco ou nenhum interesse por seu próprio território? Ou ainda: há outros elementos que interferem nessa percepção de apropriação de seus espaços? As pesquisas de campo revelaram resultados que responderam parte desses questionamentos, os quais serão discutidos mais adiante.

« 2.6 »
REINVENÇÃO DOS ESPAÇOS
TERRITORIAIS E INFLUÊNCIA
DO TURISMO

Ao longo do tempo, o patrimônio e a cultura assumem um significativo papel nas construções sociais que se desenvolvem em dado espaço territorial. Ambos consistem em elementos que retratam momentos que deixaram marcas na paisagem; tais legados antrópicos, juntamente com as heranças geológicas, são muito explorados pelo turismo. Nesse sentido, o turismo pode desempenhar duas funções distintas na evolução das representações da paisagem: a primeira, como um elemento para a manutenção e preservação; e a segunda, redirecionando e moldando o uso de determinado componente natural ou histórico-cultural, eleito como detentor de "excepcional valor turístico", como ressalta o professor Mario Beni, o que, no final, pode representar a descaracterização desse elemento.

Assim, a introdução de artifícios, seja na forma de teatralização da trajetória histórico-cultural, seja por meio da exaltação do "emolduramento" da paisagem natural pelas peças publicitárias do marketing turístico, segundo Mario Petrocchi, resulta, na maioria dos casos, na exclusão da comunidade pela segregação espacial e na ratificação de patrimônios escolhidos por interesses oficiais ou econômicos. As forças de mercado que movem o turismo tendem a transformar alguns sítios históricos em meros cenários e as comunidades que aí vivem em atores performáticos. Da mesma forma, apenas recentemente foi dada atenção ao valor histórico-cultural dos artefatos e bens simbólicos da cultura popular,[30] que passaram, então, a desfrutar certo grau de prestígio, alçando o *status* de patrimônio cultural.

---

30 Inserem-se aí as vilas operárias, o artesanato e as tradições imateriais.

Ainda que estes tenham um valor secundário como capital cultural, tais elementos tiveram um papel relevante na construção da identidade e, principalmente, foram capazes de revelar particularidades das culturas locais. Há um entendimento comum de que o resgate dessa memória representada por tais bens culturais seria capaz de reacender a autoestima dessas populações. Assim, seria com base nessas construções sociais que se desenvolveria a dinâmica do processo histórico, que elege, em cada tempo, as formas dignas de preservação e as funções que elas devem acolher.

Segundo o antropólogo José Manuel Sobra, "a construção da identidade local tem-se apoiado nos traços de antiguidade e na existência de um passado distinto, ligado à elite fundiária local e aos seus estilos de vida".

No perfil do turista, está embutido um anseio por alternativas ao cotidiano, em que a globalização das sociedades contemporâneas imprime as marcas da massificação da informação e do consumo. Dessa forma, a busca por experimentar modos de vida de culturas passadas assume um valor lúdico. Tal aspecto vem repercutindo na revalorização das paisagens constituídas por elementos históricos, atribuindo às paisagens urbanas contemporâneas um novo sentido no campo do consumo cultural. Os patrimônios arquitetônicos tornaram-se cenários revestidos de valores mercadológicos, em sua maior parte, descompromissados com o passado e com o lugar. Fato esse que vem se refletindo como uma tendência global da mundialização dos valores, dos comportamentos e das manifestações culturais, como afirma Maria Luchiari.

É nesse sentido que reside a responsabilidade da atividade turística cuja atuação pode representar um instrumento de preservação, ou de destruição, do patrimônio. A utilização do turismo como a possibilidade de integração entre culturas exigiria um esforço no equilíbrio de forças – cultural e econômica. Nessa instância, observa-se que a vivência e o legado histórico das comunidades não recebem a devida importância, no mais se reforça a prática do vitrinismo como exposição material da memória, na forma de souvenirs digeríveis do consumismo.

O estímulo da atividade turística pressupõe a implementação de uma comunicação efetiva com o visitante, a manutenção da interface, a preservação e o desenvolvimento das comunidades locais. Para as sociólogas Stela Maris Murta e Celina Albano, é preciso um investimento cuidadoso na elaboração de um produto turístico cuja interpretação do passado deva refletir e dignificar a vivência presente como parte de um todo cultural. Dessa forma, segundo José Newton Meneses, a adoção do turismo como ferramenta para o desenvolvimento regional:

> [...] se vê em uma encruzilhada definidora de rumos bem distintos: ou se apresenta como uma proposta econômica de inclusão social e, assim, contribui para novas perspectivas de valorização da vida, do consumo de produtos culturais e de distribuição de renda, ou, por outro lado, alia-se a uma economia que exclui parcelas imensas da população da participação na produção econômica. É triste observamos cidades onde o chamado Turismo Histórico exclui a comunidade, que preservou e guardou o bem histórico, do usufruto de sua apreensão e das perspectivas de melhoria da qualidade de vida a partir da comercialização sustentável desse bem patrimonial.

Na arena econômica, a tradicional subjetividade da cultura foi incorporada a uma racionalidade que busca legitimar identidades hegemônicas. Para os pesquisadores Richard Peet e Michael Watts, as transformações sociais espelham composições entre várias identidades, cuja reprodução de atitudes reflete um perfil produtivo, de moradia e de consumo. Para os autores, a sociedade focaliza seus hábitos de consumo de forma não autônoma, mas, sim, dentro de um conjunto de tendências preestabelecidas hierarquicamente pelo mercado; ou seja, este ou aquele produto pode ser especificamente desenvolvido para atender à determinada classe social. E, para a engrenagem do consumo se manter em movimento, um novo evento é apresentado, alternando, assim, a direção para uma nova tendência de consumo. Em outro trabalho, Richard Peet aponta para a uniformização interacional entre uma cultura global e uma cultura local, e ainda que é possível prever uma tendência para uma aproximação de uma "mentalidade mundial" ou "uma cultura mundial". Isso se apresenta como risco para as práticas culturais regionais que flui das memórias específicas das comunidade locais. Também pensando em modelos para um desenvolvimento local e sustentável da economia, a geógrafa Erica Schoemberger faz críticas à aplicação das teorias de crescimento e desenvolvimentismo econômico sem que a devida atenção seja dada às especificidades espaciais.

O economista Antonio Carlos Diegues entende que as mudanças sociais podem repercutir em um dinamismo cultural, o que significa dizer que as culturas não podem ser assumidas como estáticas e assim se encontram em constante mudança, seja por motivações endógenas ou exógenas. No entanto, isso não quer dizer que, por essa razão, estas deixam de estar inseridas em um modo de produção, o que o autor chamou de "pequena produção mercantil".

Dessa forma, quando em contato, as sociedades estabelecem padrões de troca e assimilação de determinados padrões de consumo, no entanto, isso não constitui fundamentalmente uma mudança radical nos padrões culturais genuínos, uma vez que toda cultura tem a capacidade de assimilar elementos culturais externos.

Nessa linha de raciocínio, entendemos que o que vem sendo denominado de descaracterização cultural assume um significado que vai além da simples valoração histórico-cultural da construção histórica. Nesses termos, constitui-se um equívoco que vem sendo assumido pela maior parte dos gestores municipais, pois, mesmo antes de se considerar o bem patrimonial, deve-se analisar o valor contextual do espaço territorial no qual este se insere às paisagens. Em particular, as urbanas se traduzem em territórios de "trocas", cujo elemento é essencial à formação das identidades e da cultura histórica. Segundo Maria Luchiari, as ruas com suas histórias produzem significados, códigos e signos próprios, e têm memórias a serem revisitadas e incorporadas ao patrimônio histórico-cultural urbano.

A alma das cidades está diluída nas suas ruas, cujo abandono dos espaços urbanos exclui os elementos mais primários da historicidade. Para Juliana Leal, estudar as ruas é um convite à história urbana, é compreender a comprovação da memória por suas placas, suas praças, seus habitantes, suas lojas situadas em cada esquina. Em outras palavras, as ruas compõem a cultura histórica e podem servir de base ao entendimento do patrimônio histórico-cultural como espaço de memória, de transmissão de saberes e de constituição de identidades, pois estas fazem parte da memória que envolve a história local, os acontecimentos históricos de cunho nacional e regional, além de construir uma paisagem sociocultural da urbe em que os espaços territoriais e as práticas locais podem se prestar ao consumo e ao lazer.

Essa autora sinaliza que, se ampliando a abordagem sobre os espaços territoriais urbanos, é possível entender que estes podem ser interpretados como resultado de uma produção intelectual; precisos no construto, mas indeterminados e ambíguos em seus modos de uso. E ainda, citando Nelly Richard, Juliana Leal destaca que "a cidade é o espaço da história, porque é, ao mesmo tempo, concentração do poder social que torna possível a empreitada histórica e a consciência do passado". Assim, segundo Juliana, a ambiguidade se posiciona em relação ao tempo e aos sujeitos que fizeram uso dele; um espaço relacional, em movimento alternado, que não assume apenas as formas prosaicas e que vai além do encantamento estético.

Dessa forma, o resultado da trajetória histórica do território em que se insere a região de Saquarema pode explicar algumas das leituras expressas pelos marcos representativos de seus espaços. A pequena vila fundada por uma ordem religiosa era povoada por um reduzido grupo de nobres, pequenos comerciantes e pescadores. A cada revés em sua vida econômica perdia não só o prestígio político, mas também parte de sua população, a tal ponto de ser rebaixada de sua condição de vila. A cidade ficou conhecida como uma simplória vila de pescadores – "as gentes das praias". No estudo sobre os impactos da construção do canal da Barra Franca, no item meio antrópico devemos ressaltar o seguinte trecho do geógrafo Julio César Wasserman:

> [...] A cidade do ponto de vista arquitetônico tem muito poucos atrativos, sendo o principal deles a Igreja de Nossa Senhora de Nazaré, construída em 1837 pelos padres carmelitas. A Igreja sofreu diversas modificações com o passar do tempo, principalmente devido a reformas sem grande preocupação com a estrutura original. [...] A Casa de Cultura Walmir Ayala é outro ponto arquitetônico interessante da cidade, sede da prefeitura até 1978, a casa foi reformada em 1997 e inaugurada como casa de cultura.

Na concepção do relatório, "a arquitetura tem poucos atrativos", isso porque o único casarão com estilo mais imponente[31] resistiu ao tempo por ter sido usado como câmara de vereadores e sede do governo municipal. O casario simples que ainda resistia em algumas ruas adjacentes à Igreja de Nossa Senhora de Nazaré foi desconsiderado, seguindo o procedimento de negligenciar a trajetória dos populares, os comuns que também fizeram parte da composição histórica local. A simplicidade dos imóveis instituía a representação das sociedades passadas, mas, dado o pouco glamour que constituía, esse conjunto de prédios foi gradativamente alterado em seu uso ou demolido, fazendo

---

31 A atual Casa de Cultura Walmir Ayala tem uma história difusa: alguns dizem que pertenceu ao Barão de Saquarema.

com que a memória dessa comunidade fosse esquecida. É como se o povo mais simples não tivesse direito à memória, e, se não tem memória, não cria raízes nem reúne forças para defender seus espaços.

O plano municipal de distribuição de lotes descaracterizou a maior parte do patrimônio natural e praticamente todas as representações patrimoniais antrópicas. Entre as principais perdas, está a degradação dos sítios arqueológicos que comprovavam a passagem, pelo território municipal, dos seres humanos pré-históricos, de 4.500 anos atrás. Dessa forma, o Centro de Estudos Integrados e o Museu Regional de Saquarema foram criados com a proposta de preservar os sambaquis remanescentes.

Assim, os espaços territoriais manifestam-se como produtos culturais que se remetem à própria construção conceitual da região e que não podem ser explicados apenas pela perspectiva econômica ou política, mas como resultado de um longo percurso histórico do espaço social e afetivo, montados com base em diferentes discursos que lhes concederam vários atributos morais, culturais, simbólicos etc.

O comprometimento da memória e da cultura não está necessariamente atrelado ao marco econômico estabelecido para desenvolvimento local de um território. Para o economista francês Paul Tolila:

> Os economistas perceberam, com justa razão, que os bens culturais e artísticos escapam, em grande parte, desse modelo da mercadoria-tipo, porque o que constitui sua definição – a qualidade artística – responde a uma avaliação subjetiva e não a uma medida cuja universalidade poderia ser consensual.

O consumo não ocorre apenas dos objetos em si, mas dos signos e significados que eles incorporam. Ao contrário do que se imagina, o capitalismo não destruiu os sistemas cognitivos que elegem mitos e símbolos para a interpretação do mundo, mas acolheu essa construção social e associou a ela uma nova e vigorosa racionalidade econômica, apropriando-se das paisagens construídas nas cidades, como afirma Maria Luchiari.

Para Tolila, os bens culturais, sejam os oferecidos pelas políticas públicas ao consumo do cidadão (museus nacionais, monumentos patrimoniais etc.), sejam os produzidos pelas indústrias culturais nos diferentes campos (música, cinema, livros, videogames, produtos multimídia), têm características diferenciadas em relação às mercadorias estabelecidas pela economia padrão. "[...] sua compra e seu consumo não destroem nenhuma de suas propriedades e não fazem desaparecer a possibilidade de um consumo mais amplo ou posterior."

Sendo assim, seguindo o pensamento de Luchiari, entende-se que é possível eleger alguns espaços urbanos como ícones incrustados na paisagem contemporânea, cuja valoração passa a ser atribuída ao uso cultural funcional. A penetração das ideologias do consumo na cultura incorpora aspectos de uma racionalidade econômica – sistemas de poder que se infiltram na produção cultural de identidades, produzindo novas identidades culturais a serem internalizadas pela população.

A paisagem é uma herança que pode ou não ser preservada, também podendo ser construída deliberadamente para se tornar simbólica; já a memória tanto pode ser herdada do passado como, simplesmente, projetada no futuro. Os geógrafos Paul Guichonnet e Claude Raffestin adotaram o termo "refuncionalização" para direcionar o sentido de dar uma nova função ou uso dos territórios, esse conceito também foi usado por Milton Santos para discutir a relação das novas funcionalidades de objetos e lugares sob uma lógica mercantil. Luchiari, seguindo a mesma linha, adotou esse termo para designar a apropriação dos bens culturais e a conduta adotada sob a perspectiva da transformação do patrimônio histórico em mercadoria.

O prédio da antiga sede do governo municipal, restaurado há pouco mais de dez anos, voltou a ser de uso público. A refuncionalização do imóvel se prestou a homenagear o escritor gaúcho Walmir Ayala, que passou parte da vida na cidade e demonstrou o desejo de ser enterrado no pequeno cemitério local. Nesse caso, a atual Casa de Cultura, uma das construções históricas em melhor estado de conservação, foi adaptada para se aproximar da função primária na promoção da cultura e resgate da memória local.

O estilo adotado pela sociedade faz uso de seus elementos naturais e antrópicos, refletindo os padrões comportamentais de cada um dos grupos sociais e as imagens construídas pelas identificações dominantes em dado momento histórico. A sociedade saquaremense do início do século passado era predominantemente composta por agricultores e pescadores, e a singularidade desses grupos sociais se refletia em suas habitações, seus ritos e suas manifestações culturais herdadas da colonização. Esses signos perdidos ou comprometidos em sua autenticidade podem não ter sido tão preponderantes quanto o comprometimento do modo de vida dessa comunidade, que mantinha uma significativa dependência dos recursos naturais. A poluição ambiental do espelho d'água da lagoa fez com que o meio de sobrevivência desse grupo ficasse comprometido a tal ponto que muitos componentes abandonaram a atividade; os que persistiram não conseguiam se manter exclusivamente da pesca. Isso também ocorreu com os agricultores; inúmeras adversidades climáticas, de pragas e desgaste do solo também fizeram com que muitos abandonassem a atividade assumindo outros tipos de ocupação. A socióloga Edna Castro afirma que:

> A existência dos recursos biológicos está diretamente vinculada a um sistema ancestral de coexistência sustentável entre homens e o ambiente, razão pela qual esses recursos dependem da sobrevivência desse sistema. A destruição do hábitat natural da comunidade será secundada pelo seu desaparecimento como sistema cultural e vice-versa, pois um sem o outro é insustentável.

Ao longo do tempo, segundo Maria Luchiari, as cidades acumulam símbolos que marcam o transcorrer do tempo humano: algumas assumem posturas e atitudes mais efetivas em relação à conservação das representações do patrimônio cultural, outras permitem que novos universos alegóricos se instalem de forma continuada promovendo alterações profundas nos valores mais elementares. A cidade de Saquarema, com seus mais de quatrocentos anos de ocupação, não acumulou um patrimônio arquitetônico significativo, dando a sensação de procurar apagar seu passado.

No decorrer da estruturação de uma sociedade se formam instituições que balizam e orientam os comportamentos sociais da coletividade. Nesse sentido é que, para o sociólogo português Boaventura Santos, tais instituições se comportariam como:

> [...] os espelhos da sociedade não são físicos, de vidro. São conjuntos de instituições, normatividades, ideologias que estabelecem correspondências e hierarquias entre campos infinitamente vastos de práticas sociais. São essas correspondências e hierarquias que permitem reiterar identificações até o ponto de estas se transformarem em identidades. A ciência, o direito, a educação, a informação, a religião e a tradição estão entre os mais importantes espelhos das sociedades contemporâneas. O que eles refletem é o que as sociedades são. Por detrás ou para além deles, não há nada.

Tomando por base essa afirmativa, a responsabilidade no direcionamento para preservação ou não dos elementos que contavam a trajetória do município não pode ser somente atribuída ao poder público. Ou seja, em parte, as ações ou omissões assumidas pela governança pública refletiram os sentimentos da comunidade que buscava prestígio e *status* nos ventos do progresso e da modernidade, ainda que isso possa ter lhe custado parte da memória local.

Ao se fazer referência à preservação dos patrimônios apropriados pela sociedade, sejam esses naturais, edificados ou imateriais, remete-se a um processo de atribuição de valores às formas e às práticas culturais construídas ao longo do tempo de forma seletiva. Onde a preservação deste ou daquele patrimônio estão concebidas, as intervenções, decisões e escolhas são direcionadas por um projeto político.

Não diferente dos elementos artificiais, também as formas naturais que existem no território estão sendo subjugadas às lógicas do mercado de consumo, atribuindo-se a elas um uso específico. Tal funcionalidade desvenda um sistema de valores que insere o elemento natural em uma esfera política, regulatória, cujo poder social assume medidas de intervenção. As intencionalidades e os propósitos que passam a permear as formas naturais e antrópicas estão, em muitos casos, explícitos nas paisagens e na apropriação do território. A análise das formas geográficas de uma sociedade possibilita verificar a essência da evolução do que se concretiza como espacializado, regulado e racionalizado, por sua rede de valores, normas e regras dominantes, assim como afirma Júlio Cezar Ribeiro.

Esse é um dos papéis que o processo de "turistificação" contemporânea vem provocando em algumas localidades: a valorização do patrimônio cultural e o resgate de formas do passado. No entanto, essa redescoberta tem se dado à custa de um reordenamento funcional em que ocorre o realinhamento dos papéis atribuídos aos bens culturais – materiais e imateriais, incluindo-se aí as paisagens naturais. Esse processo de reatribuir funcionalidades mescladas aos papéis sociais é eleito pelo mercado, cujo movimento se dá no tocante ao consumo – cujas ferramentas de comunicação publicitária atingem os consumidores do turismo por meio de mensagens que valorizam as subjetividades e promovem a personalização simbólica dos produtos locais.

A triagem de elementos do espaço, representados pelos patrimônios, se dá mediante um processo socialmente seletivo; o que atribui valor é o olhar de quem valoriza. Esses processos sociais podem padecer do "vício do olhar" capaz de diluir a percepção do objeto, tornando-o invisível aos olhos dos comuns e transformando-o em mero componente na paisagem, com significado e importância menores, e, por isso, passíveis de serem removidos. Segundo Adyr B. Rodrigues, alguns objetos de consumo se descaracterizam perdendo a essência de seus atributos materiais originais. Assim, o ato de consumo imprimiria nova personalização dos objetos, enfatizando elementos mais expressivos os quais desencadeariam a complexidade do fenômeno turístico, expresso pela materialização e segregação territorial e pelas relações sociais que engendra, não desprezando a discussão da sua natureza como atividade econômica.

O mundo contemporâneo atribui um elevado valor às tecnologias, à ciência e aos mecanismos para difundir a informação. Milton Santos situa que a capacidade de difusão cultural e de reprodução das formas (naturais ou artificiais) é tão ou mais importante que a própria autenticidade. Assim, não é possível julgar o que é certo ou errado dentro da dinâmica da apropriação dos espaços socioculturais, pois ninguém está isento em seu julgamento sobre como e de que forma quais elementos representativos da cultura e do simbólico são mais originais, autênticos ou característicos de um grupo social.

Segundo a teóloga Elaine Terezinha Alves de Miranda Carvalho, a formação do povo brasileiro decorre de um processo de cruzamentos étnicos – a mais genuína mestiçagem. Esse processo também originou o exercício espacializado de um mundo cultural mesclado e complexo, cuja identidade das comunidades precisa ser analisada sob a ótica das relações e interações múltiplas que dinamizam a cultura. Esse pensamento é reforçado por Rogério Haesbert:

> O território envolve sempre, ao mesmo tempo [...], uma dimensão simbólica, cultural, por meio de uma identidade territorial atribuída pelos grupos sociais, como forma de controle simbólico sobre o es-

paço onde vivem (sendo também, portanto, uma forma de apropriação), e uma dimensão mais concreta, de caráter político-disciplinar: a apropriação e ordenação do espaço como forma de domínio e disciplinarização dos indivíduos.

Aceitar a dinâmica da cultura associada à organização socioespacial significa acolher, também, todos os efeitos e aspectos que a modernidade acarreta aos territórios. No entanto, assumir os aspectos relacionados à modernidade não implica, necessariamente, a perda dos referenciais e valores que compuseram a formação da sociedade local. No entanto, a homogeneização, ao que tudo indica, é mais forte comparando-se às resistências locais, o que leva a crer que a multiculturalidade ou hibridização da cultura, como chamou o antropólogo argentino Nestor Canclini, é um caminho apenas a ser consumado no conflito cultural.

Historicamente, a submissão cultural é uma forma de dominação hegemônica: inicialmente, os colonizadores; hoje, os turistas. As alterações socioespaciais promovidas nos territórios sob a égide de "melhor atender o turista" podem ser interpretadas como nova forma de dominação cultural. Segundo o antropólogo Ruben G. Oliven, a substituição dos símbolos locais por outros que representam a cultura dos "estrangeiros" constitui uma forma de dominação, da mesma forma que a revisitação ao passado histórico das localidades significa salvaguardar – ou revivificar – elementos de sua tradição.

Identidade, autenticidade e originalidade são elementos bastante recorrentes na literatura, sem que haja um consenso entre os autores, que tramitam entre a preservação original e a hibridização. A cenarização dos lugares é projetada para influenciar a escolha do turista, como afirma a arquiteta e urbanista Maria da Glória Lanci da Silva: "Os cenários do lazer surgem da apropriação de imagens com o objetivo de compor repertórios de lugares turísticos que possam ser facilmente identificáveis ou categorizados pelo turista." Essa apropriação e a criação de imagens são usadas pela publicidade, que as venderá como produtos turísticos. Entretanto, a criação de uma paisagem turística não envolve somente o desenvolvimento de espaços de consumo apenas pela arquitetura e pelo urbanismo; a paisagem ambiental também é importante para realçar a cenarização dos lugares. Maria da Glória Lanci da Silva afirma que:

> Cidades turísticas são mais valorizadas quando associadas a paisagens e situações geográficas naturais específicas, como praia e montanha, constituindo aspectos pitorescos e mais facilmente identificáveis pelo mercado.

José Gonçalves, discorrendo sobre a autenticidade, apresenta o conceito relacionado com o pensamento do crítico literário Lionel Trilling, cujo entendimento é que "realmente somos o que somos, independentemente do papel que desempenhamos e das nossas relações com o outro". Assim, o indivíduo passa a ser pensado como o próprio *locus* de significado e realidade. Autenticidade é a expressão do *self* determinada como unidade livre e autônoma em relação a toda e qualquer totalidade cósmica ou social. Para o autor, essas concepções são aplicáveis a pessoas ou objetos, ou seja, o autêntico é identificado com o original, e o inautêntico com a cópia ou reprodução.

Ainda segundo esse autor, há uma resistência dicotômica entre o autêntico e o inautêntico, sendo proposta uma concepção alternativa, com base na capacidade de recriação ou reprodução, cuja característica é mais marcante que a herança e o vínculo orgânico com o passado. O autor propõe enquadrar a cultura construída, nos dias de hoje, representada pelos parques temáticos, pelas edificações, pelos eventos e shows pirotécnicos modernos dentro de uma categoria denominada ficcional que exagera na cenarização e artificializa a memória por meio do espetáculo.

Essa relação dicotômica foi observada na festa da padroeira da cidade de Saquarema: a festividade ganha contornos de espetáculo, em face da grandiosidade que vem assumindo. A programação diurna obedece aos ritos religiosos, e na noturna ocorrem os shows, os fogos de artifícios, o funcionamento das barracas de comida e bebida, o parque de diversões etc. Saem os romeiros formados pela população local ou de municípios vizinhos, entram os festeiros, constituídos, em sua maioria, de visitantes que se deslocam exclusivamente para participação da programação musical. É possível afirmar que se trata do autêntico convivendo com o "inautêntico".

É compreensível que a sociedade contemporânea valorize esse tipo de patrimônio que, comumente, é consumido nas atividades do lazer e do turismo. O que significa que as representações do patrimônio cultural, denominadas autênticas, são cada vez menos "puras". Porquanto, casarios que se transformam em centros culturais são climatizados, prédios e fachadas históricas recebem iluminações especiais, ou seja, cada vez mais se agregam valores da modernidade que se aproximam dos estilos dos novos usuários. Segundo Luchiari, o patrimônio atualmente valorizado se configura em uma multitendência de estilos, eclético em seus usos, representativo de um forte apelo nas campanhas de marketing turístico, mas, ainda assim, apresentando uma série de contestações que assumem o discurso da resistência.

A incorporação tecnológica pode dar a impressão de que tais formas possam carecer de encantamento e que estejam desconectadas do sentimento de pertencimento e de identidade tradicionalmente associados ao patrimônio cultural. Na obra *O pensamento mestiço*, o historiador francês Serge Gruzinski volta sua análise para a relação entre os povos ameríndios do México da segunda metade do século XVI e a influência dos diversos elementos europeus, e vice-versa, caracterizando o estudo de culturas mestiças. O autor adota o termo "hibridação" para a análise das misturas que se desenvolvem dentro de uma mesma civilização ou de um mesmo conjunto histórico, e pede atenção para a complexidade daquilo que ele chamou de "mestiçagem",[32] na medida em que essa mistura pode representar a transformação para uma nova realidade de distribuição sociocultural. Gruzinski tem a preocupação de tentar definir o que seria o conceito de mestiçagem. Tarefa difícil na medida em que os termos "mistura", "mestiçagem" e "sincretismo" são carregados de significados diferentes.

Os psicólogos Ariane Patrícia Ewald e Jorge Coelho Soares, em seu trabalho "Identidade e subjetividade numa era de incerteza", discorrem sobre a necessidade que se passou a ter em se destacar, "demarcar a diferença", provocando, assim, novas mudanças coletivas e individuais, as quais geram um abismo ainda maior nas relações sociais e de cordialidade. O cidadão autônomo, independente e senhor de si, assume um comportamento culturalmente desenraizado. Os autores, citando Renato Ortiz, dizem que o fenômeno cultural da globalização encerra em si um fenômeno social que "permeia o conjunto das manifestações culturais". Assim, entende-se que, para a conexão da existência, o indivíduo "deve se localizar, enraizar-se nas práticas cotidianas dos homens", sem o qual resultaria em uma expressão abstrata das relações sociais. Dessa forma, a ideia do desenraizamento cultural e da demarcação da diferença, para Ewald e Soares, permearia nossas práticas cotidianas e nossa construção identitária.

Não seria exagero dizer que as alterações dos espaços naturais e culturais voltados para o turismo de massa se caracterizam pelo consumo a qualquer preço e pela ideia pouco cultural de que a cultura é em si mesma um produto que se compra com uma passagem de avião do seu *tour operator*, como afirma o economista Paul Tolila.

Igualmente, pode-se dizer que também, para as formas do patrimônio arquitetônico, há o risco da banalização e da uniformiza-

---

32 Entende-se que o conceito é próximo à hibridização cultural.

ção, seja nos projetos de introdução das práticas turísticas, seja pela incorporação pela indústria cultural. Tal uniformização espelha as formas mescladas dos traços de diferentes culturas, cujos conteúdos sociais revelam as identidades culturais de nosso tempo. Nesse universo, insere-se o consumo estético das formas cujo valor individual sobrepuja seu uso social. A psicóloga Deise Mancebo, referindo-se à temática do consumo relacionado à cultura, assume a existência cada vez maior dessa matéria para a análise das interfaces nas discussões culturais e econômicas, políticas, sociais e psicológicas. No entanto, para a indústria do entretenimento – e, nesse universo, inclui-se o turismo – as razões do consumo estético, seja por sua imagem, por sua utilidade imediata, pelas emoções que desperta, ou ainda pelas diferenciações que pode proporcionar às diversas tribos de consumidores, ainda requer muitas pesquisas e análises.

Entende-se que o patrimônio cultural, ao tomar para si o papel de contribuinte da identidade dos integrantes dos grupos sociais, legitima os signos e os monumentos a serem reconhecidos pela sociedade. O uso simbólico dos objetos e monumentos para definir as identidades coletivas é recorrente no fortalecimento do sentimento de pertencimento e identificação com os territórios. "Na medida em que associamos ideias e valores a determinados espaços ou objetos, estes assumem o poder de evocar visualmente, sensivelmente, aquelas ideias e valores", como afirma o antropólogo José R. Gonçalves. Assim, não basta revitalizar o valor dos patrimônios locais, é preciso entender como os movimentos contemporâneos de territorialização e desterritorialização, sinalizados por Boaventura Santos, aplicam-se à cultura, e, ainda, de que forma tais movimentos têm mudado os processos de formação, produção e transformação das simbologias locais com relação à vivência da vida cotidiana e aos traços de identificação dos grupos. Desse modo, segundo Luchiari, identificar os diferentes usos da cultura e do patrimônio no território é buscar entender de que forma um lugar ao ser valorizado pelo olhar externo, no caso o turismo, produz territorialidades excludentes ao próprio lugar.

O pesquisador Robert Sack entende que o território envolve diferentes graus de correlação com a dimensão simbólica e cultural, e esses se expressam por um conjunto de elementos que exprimem a identidade territorial definida pelos grupos sociais dominantes. Tal domínio se constitui em uma forma de controle emblemático sobre o espaço em que se processam a apropriação e ordenação do espaço como mecanismo para subverter a rotina dos indivíduos a seu próprio modo. Adotando o trabalho de Rosyan Campos de Caldas Brito, é possível perceber que, apesar de ter tido um acordo, a presença de surfistas e turistas expropriou o domínio cultural de um grupo social, uma vez que os pescadores tiveram de "ceder" parte de scu território para a prática turística, e subverter, ainda que sazonalmente, seus hábitos e costumes dentro da lógica do estilo social dos caringôs.[33]

Nesse jogo negociado entre o local e o global, a mídia se apropria das expressões do imaginário cultural popular com o sentido da "espetacularização" direcionada à obtenção de uma grande audiência e diversificação de mercados de consumo. Segundo o comunicólogo Osvaldo Meira Trigueiro, a apropriação das tradicionais culturas populares, integral ou parcialmente, refuncionalizam suas formas e seus conteúdos para atrair maior audiência e, consequentemente, mais patrocinadores e lucros, caracterizando-se, dessa forma, em um negócio cultural de interesse mercantilista.

A valorização de uma paisagem, de um lugar, de uma região como patrimônio revela um campo de disputa entre três agentes sociais: o Estado, as empresas e a sociedade civil. O caminho percorrido pela apropriação dos patrimônios locais segue pela transformação da natureza em cenário e na modificação das práticas e artefatos culturais em

---

33 Denominação adotada pelos pescadores ao se referirem aos turistas.

espetáculo. O problema, confirma Luchiari, reside nas condições de exploração social em que se produz a "espetacularização" da natureza, da cultura e de suas formas.

As novas territorialidades têm dado lugar à intensificação da lógica de mercado, marcada pelos interesses da expansão imobiliária e pela valorização turística. No Brasil, muitas das populações locais estão se retirando dos territórios que viveram por dezenas de anos, porque vão perdendo as possibilidades de manutenção de suas atividades de subsistência, seja pelas restrições da legislação ambiental, seja pela degradação ambiental, ou ainda pela valorização dessas áreas para a produção ou para a sociedade de consumo do lazer e do turismo. A construção e a apropriação do patrimônio cultural, para o antropólogo argentino Néstor García Canclini, são objetos da reprodução desigual entre os grupos sociais, prevalecendo "como espaço de luta material e simbólica entre classes, etnias e grupos".

O que transcorreu no município de Saquarema foi uma entrega sem conflito nem embate. A notoriedade concedida, principalmente pelo surfe, promoveu o território, valorizando os espaços junto à orla. Dada à simplicidade do casario, tais construções não se mostraram atrativas, e os espaços foram ocupados ou foram vítimas da demolição ou de profundas alterações na estética das construções. Diferente do que ocorreu com outros municípios como Paraty (RJ), Tiradentes e Mariana (MG), entre outros, em que os agentes econômicos do turismo (meios de hospedagem e serviços de alimentação) se instalaram nas construções históricas, adaptando-as ao novo uso, fazendo o que Maria Tereza Luchiari denominou refuncionalização, como já tratado por Guichonnet e Raffestin, e Santos.

Muitas das mudanças que estão se estabelecendo nos territórios adotados pelo turismo estão sendo impulsionadas pela articulação de atividades econômicas, estruturadas em paralelo à cadeia do turismo, o que tem se denominado economia da cultura. O termo já consolidado em segmento econômico vem sendo tratado como um setor estratégico. Dados do Banco Nacional de Desenvolvimento Econômico e Social (BNDES) dá conta de que a cultura é responsável por 7% do PIB global, segundo estimativa do Banco Mundial.

A grande diversidade de projetos de revitalização envolvendo os sítios históricos tem incorporado transformações que os remetem a novos espaços de consumo, inserindo nesse universo a criação de polos de turismo e polos gastronômicos, cujo elevado grau de inclusão de elementos adaptativos vem alterando a originalidade das características arquitetônicas, seus valores ambientais e paisagísticos, como afirmam Sílvio Mendes Zancheti e Vera Milet. Luchiari entende que a profissionalização demasiada interferiria na natural originalidade, investindo o patrimônio de aparências ilusórias e superficialidade de significados e comprometendo os marcos identitários que já pertenceram ao arcabouço de autenticidade dos grupos sociais originais. Assumir completamente tal linha de raciocínio significaria a negativa de nosso tempo e a qualificação negativa da refuncionalização, um paradoxo entre a preservação e a modernidade.

O sociólogo britânico Anthony Giddens aponta para uma "[...] sociedade globalizante, culturalmente cosmopolita, cujas tradições são colocadas a descoberto". Nesse sentido, a tradição torna-se destradicionalizada e não se vincula ao desaparecimento, mas sua incorporação à sociedade moderna. Os indivíduos não podem se contentar com uma identidade que é simplesmente legada, herdada ou construída em um *status* tradicional. A identidade de uma pessoa ou de um grupo social necessita, em grande parte, de ser descoberta, construída, sustentada ativamente. É o movimento globalizador expondo uma nova lógica na organização socioespacial, estimando novos valores e conteúdos não só incorporados às construções em si, mas, também a todo o conjunto urbano; essa seria a aplicação emblemática de nosso tempo contemporâneo.

Para Luchiari, esses novos elementos promovem o esvaziamento das singularidades do lugar, expressas em seu patrimônio arquitetônico e imaterial, e reinventam a memória local, imprimindo novos significados ao capital simbólico e cultural. Tal flexibilização das manifestações culturais e dos usos das construções históricas tem causado um processo de mercantilização dos lugares, cujas consequências têm sido a padronização das formas e dos usos, tornando-os próximos às realidades dos visitantes. Por outro lado, não é possível encapsular o passado, o que significa que o processo dinâmico das sociedades evolui para a aquisição e absorção de novos valores que vão se moldando e imprimindo uma conformação social para os territórios.

Paulo Cezar G. Marins cita em seu artigo os programas de recuperação das áreas centrais de Curitiba (PR), São Luís (MA), Rio de Janeiro (RJ) e Santos (SP), em um movimento de requalificação, visando à restauração e conservação das edificações e da própria paisagem urbana, tendo-se como motivação estimular a recuperação econômica de tramas urbanas decadentes e criar novos espaços de lazer para seus cidadãos. Nesses casos, segundo Marins, juntamente com o uso de instrumentos jurídicos como a desapropriação pontual e a isenção fiscal, promoveu-se a reapropriação de áreas arruinadas ou semiabandonadas para uso local, beneficiando-se a sazonalidade turística.

Para esse autor, os instrumentos de requalificação podem beneficiar os cidadãos, reincorporando patrimônios ao contexto local e preservando não apenas a materialidade das edificações, mas também, igualmente, os diferenciais sociais que os identificam e singularizam, e acabam por se tornar elementos atrativos para os diferentes segmentos das atividades turísticas que procuram fronteiras para além do lugar comum e do massificado.

No entanto, entendemos que é preciso estabelecer crítica mais apurada dos diferentes programas de intervenção e requalificação em áreas urbanas detentoras de patrimônio histórico-cultural no Brasil, retificando os eventuais equívocos e descaminhos, que, embora possam estar permeados de boas intenções, por vezes comprometem ainda mais os signos que fazem de certos aspectos da cidade (ruas, casas, monumentos etc.) locais significativos e singulares.

É nesse aspecto que Luchiari deposita sua crítica. A autora entende que a dinamização e o resgate das concepções culturais, mediante a inclusão de cenários e espetáculos, têm encontrado respaldo nas justificativas de enobrecimento, "refuncionalização" e "requalificação" pelo aporte de investimentos destinados à sua apropriação, segundo padrões de uma parcela dominante da sociedade. Enquanto os projetos de revitalização refazem os contornos para salientar as formas estéticas do "espetáculo" para o consumo do lazer, os usos sociais seletivos de tais áreas não disfarçam o processo de segregação socioespacial.

O revigoramento das formas não só acentua o uso direcionado do consumo cultural, mas também estimula a fragmentação social, ou seja, premia com a exclusividade de uso os grupos sociais economicamente privilegiados. Para Milton Santos, o lugar e suas territorialidades são transformados pela incorporação das inovações tecnológicas, verticalidades e novas funcionalidades – ações pontuais de agentes hegemônicos, externos à dinâmica socioespacial local.

Zancheti e Milet, usando a cidade de Olinda (PE) como base de estudo, observaram que a municipalidade pública se omitiu em seu papel de promotor da política relativa ao patrimônio material, sobretudo em sua função de formador de uma consciência para a conservação patrimonial. Nesse caso, a renovação na cidade representou um frescor nos investimentos e na criação de empregos. No entanto, isso tem sido conduzido à margem do monitoramento dos valores do sítio histórico, que vem se transformando à custa da demolição de interiores e consideráveis alterações nas fachadas.

Esse aspecto corrobora as proposições de Luchiari, cuja visão crítica as propostas de revitalização que vêm transitando nos caminhos da circunstancialidade dos padrões estéticos, descompromissados dos impactos gerados pelo desenvolvimento de novas territorialidades físicas e emocionais. Mesmo que as antigas formas permaneçam, o conteúdo social dos bens tombados submete-se às mudanças de conteúdo e de significado, agora impulsionados pela nova vocação turística dessas áreas.

Milton Santos ressalta que as verticalidades subvertem a ordem da dinâmica local impondo novos atributos às formas.

> Na união vertical, os vetores de modernização são entrópicos. Eles trazem desordem às regiões onde se instalam, porque a ordem que criam é em seu próprio e exclusivo benefício. Isso se dá ao serviço do mercado, e tende a corroer a coesão horizontal que está posta ao serviço da sociedade civil tomada como um todo.

As mudanças nas formas de uma cidade representam os sinais das alterações nas práticas socioespaciais. Sem enveredar no mérito qualitativo da questão, os agentes econômicos do turismo identificam e se apropriam dos atributos que são capazes de compor o cenário mercadologicamente mais viável para o segmento e passam ao largo dos significados do patrimônio como um constituinte da memória do lugar e da população. É nesse contexto de identificação e apropriação que se dá a segregação mediante o redirecionamento das funções sociais potencializadas e orientadas pela organização da atividade turística. As estratégias do planejamento turístico voltadas meramente para estimular o fluxo de visitantes se limitam a desenvolver contextos cenográficos para os patrimônios naturais, históricos e arquitetônicos, o que o administrador e turismólogo Mario Petrocchi denominou "emolduramento". É nessa conjuntura que se desencadeia a segregação socioespacial, em cuja instalação se estabelecem a desvantagem no valor de troca, a perda da qualidade de vida e o desgaste dos bens simbólicos originais das localidades, como afirma Luchiari.

A questão da revitalização das regiões que guardam patrimônios históricos, quando não leva em consideração os atores sociais que agem no local, passa a assumir um papel excludente. A antropóloga e assistente social Elizabeth Alcoforado, em estudo sobre o processo de revitalização do centro de Recife (PE), coletou depoimentos de boêmios, donos de bares e prostitutas que manifestaram receio de, ao final das obras, perderem seu "espaço", seus "clientes"... Em muitas situações, os processos de revitalização antecedem a refuncionalização dos patrimônios, no entanto essa nova circunstância é, na maioria das vezes, desprovida das conciliações para os diferentes usos e não prima pela permanência das populações locais.

Para Luchiari, os planejamentos turísticos, além dos estudos relativos à visitação turística e recuperação de bens patrimoniais, devem incorporar preocupações relativas à sobrevivência econômica e ao acesso à moradia das populações originais.

Apesar de a economia da cultura e o turismo serem considerados propulsores da transformação dos espaços territoriais e, em alguns casos, da vida econômica dos núcleos receptores, esses não podem ser validados como redentores da perpetuação do patrimônio histórico; são, na verdade, marcas de nosso tempo que, de algum modo, contextualizam e põem no centro do debate a natureza da atual valorização do patrimônio cultural. Isso porque, nem sempre, as intervenções acarretam consequências negativas do ponto de vista da democratização de seus usos. A questão é a demasiada importância dada às formas,[34] partir da superestimação do valor econômico em detrimento de seu valor cultural original. O desbalanceamento entre as duas pontas – cultura local e valor de mercado – por diversas vezes acaba por destruir essas pai-

---

34 Arquitetônicas, culturais ou naturais.

sagens, transformando o lugar, as habitações, os usos pretéritos, o sentimento de pertencimento das populações locais, a sobrevivência das comunidades tradicionais, como afirma Luchiari.

Os lugares turísticos são, em essência, locais em que se busca o lúdico, e, sendo assim, em parte eles atenderão aos anseios e às percepções de seus visitantes, que, em regra, representam a fonte da sobrevivência local. A cautela deve ser tomada quanto à medida dos elementos a serem introduzidos. A incorporação das construções híbridas de nosso tempo significa superar o ranço dicotômico dos conceitos: natural-artificial, autêntico-inautêntico, natureza-cultura. Em um sentido mais amplo, a valorização turística do patrimônio cultural deve remeter o olhar para uma gestão mais compartilhada e heterogênea do território, calcada na possibilidade de conciliação e convivência entre os vários usos sociais que o fenômeno do turismo pode construir, como afirma Luchiari.

É compreensível que o homem atual viva momentos de transição, em que se depara atraído pelo futuro, mas com medo de perder as certezas de seu passado. O geógrafo Yi-Fu Tuan diz que "a cultura reforça a fé" e que a crença em cada grupo social variável está no grau de reforço dado pela cultura, ou seja, alguns povos precisam de uma estrutura material e mental bem estabelecida para que se sintam seguros. As relações afetivas de um grupo social com seu território se manifestam em seus patrimônios, que podem ser entendidos pela arquitetura, pela natureza e pelos bens imateriais. No entanto, as pequenas cidades pacatas e tranquilas produziam um modo de vida que se transformou em marcas culturais enraizadas.

O reflexo da resistência dos moradores do município aconteceu, inicialmente, pela mudança da percepção ambiental. A alteração da postura dos residentes em relação à deterioração ambiental do território resultou nas reivindicações que pleitearam a abertura do canal da Barra Franca. Tal conquista não só viabilizou o processo de recuperação ambiental da lagoa, mas também sensibilizou os moradores para a importância da preservação ambiental. E, assim, outras reivindicações se seguiram, como a dragagem do rio Salgado, a preservação das áreas da restinga de Massambaba, a dragagem na lagoa de Fora, o alargamento da praia da Vila e a retomada da preservação dos sítios arqueológicos.

Algumas outras atividades estão mobilizando a comunidade para questões importantes referentes ao passado histórico da cidade. Entre as proposições que estão sendo desenvolvidas está o projeto Arte & Cultura, cuja primeira ação foi o lançamento da coleção Memória da Cidade, com o objetivo de resgatar os valores culturais de Saquarema.

O primeiro volume da coleção, *Alberto de Oliveira: o poeta de Saquarema*, homenageou Alberto Mariano de Oliveira, o "príncipe dos poetas", ícone do movimento parnasianista brasileiro, filho ilustre da terra, nascido em Palmital de Saquarema. Para a celebração dos 150 anos do nascimento do poeta (1857-1937), diversas atividades foram desenvolvidas, entre elas o lançamento de livro com a obra do autor, exposições e um concurso de poesias entre os alunos da rede pública. Já o segundo volume, *Raízes da minha terra*, de autoria de Herivelto Bravo Pinheiro, relata a trajetória histórica do município e contém reprodução de importantes documentos históricos.

No entanto, percebe-se que o principal aspecto da cultura da cidade é o próprio saquaremense. Aquele sujeito que põe a cadeira no fim da tarde para desfrutar o vento fresco do mar e colocar o papo em dia com os vizinhos, que estaciona seu veículo em fila dupla para cumprimentar um conhecido, que saúda as pessoas nas ruas mesmo as que não conhece. É esse indivíduo que está consternado e incomodado em ver seus valores e costumes sendo diluídos por comportamentos aos quais ele não está acostumado. Esses aspectos tão subjetivos compõem a cultura dessa localidade, que vem buscando resistir às influências impetradas pelos visitantes, refugiando-se em movimentos que resgatem a memória e o orgulho de seus residentes mais antigos.

Os depoimentos coletados no município refletem a dor da perda daquilo que lhes era mais caro.

> Nasci em Saquarema e, agora, com quase 60 anos, não pensei em assistir a essa destruição. As casas das pessoas virando "comércio", essa sujeira nas ruas, carros para todo lado. A vida tranquila acabou... Todo dia a gente fica sabendo de crime e desgraça. As nossas tradições estão se perdendo, a festa de reis, a congada, só ficou mesmo a procissão do Círio. (Relato 69, de um morador local desempregado.)

> Eu esperava viver aqui, em paz e segurança, podendo desfrutar de cultura, lazer e qualidade de vida para todos. Quando eu me aposentei e me mudei para cá, esperava poder desfrutar de uma vida mais tranquila, mas não é o que estou vendo. O município é carente de muitos serviços tanto público quanto privado. (Relato 5, de um funcionário público morador local.)

Ao mesmo tempo, daquilo que os orgulha, ainda que haja o incômodo da visitação não desejada.

> Essa cidade é linda, me orgulho de ter nascido e me criado aqui. Muito se fala que Saquarema não tem nada pra se fazer e tal, mas esquecem do mais importante: a tranquilidade, as belezas naturais e a volta ao tempo em que se divertia sem medo. Em "Saquá", as belezas naturais vão além das praias. [...] mesmo com os problemas de infraestrutura, a cidade é acolhedora. (Relato 86, de um diagramador morador local.)

> Saquarema já teve uma vida bem pacata, mas o incentivo ao turismo fugiu ao controle. A cidade não tem estrutura para receber, e os desordeiros de plantão já perceberam isso. O lixo, o mau cheiro após

os eventos, as calçadas ocupadas por ambulantes transformaram a vida dos idosos em um verdadeiro martírio. Rezo sempre para que consigamos sobreviver a cada verão. (Relato 107, de um aposentado morador local, representante do Clube dos Anos Dourados.)

Há um senso comum entre os residentes do município sobre a valorização da camaradagem entre os vizinhos, da tranquilidade, da proximidade entre seus pares, da simplicidade[35] da vida etc. Aspectos tão subjetivos quanto difíceis de preservar, pois exigem unidade e perpetuação de crenças ancoradas em autoestima, cidadania e senso coletivo.

---

35 A simplicidade, aqui, não se refere ao desprovimento das facilidades da vida moderna e tecnológica, mas diz respeito à percepção do menor grau de ansiedade.

CAPÍTULO 3

Influência do turismo
na qualidade de vida local

O termo "qualidade de vida" foi mencionado pela primeira vez, em 1920, por Pigou, como afirmam as pesquisadoras da área de Enfermagem Ana Cláudia Kluthcovsky e Angela Takayanagui, em um livro sobre economia e bem-estar. No entanto, assumiu notoriedade quando empregado pelo presidente dos Estados Unidos, Lyndon Johnson, em 1964, ao declarar que "os objetivos não podem ser medidos mediante o balanço dos bancos. Eles só podem ser medidos pela qualidade de vida que proporcionam às pessoas", como lembra o psiquiatra Marcelo Pio de Almeida Fleck. Desde então, foi sendo incorporado como um arquétipo simbólico a ser alcançado transversalmente por diversos segmentos e setores da sociedade.

O interesse em conceitos como "padrão e qualidade de vida" foi inicialmente partilhado por cientistas sociais, filósofos e políticos, mas, em 1981, reconhecendo a importância da questão, o tema foi abordado no I Seminário sobre Estudos Urbanos, organizado pelo Instituto Universitário de Pesquisas do Rio de Janeiro (Iuperj), segundo a socióloga Sônia Regina da Cal Seixas Barbosa. Nesse encontro, foi levantada a complexidade da matéria na medida em que envolve elementos tangíveis que descrevem a qualidade das condições de vida – levando em consideração fatores como saúde, mobilidade, educação etc.; e elementos intangíveis como bem-estar físico, psicológico, emocional e mental, expectativa de vida etc.

Para alguns, a qualidade de vida envolve também elementos relacionados à sociabilidade, tais como família, amigos, emprego etc. Assim, com a consistência adquirida dentro das ciências humanas e biológicas, o conceito "qualidade de vida" ganhou espaço em outras áreas e passou a ser adotado como meta a ser alcançada, especialmente, nos planejamentos urbanos. Boa parte dos elementos que compõem os parâmetros de avaliação da qualidade de vida foi desencadeada pela Conferência Internacional Hábitat II, realizada em Istambul, na Turquia, em 1996, cujo resultado indicou os principais problemas das cidades, tais como migração, moradia, gestão de resíduos, uso de recursos naturais, fatores esses que, entre outros, influenciam positiva ou negativamente a qualidade de vida das pessoas.

Nos anos que se seguiram, foi fortalecida a ideia de que é possível racionalizar boa parte dos processos sociais produtores e modificadores das cidades, bem como a certeza de que a dinâmica dos territórios depende de um conjunto de soluções baseadas não apenas no urbanismo, mas também nas fontes energéticas, no perfil da mobilidade e na disponibilidade das unidades habitacionais. Tais questões legitimam os paradigmas das bases sustentáveis e sua pertinência a lidar com a especificidade da qualidade de vida em áreas urbanas. No entanto, a simples construção de diretrizes de planejamento não pode ser encarada como um único receituário, mas como um norteador capaz de direcionar estratégias de referência para as ações de gestão e da melhoria das condições objetivas de vida das populações.

Em muitos aspectos, os conceitos de sustentabilidade territorial e qualidade de vida se sombreiam ampliando a complexidade ao redor do assunto. Ainda que a sustentabilidade territorial disponha de grande número de variáveis, validadas por diferentes instituições de pesquisa, esses instrumentos contribuem apenas em parte para a avaliação da qualidade de vida urbana. Isso se deve à introdução de aspectos subjetivos, que sofrem influências contextuais do tempo e do espaço, fazendo com que o conceito de qualidade de vida se estabeleça em patamares relacionais atrelados aos anseios individuais e coletivos de uma comunidade. Ainda assim, o assunto tem exercido grande atração sobre os gestores e planejadores urbanos, que, no entanto, têm enfrentado dificuldades para estabelecer os parâmetros que contemplem uma percepção satisfatória da população.

A estrutura da sociedade moderna nos centros urbanos é representada por intensa rede de fluxos, incertezas e estresse social, configurando as contendas pelos melhores espaços para se viver e trabalhar. A disputa por tais espaços dota de valor especulativo as áreas servidas com mais infraestrutura de serviços públicos e privados. Assim, de maneira equivocada, a expressão qualidade de vida vem sendo atribuída a tal diversidade de serviços públicos e privados oferecidos nas cidades e regiões metropolitanas. Quando esses requisitos são incorporados como componentes do conceito, os procedimentos para a avaliação da qualidade de vida passam a incluir ferramentas como indicadores e índices que sejam capazes de retratar a realidade local. No entanto, apenas a construção de um sistema de indicadores direcionado a medir a oferta e a qualidade da infraestrutura e dos serviços não seria suficiente para identificar a qualidade de vida. A cidade, território apropriado pelas práticas sociais do século XXI, vem buscando alinhar-se aos preceitos da sustentabilidade; isso requer esforços para vencer a complexidade e diversidade de aspectos que precisam estar minimamente equacionados.

A busca pelo alinhamento entre sustentabilidade ambiental e qualidade de vida vem proporcionando certas opiniões conflitantes. Diferentes autores têm atribuído o conceito de qualidade ambiental como equivalente ao conceito de qualidade de vida urbana, no entanto o termo "qualidade ambiental" não referenciado ao urbano é mais condizente quando relacionado aos aspectos estritamente ambientais, tais como qualidade do ar, água etc.

Essa visão foi proposta por Marinella Araújo, coordenadora do Núcleo Jurídico de Políticas Públicas da PUC-Minas, que construiu a relação da qualidade ambiental à urbana, por meio de um índice composto por indicadores como: padrão domiciliar, abastecimento de água, energia elétrica, comunicação, coleta de lixo, drenagem fluvial, esgoto sanitário, pavimentação, transporte, arborização, iluminação pública, varrição, condição atmosférica, área verde, mobilidade e infraestrutura social. Tal abordagem reflete o reconhecimento de que o ambiente antropofizado carece de ponderações diferenciadas, ou seja, a aplicação do índice de qualidade ambiental pode se constituir em uma ferramenta de apoio, desde que contextualizado.

O sociólogo britânico Anthony Giddens indica que a globalização trouxe, em alguns aspectos, uma influência negativa para a vida cotidiana, cuja relação próxima entre as facilidades da modernidade e a qualidade de vida é, por vezes, a armadilha na qual a sociedade vem praticando e disseminando o engano de identificar o acúmulo de bens como sinônimo do bem-estar e da sustentabilidade local. A pesquisadora do Centro de Estudos Ambientais da Unicamp, Sônia R. C. S. Barbosa, aponta que, se as necessidades básicas forem interpretadas como efetividades valiosas (e como capacidades de realização), será encontrado um conceito de bem-estar e de florescimento humanos moralmente apropriado, conceitualmente fundamental e operacionalmente prático.

Se, por um lado, a expressão "qualidade de vida" é excessivamente genérica, por outro, trata-se de um conceito complexo, entremeado por aspectos objetivos e subjetivos, o qual produz interpretações ambíguas. Entretanto, o termo é frequentemente apropriado pelo marketing corporativo e institucional público-governamental, que emprega slogans abordando esse ansiado ideal contemporâneo em suas campanhas publicitárias. A adoção e adaptação do conceito por diferentes áreas do conhecimento[1] tornam obrigatório o esclarecimento de que tal estudo não se propõe a consolidar ou construir um conceito unificado, mas apenas refletir de que forma a incorporação da atividade turística influenciou concreta e subjetivamente as percepções dos moradores locais, e como esse novo elemento foi incorporado às suas vidas cotidianas.

A mudança do enfoque na abordagem de qualidade de vida tem a intenção cada vez mais enfática de se dar vida aos anos, considerando-a, além dos aspectos objetivos; ou seja, devem-se incluir também os aspectos subjetivos do tema. No entanto, deve-se ressaltar que a subjetividade não seria pura e total, uma vez que há determinadas condições, de componentes objetivos, presentes no meio e na vida das pessoas que influenciam sua percepção, ou subjetividade, da qualidade de vida.

Quanto à relatividade da noção de qualidade de vida, pode-se descrevê-la sob três referências. A histórica, na qual em determinado tempo de uma sociedade, há um parâmetro de qualidade de vida que pode ser diferente de outra época, na mesma sociedade. A cultural, na qual os valores e as necessidades são distintos nos diferentes povos. E padrões de bem-estar estratificados entre as classes sociais, com desigualdades muito fortes, em que a ideia de qualidade de vida assume um padrão de referência no bem-estar de uma camada com melhor disponibilidade de recursos financeiros.

---

1 O tema "qualidade de vida" vem sendo incorporado nos debates acadêmicos desde as ciências médicas até as ciências sociais.

Para a análise da qualidade de vida, isso não pode se desenvolver em uma perspectiva disciplinar, pois se assume o risco de captá-la de forma parcial, e não em sua complexidade. É indispensável manter um olhar interdisciplinar sobre os parâmetros julgados pertinentes à crítica, tendo em vista as características do problema cujo reconhecimento implica identificar as ligações, as articulações, as interdependências e complexidades, como afirma o sociólogo, antropólogo e filósofo Edgard Morin.

Para as pesquisadoras Eliane Seidl e Célia Zannon, a natureza da complexidade da qualidade de vida pode ser analisada sob três aspectos fundamentais de seu construto conceitual: pela subjetividade, pela multidimensionalidade (inclui, pelo menos, as dimensões física, psicológica e social) e pela bipolaridade (presença de dimensões positivas e negativas). A mutabilidade também foi considerada, partindo do pressuposto de que a avaliação da qualidade de vida pode mudar, em decorrência de tempo, local, pessoa e contexto cultural.

Outras questões fundamentais precisam ser equacionadas quando se analisa a qualidade de vida. A primeira está relacionada à caracterização de um espaço quanto a bens e serviços existentes, sua acessibilidade e facilidade de utilização. Diretamente relacionado com esse aspecto, insere-se também a questão do nível de satisfação da população usuária desses mesmos bens e serviços, o que se constitui essencial na análise mais subjetiva da percepção da qualidade de vida. A segunda tem a ver com o fato de as necessidades dos indivíduos estarem intimamente relacionadas com o contexto social, político e cultural em que vivem. O que significa, portanto, que tais aspectos promovem variações significativas das mesmas necessidades, tanto ao longo do tempo como no espaço.

Entende-se que o termo "qualidade de vida" é muito amplo e inclui uma variedade potencial de condições que podem afetar a percepção do indivíduo. Em outras palavras, mesmo componentes passíveis de mensuração, como moradia, emprego, violência e exclusão social, podem ser adotados como indicadores indiretos dos elementos subjetivos, pois um indivíduo desempregado e com restritivos meios de sobrevivência possivelmente não se declarará feliz (Bullinger, Anderson e Cella). A Organização Mundial da Saúde (OMS) (1998) entende que existe uma recorrente inserção das questões subjetivas na base conceitual da qualidade de vida; dessa forma, a instituição construiu e adota a conceituação de qualidade de vida como sendo "a percepção do indivíduo de sua posição na vida, no contexto da cultura e sistema de valores nos quais ele vive e em relação aos seus objetivos, expectativas, padrões e preocupações".

Em muitas situações, a análise das variáveis do contexto territorial urbano, que se apresenta intrincado e com múltiplas variáveis, encontra-se desconectado do fator humano. O cidadão e a população compõem um universo complexo, cujas políticas públicas têm procurado atender em seus aspectos mais elementares, no que se refere à estrutura de ocupação dos espaços físicos e serviços essenciais, visando ao bem-estar e à satisfação dos indivíduos e das coletividades. A doutora em Saúde Pública Rose Marie Inojosa ressalta:

> [...] Os municípios começam a enfrentar o desafio de atender a urgências sociais que ultrapassam as limitadas e pontuais intervenções que no campo social desenvolviam anteriormente. Os problemas de habitação, saúde, educação, emprego, alimentação e outros começam a constituir matéria cotidiana de atenção municipal.

A pressão exercida pelos citados fatores vem comprometendo, de forma mais intensa, a percepção da qualidade de vida nas áreas urbanas. Tal comprometimento se dá em decorrência da fragilidade dos elementos objetivos relativos à civilidade urbana, tais como ordem pública, sistema viário e segurança pública; assim como a coletividade vem percebendo o declínio de aspectos subjetivos, como a sociabilidade, a convivência, a honradez e demais virtudes individuais, frequentemente, relegadas a uma categoria inferior.

É possível que a dificuldade existente em torno da avaliação da qualidade de vida esteja na carência de uma definição conceitual consensual entre as diferentes correntes de pensamento. A pesquisadora social Maria Cecília Minayo, juntamente com outros autores, estabelece que a qualidade de vida é um termo polissêmico, ou seja, um termo em que cabem muito significados. O sociólogo ambiental Frederick H. Buttel situa que a sociologia ambiental mais reflexiva pode trazer contribuições aos estudos da qualidade de vida, mas que, para fazê-lo, é necessário um enfoque multidisciplinar no estudo da qualidade ambiental e da qualidade de vida.

O consultor de Políticas Ambientais das Nações Unidas Gilberto Gallopín ressalta que convém distinguir entre os componentes objetivos e subjetivos da qualidade ambiental, em termos respectivos de qualidade ambiental estimada e percebida. "A qualidade ambiental estimada representa uma avaliação das condições dos diferentes componentes ambientais com base em juízos de valor intersubjetivos e aplicados às medições ou estimativas das condições." Já a qualidade ambiental percebida representa uma avaliação subjetiva da qualidade ambiental efetuada pelos indivíduos. Então, segundo Gallopín, seria possível considerar que, partindo desse ponto de vista, a avaliação da qualidade do ambiente humano deve levar em conta três aspectos:

> [...] (a) medições ou estimativas do estado ou condição do ambiente para as pessoas; (b) uma avaliação intersubjetiva dessas condições; e (c) uma avaliação subjetiva pessoal dessas condições efetuada pelas pessoas que as experimentam.

Nesse sentido, classificar o espaço em que se mora ou trabalha, no contexto da vida urbana da população, significa contemplar a maior ou menor satisfação e percepção do contentamento dos indivíduos, como reflexo da concepção do entorno urbano, como afirma Marinella Araújo. No entanto, não se pode distanciar do entendimento da percepção da qualidade de vida precedida pela sustentabilidade territorial, pois é nesse terreno que as ações são concretamente estruturadas, norteadas pelos compromissos que expressam o desejo de mudanças das comunidades, ou seja, equacionando-se o equilíbrio ambiental e a justiça social.

A qualidade de vida nos territórios pode ser entendida como condicionada aos questionamentos que decorrem da seleção dos elementos que sofrem a interferência da implantação de políticas públicas; tais ações podem influenciar distintas visões da realidade. O professor José Carlos Vaz apresenta como exemplo o fato de que, para determinado grupo, pode ser mais importante considerar a oferta de transporte coletivo do que o número de telefones instalados.

O senador Cristovam Buarque pontua: "[...] apesar da qualidade de vida moderna, ou talvez até por causa dela, o Brasil não conseguiu implantar uma sociedade com um mínimo de qualidade de vida." Na lógica desse raciocínio, é possível dizer que o entendimento da modernidade está na incorporação apenas do progresso científico e tecnológico, não produz efeitos positivos, tampouco pode refletir o grau de satisfação prazerosa que as pessoas esperam da vida. O autor assume que o modelo da sociedade de consumo trouxe o sentimento de fracasso ao projeto de qualidade de vida coletiva e aponta que, para o realinhamento desse ideal, é preciso subordinar o saber técnico, juntamente com o processo econômico-social a tais valores, à reconstrução dos valores éticos.

A forma como a sociedade percebe o mundo, assim como os substitutivos adotados para priorizar suas necessidades, e as avaliações utilizadas para identificar a qualidade de seu padrão de vida são essencialmente subjetivas. Isso nos leva a refletir que a percepção da qualidade de vida individual ou coletiva poderia ser facilmente confundida com questionamentos sobre felicidade ou infelicidade, pois ambos se constituem em questões essencialmente subjetivas. Sendo a qualidade de vida uma noção eminentemente humana, ela frequentemente se aproxima do grau de satisfação encontrado na vida familiar, amorosa, social, ambiental e na própria estética existencial.

A abrangência de significados, que refletem conhecimentos, crenças, experiências vivenciadas, valores individuais e coletivos que a eles se reportam, em épocas variadas, espaço e contextos diferentes, representa uma construção social com marcada relatividade cultural segundo Maria Cecília Minayo. Essa relatividade assume contornos e importâncias diferenciadas para cada indivíduo ou grupo social, pois a absorção dos impactos resultantes das transformações do território, de alguma forma, afeta as rotinas cotidianas da vida. Tais impactos podem se reportar, ainda, a suas condições objetivas (moradia, transporte, emprego, salário etc.) ou a suas condições subjetivas (culturais, afetivas, sexuais, espirituais, valores e crenças).

Isso permite correlacionar a percepção do indivíduo por sua trajetória de vida ao contexto do construto da cultura e sistema de valores nos quais ele vive, e a relação às suas expectativas, padrões e preocupações cotidianas que podem ser objetivas ou não.

O ser humano adota muitos subterfúgios como substitutivo à realidade, sendo a arte e cultura instrumentos eficazes psiquicamente, graças ao papel que a fantasia assumiu na vida mental, como explica o pai da psicanálise, Sigmund Freud. Nesse sentido, Sônia Barbosa aponta que a qualidade de vida pode ser abordada pela ótica da saúde mental, estando relacionada diretamente com as necessidades, as carências e os desejos dos indivíduos, e ainda com a capacidade de satisfazê-los e de lidar com a frustração da não realização que pode vir a comprometer fortemente sua psique. A autora relata que muitos indivíduos queixam-se de doenças aos serviços de saúde, mas, segundo os médicos, essas "queixas" não se comprovam clinicamente e são consideradas psicossomáticas. Explicações como abandono, desemprego e a desterritoriamento vividos por aquela população também foram interpretações apresentadas. Sônia Barbosa relata que as transformações socioambientais mais significativas à realidade cotidiana dos moradores se expressam difusamente por meio de sintomas manifestos no corpo. Muitos se apresentavam pela queixa de sentir-se doente, em que a incapacidade de evidenciar suas necessidades e seus sofrimentos, pela expressão verbal das questões fundamentais que enfrentava no cotidiano, recebeu o nome de *metáforas corpóreas.*[2]

Nesse sentido, captar o aspecto subjetivo no estudo da qualidade de vida pode se dar pela percepção do estado de saúde do indivíduo e por sua capacidade de relatar os "incômodos" e as "queixas", possibilitando ainda apontar outras condições associadas a seu contexto de vida. Isso, então, sublinha que a qualidade de vida somente pode ser avaliada pelo próprio indivíduo e é possível que algumas avaliações possam ser contaminadas pelos olhos do observador. Tal ênfase não descarta a necessidade de que a qualidade de vida deva ser analisada por visão multidimensional, pois a construção de um cenário contribui para elucidação de questões atreladas à condição contextual.

George Simmel, em seu trabalho "A metrópole e a vida mental", afirma que a vida nas metrópoles contrasta com a vivenciada nas cidades pequenas da mesma forma como nas áreas rurais, especialmente no que diz respeito ao ritmo, à multiplicidade da vida econômica e ocupacional, constituindo essas diferenças um conjunto de estímulos sensoriais que implicam alterações na vida psíquica

---

2 De acordo com Sônia Barbosa, metáforas corpóreas são sensações corporais indefinidas, generalizadas e inespecíficas, estados depressivos que se expressam diluídos em forma de dor, mas sem significação clínica.

dos indivíduos. O autor se preocupa com a multiespecialização e a superexposição de informações a que é submetida a sociedade metropolitana, em que tal situação levaria o indivíduo a assumir uma multiplicidade de papéis que podem vir a comprometer sua própria identidade cultural. Os sociólogos Rammstedt e Dahme aplicaram o pensamento de Simmel para explicar o pessimismo e o sofrimento como fatos sociais, em que estes seriam responsáveis pela paralisação, inércia, desilusão e falta de perspectiva; nesse sentido, o sofrimento poderia ser entendido como resultante do balanço no qual se conclui que o esforço de uma vida não valeu a pena.

Rammstedt e Dahme ainda citam o trabalho de Simmel "Sozialismus und pessimismus", de 1900:

> A carência de uma finalidade definitivamente satisfatória e garantidamente alcançável, a pequena porção de satisfações, o vaivém de ilusões – tudo isso não paga o sofrimento na vida, o desperdício de todas as forças, o desempenho total do Eu. Também inexiste um aumento de qualidade de vida que poderia equilibrar tudo isso. Se os custos da vida – o preço em dores, em luta e em personalidade em geral – são mesmo tão altos como o pessimismo pressupõe, então cada tentativa otimista de elevar o fim e o lucro da vida ao mesmo nível tem de fracassar.

Em um contexto mais abrangente, entendemos que existe uma disputa na relação de forças da sociedade com as formas simbólicas da vida dos indivíduos. Em alguns casos, a resultante dessa contenda tem produzido reflexos que comprometem a saúde mental dos indivíduos. Alguns autores, como Ana Ludermir, Ercy Soar Filho e Sônia Barbosa, vêm desenvolvendo ensaios que relacionam a saúde mental com a vida moderna nas sociedades. Sônia Barbosa vem ainda pesquisando o tema de forma aplicada à qualidade de vida das pessoas, atrelando a questão ao modo de vida das sociedades complexas. Adotando um paralelo desse sistema de forças com as formas de pressão sofridas pelos habitantes das localidades turísticas, entende-se que tais forças agem no território, representadas pela sobrevalorização da terra nos lugares onde a beleza natural e a maior oferta de serviços públicos e privados se fazem presentes. Na impossibilidade de acesso a essas terras, os habitantes são impelidos a ocupar as áreas mais vulneráveis do território e as que dispõem de infraestrutura mais precária. Sendo assim, segundo o preconizado por Sônia Barbosa, as transformações socioambientais têm um significado para o indivíduo e acabam por afetar de alguma forma sua qualidade de vida, seja pela alteração em suas condições objetivas, seja em suas condições subjetivas.

A subjetividade assume contornos mais nítidos diante da fragilidade dos referenciais identitários que vão sendo enfraquecidos, como argumenta o geógrafo David Harvey, pela "instantaneidade, descartabilidade, efemeridade e volatilidade" dos valores e princípios éticos da sociedade contemporânea. O indivíduo exposto a uma grande gama de possibilidades e estímulos, muitas vezes contraditórios e incompatíveis à sua realidade, tem, por vezes, minada a segurança de seus referenciais, modelos de conduta, padrões estéticos ou das fronteiras dos valores morais e éticos. Para Anthony Giddens, a multiplicidade de estímulos resulta na fragmentação e despersonalização das experiências, que leva à sensação de falta de poder, angústia e incerteza decorrentes da perda dos referenciais de autoridade. Entendendo que os referenciais de autoridade se correlacionam com o conjunto de valores construídos em um grupo social, então, pode-se considerar o pensamento de David Harvey sobre as dificuldades na continuidade dos padrões da sociedade. Para o autor, esse aspecto estaria associado a uma crise nas ordenações simbólicas do espaço e do tempo, cuja estrutura é fonte das experiências nas quais o indivíduo aprende quem é e o que é na sociedade.

Pensando na qualidade de vida, ainda que as condições subjetivas possam se pautar por componentes objetivos, é possível considerar que haja distinções territoriais que influenciam a percepção da qualidade de vida, mesmo que não compreensíveis ao morador. O vínculo com aspectos emocionais dos indivíduos associado à avaliação das percepções por parte da população possibilita dar mais razoabilidade e sentido aos frios números dos indicadores sociais, econômicos e ambientais produzidos pelos órgãos oficiais de pesquisa.

O "deslocamento" das relações sociais dos tradicionais contextos locais de interação e o processo de reestruturação por extensões indefinidas de tempo-espaço remetem aos fatos a que estão sendo submetidos os territórios das pequenas localidades. Tais cidades até o final da primeira metade dos anos de 1990 julgavam que suas realidades estavam distantes dos problemas que ocorrem com frequência nas metrópoles. Muitos autores citam que a introdução de atividades econômicas, especialmente as representadas pelos grandes empreendimentos, vem ocasionando muitos impactos negativos não só ao longo de sua instalação, mas também em sua operação.

Atraídos pelas possibilidades de emprego que são ofertadas, grandes contingentes humanos se deslocam em busca dessas oportunidades. No estado do Rio de Janeiro, muitos são os exemplos de empreendimentos que alteraram a dinâmica demográfica local, como as construções da Usina Angra, segundo Paulo Souza, e da refinaria de petróleo Reduc, em Duque de Caxias, como afirma Raphael Zylberberg, bem como a exploração petrolífera na Bacia de Campos, segundo Robson Dias. Essa mesma atividade, ainda que em menor escala, também foi responsável pela alteração demográfica de cidades como Búzios e Cabo Frio , de acordo com Gilmar Mascarenhas.

Nesse sentido, a atividade turística mal conduzida apresentaria sua face negativa para a comunidade local pela excessiva pressão sobre seus recursos naturais e sobre a infraestrutura. E, em muitos casos, a supervalorização dos espaços territoriais ao redor dos atrativos turísticos impele as populações originárias da localidade a ocuparem áreas mais distantes, fazendo com que sejam rompidos laços afetivos e vínculos de vizinhança. O enfraquecimento dessa relação comunitária dificulta a organização das representações sociais, e muitos desses membros passam a se impregnar de sentimentos de desalento e desânimo.

A sociedade contemporânea alterou seu ritmo e estilo de vida, imbuiu-se de mudanças velozes e contínuas que esbarram em grandes incertezas com relação ao futuro. A transformação da visitação turística familiar ou individualizada para o turismo de massa começa a despontar com o objetivo de ganhar escala comercial, facilitando a logística e o aumento dos lucros. É na cidade que o turismo é elaborado envolto em padrões de sofisticação dos serviços; essa mudança pressiona as comunidades receptoras que precisam se "enquadrar". Tais padrões interferiram na disposição dos espaços territoriais, promovendo a reformulação de áreas, introduzindo equipamentos turísticos e culturais. No entanto, muitas dessas alterações espaciais passaram a personificar a dúvida, que é a raiz do medo de não pertencer mais àquele lugar. Essas inseguranças, percebidas principalmente na fala dos mais velhos, vêm acarretando prejuízos na qualidade de vida desses indivíduos, especialmente, quando pressionados pela "invasão turística".

« 3.1 »
PERCEPÇÕES DA SOCIEDADE LOCAL

A abordagem de alguns aspectos da qualidade de vida, sobretudo influenciada pela prática turística nos territórios, foi analisada sob o ponto de vista da construção de um quadro que retrate a satisfação, o bem-estar e a percepção da qualidade de vida do munícipe em face da incorporação e do incentivo do fluxo turístico.

Para referendar os aspectos da qualidade de vida local, bem como a percepção dos residentes de Saquarema, procedeu-se à condução da pesquisa dividida em duas fases: o levantamento da trajetória histórica[3] e dos dados estatísticos consolidados pelo IBGE, e o trabalho em campo cuja condução passou por três momentos. O primeiro foi o levantamento dos equipamentos, atrativos e serviços que estavam à disposição do turismo; para tal adotou-se a metodologia do inventário da oferta turística modelada pelo Ministério do Turismo.[4] O segundo, que transcorreu concomitante ao inventário, foi a aplicação de questionários, com opções de respostas organizadas segundo a proposição metodológica da Escala de Rensis Likter (1932, apud Elejabarrieta e Iñiguinez, 1984). As questões procuraram captar a percepção do morador local em relação à condução da atividade turística e do turista-visitante. O terceiro foi a coleta dos depoimentos livres,[5] que ocorreu ao longo do ano de 2008 e foi realizada em diferentes períodos de alta e baixa frequência turística. Os depoimentos coletados foram distribuídos ao longo do texto para ilustrar e/ou corroborar com o discorrer do livro.

« 3.2 »
DESVENDANDO OS FATOS

Os questionários aplicados (Anexo II) serão apresentados e debatidos nesse item do capítulo com o propósito de embasar a linha de discus-

---

3 As poucas informações, muitas vezes não confiáveis, da trajetória histórica da localidade obrigaram a consolidar boa parte dos elementos também nas atividades de campo.
4 O Ministério do Turismo (2006) adotou, como orientação metodológica na definição conceitual e operacional, as considerações do conceito de território, que permite intervenções na localidade, capazes de reativar as bases econômicas e reintegrar o meio humano.
5 Entrevistas semiestruturadas.

são sobre a qualidade de vida e a sustentabilidade dos territórios que adotaram o turismo como prática espacial preponderante.

A preparação para a realização da pesquisa de campo contou com o levantamento de mapas, guias de ruas e geradores de rotas,[6] que auxiliaram na definição dos trajetos dentro das áreas de atuação. O trabalho de campo foi realizado com o auxílio dos docentes da Universidade Iguaçu[7] e com a colaboração dos alunos dessa instituição. Ao final, totalizamos 162 estabelecimentos de comércio e serviços visitados e, ainda, 37 atrativos turísticos, entre instalações culturais, patrimônios históricos e naturais. Os questionários de percepção (Anexo I) foram aplicados pelo mesmo grupo, perfazendo 291 entrevistas (Anexo II); desse total, 4 foram descartadas por problemas no preenchimento. Já os depoimentos que foram inseridos ao longo de todo o texto foram tomados pessoalmente pela autora nas inúmeras visitas realizadas ao local de estudo.[8]

Os dados levantados pelo Censo Demográfico 2000 deveriam embasar os depoimentos coletados, no entanto, nas atividades de campo, observou-se que muitos desses dados se distanciavam da realidade da cidade e, dessa forma, optou-se por compor o cenário local com base nos relatos, nas observações de campo e no resultado dos questionários. A opção foi buscar uma representação coletiva sobre a realidade local, balizada na visão do transcorrer do tempo e na percepção individual das alterações do espaço. Assim, se procurará traduzir a vivência local daqueles que têm suas raízes e sua identidade na construção do espaço local.

---

6 O mapeador de rotas usado com mais frequência foi o Google Maps.
7 A Universidade Iguaçu tem um *campus* avançado no município de Saquarema. O apoio da instituição à pesquisa se limitou à colaboração de alguns membros de seu corpo docente.
8 As informações dos depoentes e as demais relatos não inseridos ao longo do texto encontram-se reproduzidos no Anexo II.

O percurso para a construção metodológica para o inventário da oferta turística foi iniciado nos anos de 1980, e a formulação partiu de bases internacionais, entre elas figuram os estudos da OMT; no entanto, era preciso redesenhar tal instrumento para que se adequasse à realidade nacional. Assim, o Ministério do Turismo, em 2006, buscando unificar as informações, reformulou a metodologia empregada em todo Brasil para o processo de levantamento para identificação dos equipamentos, atrativos e serviços turísticos. Entretanto, esse processo ainda não foi realizado em Saquarema, ou seja, o município não dispõe de um inventário turístico oficial, motivo pelo qual foi necessário desenvolver essa fase da pesquisa de campo. Para corroborar os resultados da avaliação da percepção turística, era preciso identificar as áreas que mais receberam investimentos dos agentes econômicos do turismo. De certa forma, essa fase contribuiu para a identificação e delimitação das áreas que mais sofriam com a pressão da visitação turística. O resultado decorrente do inventário turístico[9] serviu de apoio para a demarcação das áreas em que se concentrariam a aplicação dos questionários que avaliaram a percepção[10] da atividade turística e seus efeitos.

Entendendo que a concentração dos serviços públicos e privados está associada a uma pressão maior da relação oferta *versus* demanda, aproveitaram-se os resultados do levantamento turístico (Figura 3.1) para definir as áreas – bairros e ruas – onde seriam aplicados os questionários para avaliar a percepção dos residentes com relação à intensidade da visitação turística dessas áreas. Dessa forma, os questionários foram aplicados no Centro da cidade, nos bairros de Itaúna, Barra Nova, Vilatur, Gravatá, Guarani, Jaconé, Boqueirão e Sampaio Correia.

---

9   Metodologia desenvolvida para o levantamento da oferta de serviços, atrativos turísticos e infraestrutura que podem compor o produto turístico do município.
10 Os estudos de percepção buscam compreender as inter-relações entre os seres humanos e seu meio, suas expectativas, seus anseios, suas satisfações e insatisfações, seus julgamentos e suas condutas.

« 3.3 »
CONSTRUINDO REALIDADES
E PERCEPÇÕES

O levantamento turístico nos proporcionou o mapeamento da oferta dos principais serviços públicos e privados que dão certo suporte à condução da atividade turística no município. A metodologia, desenvolvida pelo Ministério do Turismo, conta com três módulos de avaliação: módulo A → Infraestrutura de apoio ao turismo; módulo B → Serviços e equipamentos de hospedagem; e módulo C → Atrativos turísticos.

BAIRROS	HOSPEDAGEM	SUPERMERCADOS	ALIMENTAÇÃO	SERVIÇOS BANCÁRIOS	AGÊNCIA POSTAL	FARMÁCIAS
BACAXÁ	4	2	**19**	3	2	1
BARRA NOVA	**7**	0	4	0	0	0
BOQUEIRÃO	2	0	0	0	1	0
CENTRO	**9**	3	**38**	2	2	1
GRAVATÁ	0	0	**8**	0	0	0
GUARANI	1	0	0	0	0	0
ITAÚNA	**18**	1	**8**	0	0	3
JACONÉ	2	1	2	0	1	0
PALMITAL	1	1	1	0	1	0
PORTO DA ROÇA	1	0	1	0	0	0
RIO SECO	1	0	1	0	1	0
SAMPAIO CORREIA	1	0	3	0	1	0
VILATUR	3	0	0	0	0	0

FIGURA 3.1 LEVANTAMENTO TURÍSTICO – DISTRIBUIÇÃO DA OFERTA DE COMÉRCIO E SERVIÇOS NOS BAIRROS DE SAQUAREMA.

O resultado demonstrado na Figura 3.1 indicou que há uma forte concentração de serviços de hospedagem nos bairros de Itaúna, Centro e Barra Nova, e que os serviços de alimentação concentram-se especialmente na região do Centro da cidade, assim como os demais serviços de apoio – bancários, postais, de saúde, comércio varejista etc. Da mesma forma, ficou caracterizada a carência desses serviços nos bairros periféricos como Palmital, Porto do Roça, Rio Seco etc.

A pesquisa sobre a Percepção da Atividade Turística aplicada na cidade de Saquarema tem características de uma pesquisa qualitativa,[11] em que as perguntas do questionário foram divididas em três partes: caracterização do respondente, percepção dos impactos e percepção da atuação dos diferentes atores e agentes sociais. (Anexo I)

Pela análise da primeira parte dos questionários foi possível caracterizar o perfil dos participantes da pesquisa. Dentro do universo amostrado, 75% (116) dos respondentes tinham entre 18 e 49 anos (numericamente representando 138 participantes homens ou 48% do total da amostra; e 149 de mulheres participantes ou 52% da amostra), 66% (187 participantes) haviam transferido sua residência para o município há menos de 10 anos; 32% (92 participantes) apresentavam o ensino fundamental incompleto, e 19% (55 participantes), o ensino fundamental completo; e 64% (138 participantes) declararam residir a menos de 1.500m de distância de algum tipo de atrativo turístico.

A segunda parte do questionário se relaciona com a percepção dos impactos. Nesse sentido, os residentes de Saquarema se sentem oprimidos pelas alterações promovidas na cidade pelo poder público municipal e pela iniciativa privada. Isso foi demonstrado pelas

---

11 Esse tipo de pesquisa tem por objetivo traduzir e expressar o sentido dos fenômenos do mundo social, reduzindo a distância entre indicador e indicado, entre teoria e dados, entre contexto e ação, como afirma o pesquisador John Van Maanen.

respostas apontadas pelos questionários da pesquisa realizada entre fevereiro e agosto de 2008, em que 76% dos respondentes (217 participantes) revelaram residir próximo a algum tipo de atrativo turístico que sofreu algum tipo de intervenção urbanística.

O item referente à percepção dos problemas gerados pelo aumento do fluxo turístico reforça tal sentimento dos entrevistados que identificaram o aumento dos casos de alcoolismo em público, seguido do aumento dos problemas com o lixo em vias públicas e o aumento do consumo de drogas como sendo os principais problemas decorrentes da atividade turística (Figura 3.2). Complementando essa questão,[12] foi perguntado qual consequência da atividade turística que mais o incomodava. A resposta mais apontada como o maior incômodo foi a circulação viária, seguida da superlotação das praias e do aumento dos valores dos aluguéis e da terra (Figura 3.3).

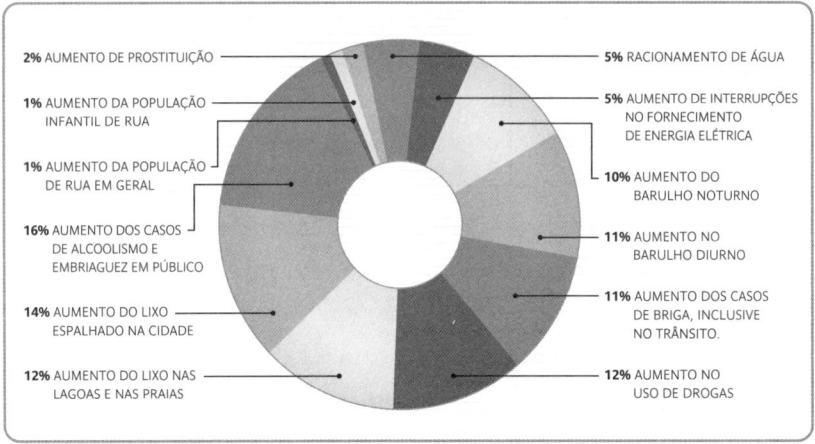

FIGURA 3.2 PERCEPÇÃO DOS RESIDENTES DO MUNICÍPIO DE SAQUAREMA SOBRE OS PROBLEMAS OCORRIDOS NA CIDADE E QUE SERIAM CONSEQUÊNCIA DIRETA DA ATIVIDADE TURÍSTICA. "QUAIS PROBLEMAS VOCÊ TEM PERCEBIDO NA SUA CIDADE E QUE SERIAM CONSEQUÊNCIA DIRETA DO TURISMO?"

---

12 Em ambas as perguntas, cada um dos respondentes podia selecionar até seis opções em um rol de 12 possibilidades.

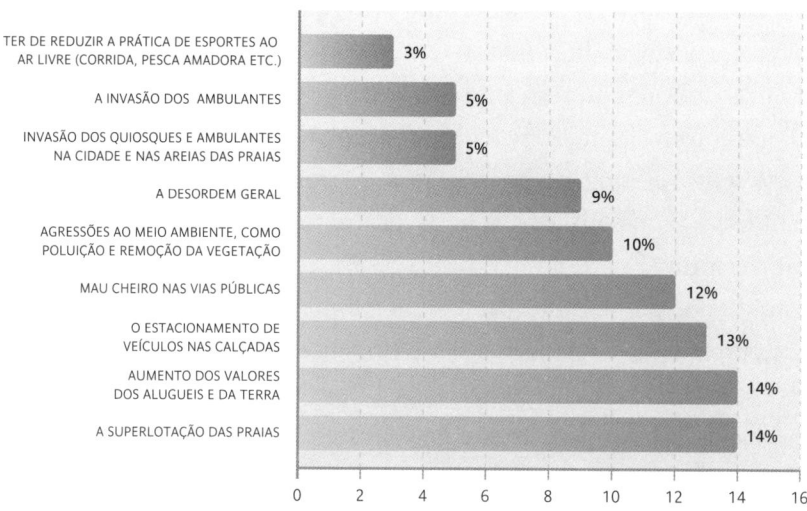

FIGURA 3.3 PERCEPÇÃO SOBRE O QUE MAIS INCOMODA OS RESIDENTES DO MUNICÍPIO DE SAQUAREMA EM DECORRÊNCIA DA ATIVIDADE TURÍSTICA: "O QUE MAIS INCOMODA VOCÊ?"

No último bloco de perguntas do questionário, procurou-se identificar a percepção da população em relação à ação dos diferentes atores e agentes sociais, nos quesitos que indagavam sobre as ações da prefeitura em relação à organização da atividade turística no município, e se o residente entende que os representantes da governança municipal pública têm empenhado esforços para estimular a maior frequência de visitantes à cidade, mas não há uma percepção assertiva a respeito das ações que contribuem para a permanência dos turistas-visitantes na cidade (Figura 3.4).

Esse bloco da pesquisa revelou também que 65% dos entrevistados (165 participantes) não sabem ou não consideram que a comunidade esteja participando das decisões de priorização dos investimentos. Isso também foi percebido entre os vários relatos coletados em que os residentes manifestam seus pontos de vista quanto aos aspectos que deveriam ser prioritários, da mesma forma que muitos têm a percepção na distinção das áreas que são favorecidas com tais investimentos.

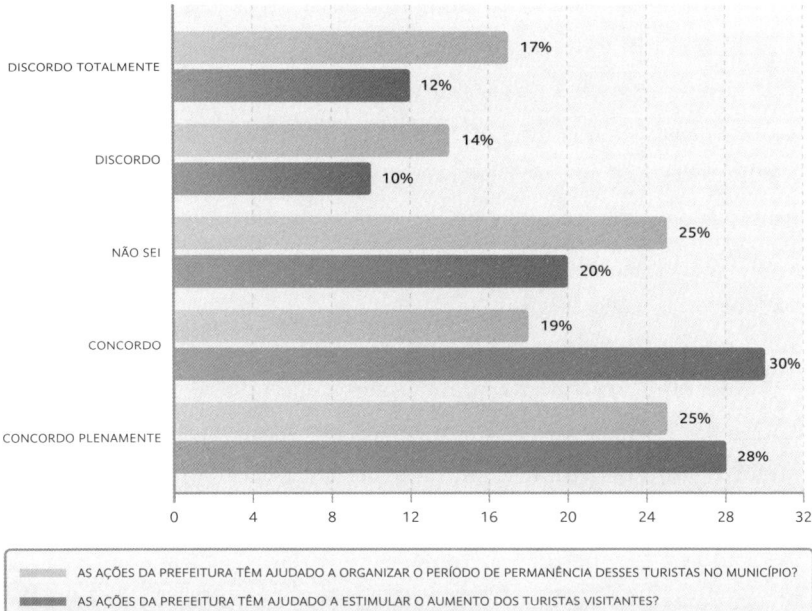

FIGURA 3.4 PERCEPÇÃO SOBRE AS AÇÕES DA PREFEITURA DO MUNICÍPIO DE SAQUAREMA PARA ESTIMULAR A VISITAÇÃO TURÍSTICA.

Aqui no município, as atenções são voltadas apenas para obras de embelezamento, os setores como saúde e ensino fundamental são os que mais perdem. Existe um jornal "oficial" que apresenta as obras para atrair "turistas", já prontas; e outras que dizem que estão em andamento, que são as escolas e os postos de saúde. (Relato 32, de uma secretária escolar moradora local.)

Jaconé não tem praça, temos que ir aos bairros mais privilegiados para que as crianças brinquem em um parquinho e comam um lanche. Esse bairro é completamente abandonado, só tem diversão durante o dia, que é a praia, na parte da noite não tem nada. A nossa opção é ficar em casa ou em pé na esquina da rua 13 com 96, correndo o risco de ser atropelado. (Relato 41, de um balconista morador local.)

Admitindo-se que haja uma relação entre a sustentabilidade ambiental e a qualidade de vida, a discussão sobre a incorporação da atividade turística aos territórios assume como norte parâmetros semelhantes aos da sustentabilidade territorial. É importante ressaltar que não se tem observado, sobretudo no caso das cidades turísticas, o encaminhamento dos preceitos mínimos da sustentabilidade territorial, buscando refletir algum tipo de avanço na qualidade de vida individual ou coletiva local, minimizando os impactos negativos, tanto ambientais quanto socioculturais.

A adoção de estratégias de transformação dos espaços dos territórios para que se tornem mais atrativos à cadeia de negócios turísticos e, por conseguinte, esperar que tais ações sejam capazes de vitalizar o fluxo de visitantes vem se constituindo em um processo distorcido de apropriação da paisagem.

A apropriação da paisagem pelo turismo compõe o processo de desenvolvimento turístico de uma localidade na medida em que seu potencial é percebido. Tal reconhecimento, por si só, já constitui um apelo de exploração cuja intensificação de uso e ocupação deve ser balizada pela capacidade de acolhimento da região e pela envergadura da infraestrutura disponível. A definição do apelo turístico acontece com base em suas condições de oferecer elementos paisagísticos diferenciados, que são chamados de atrativos turísticos. Esses elementos têm por finalidade atrair os grupos humanos para determinado lugar. Lugar esse que, dentro de uma perspectiva humanística, engloba as características e funções de que necessitam os grupos humanos à sua vivência, como afirma o geógrafo Yi-Fu Tuan; sendo assim, os atrativos de cada lugar devem satisfazer as necessidades naturais que os grupos humanos têm do movimento.

No entanto, a viabilização do *apelo* (grifo meu) turístico não vem se dando pela simples promoção dos atrativos turísticos, mas, sim, pelo agenciamento de um simulacro, ou seja, a cenarização do atrativo e seu entorno. A percepção dos elementos da paisagem deveria ser suficiente para definir espontaneamente o apelo turístico de uma localidade, no entanto, o que se tem observado é uma distorção do conceito pela introdução de elementos materiais e imateriais exógenos ao domínio da comunidade local.

Muitas localidades, ainda que suas historicidades não retratem fatos grandiosos, apresentam atrativos turísticos, mas sem o citado "apelo". Nesses casos, é preciso fabricar um apelo temático-atrativo para a localidade, em geral, definido mediante pesquisas e estudos pautados no "olhar do turista", produtos mercadológicos elaborados para ocupar as prateleiras dos agentes econômicos. Em geral, o apelo turístico construído leva em conta uma matriz de viabilidade, que considera o tempo gasto para elaborar o produto, o valor do investimento e a relação custo-benefício. A questão é como foram eleitas as áreas que se tornaram ícones do apelo turístico? Notoriamente participam os empresários e seus interesses e os administradores públicos, excluindo-se a população residente, que começa a ter um comportamento de estranhamento diante dos "novos" espaços que lhe são apresentados e, mais ainda, passa a reagir com aversão aos visitantes. Não é incomum ouvir tratamentos como "haoles",[13] caringôs, "os de fora", "os locais", expressões que podem indicar que não houve validação da população quanto às transformações implementadas, tampouco os residentes tinham pleno conhecimento das consequências de tais interferências.

As decisões unilaterais, na grande maioria dos casos, resultam em insatisfações e interpretações equivocadas por parte da população local. Em geral, os residentes divergem dos rumos traçados para estimular o turismo nos municípios. Tais divergências geram desconfianças na ocasião da incorporação ou não das novas práticas sociais, seja pela introdução de novas instalações urbanas, seja pela promoção de atrativos artificiais como os eventos.

---

13 Referência àqueles que são de fora, segundo gíria do arquipélago havaiano.

Entender o mecanismo dos processos mentais relativos à percepção ambiental é fundamental para a melhor compreensão das inter-relações entre a vida humana e meio ambiente, visíveis na paisagem. A paisagem acirra o processo mental, o qual, tendo por base o interesse e a necessidade, estrutura e organiza a interface com a realidade e o mundo, no domínio político e visível, selecionando as informações percebidas, armazenando-as e conferindo-lhes significado emocional.

O município de Saquarema, como já relatado, foi formado de um pequeno entreposto comercial e de uma colônia de pescadores, cuja vida econômica sempre esteve na franja dos grandes ciclos econômicos que ocorreram no país. A herança arquitetônica composta por construções simples foi tratada sem grande atenção, pois não se via razão para preservar casebres de *gente simples*. Suas terras foram doadas aos não locais, para que povoassem o município, e a principal consequência disso foi o comprometimento ambiental da lagoa – um dos símbolos da região e da cultura local. A expropriação dos laços que conectam o grupo social aos seus valores constitui uma forma de segregação que facilita o desmembramento dos grupos dentro dos espaços de seu território.

Em outras palavras, a imagem tradicional é proveniente das experiências, da vivência da pessoa, e fixa-se lentamente, durante um longo tempo, sendo a cultura que permite o desenvolvimento de vínculos com os valores imateriais e com a paisagem. É pela construção de imagens referenciais que é composta a identidade dos indivíduos; a construção dessas referências pode ser estimulada por formas, odores, cores e sons, elementos que marcam a memória dos indivíduos, constroem os laços de um grupo social e conectam essas imagens ao território onde foram vivenciadas. Essas pequenas frações de lembranças, quando ativadas, são capazes de reativar memórias que remetem a valores afetivos internalizados.

Cada camada social valoriza o espaço de um modo peculiar, construindo e transmitindo a imagem pelos costumes e moldando-a no decorrer dos tempos. Os apelos que as paisagens em si carregam representam uma imagem para o turista, mas assumem significados cognitivos diferentes para os moradores locais. Esses significados podem sofrer oscilações quanto à atribuição dos seus valores ou ainda podem estabelecer reconexões com outros aspectos não relacionados à materialidade.

> Acho que muitos reclamam sem conhecimento de causa; Saquarema nunca foi grande coisa, sempre foi explorada pelos turistas que chegam como um enxame; passam o verão e depois vão embora. A prefeitura está tentando mudar isso, investindo em eventos e outras coisas que possam movimentar mais tempo a cidade. (Relato 33, de um comerciante morador local.)

> Quando éramos um município considerado sem infraestrutura tínhamos tranquilidade, segurança; acho até que a saúde no município estava melhor! A visão de que trazer benefícios significa asfalto e obras em pracinhas está errada. Nossos vizinhos estão tão atentos ao que acontece em nosso município que foi publicado em um jornal local o seguinte: "Não vamos deixar que em nossa cidade se instale a desordem, não podemos permitir que Araruama[14] se transforme numa Saquarema." (Relato 22, de uma recepcionista moradora local.)

Nesses relatos, podem-se observar sentimentos e visões contraditórios quanto ao turismo, pois, ao mesmo tempo em que o morador atribui um valor negativo à presença dos turistas, ele valida a

---

14 Município vizinho a Saquarema.

iniciativa do poder público local que procura promover atividades para "movimentar" a cidade. No depoimento seguinte, a residente também dá uma declaração controversa, em que a percepção do "aumento" da infraestrutura comprometeu a qualidade dos serviços de saúde e segurança, demonstrando que, no imaginário, as ruas sem pavimentação, a baixa oferta de instalações de lazer representavam uma vida melhor. Essas percepções refletem o resultado dos questionários aplicados, cujo resultado indica que 45% (130 participantes) concordam, de alguma forma, com o fato de que o turismo influencia positivamente a qualidade de vida da cidade; por outro lado, 31% (90 participantes) discordam e não acreditam que a atividade agregue valores positivos à qualidade de vida dos residentes.

A saturação das localidades turísticas e a percepção dos efeitos gerados dessa atividade remetem a ponderações sobre os requisitos que compõem a qualidade de vida da população receptora, tendo em vista a capacidade transformadora do turismo sobre as práticas socioespaciais. Problemas relacionados a segurança, fornecimento de água e luz, pavimentação e iluminação pública, vandalismo e dificuldade de transporte são as queixas mais frequentes:

> Estou preocupada com a segurança pública de Saquarema. O que aconteceu no Carnaval foi uma amostra de como a segurança foi falha, isso pode até acarretar uma queda no turismo e, consequentemente, uma queda na economia da cidade. Será que as autoridades não veem que devem ser tomadas medidas urgentes para a tranquilidade dos saquaremenses e para os turistas? Vamos protestar para que nossa cidade não se transforme num lugar de medo e morte. (Relato 11, de uma telefonista moradora local.)

> A rua 96 é uma vergonha para a administração municipal, não sei como alguém ainda se empolga de comprar casa de veraneio aqui; o

aspecto da região é horrível... O asfalto da avenida Roberto Marinho ficou só na promessa. (Relato 40, de uma professora veranista.)

Sou mais um saquaremense que expõe a indignação sobre o crescente número de mortes em acidentes de trânsito ocorridos na cidade. Como pode uma cidade como essa ter suas ruas e avenidas tão esburacadas e mal sinalizadas? É notório, para os moradores e veranistas de Barra Nova, o descaso com a avenida Salgado Filho. Amigos e muitos moradores se foram por causa de acidentes. É estranha a falta de semáforos nas esquinas da cidade, em suas ruas principais. Faço um apelo para que haja rigor sobre tais assuntos, da mesma forma que é preciso redobrar a atenção com o turismo, a sinalização, as leis para o trânsito e o saneamento básico em geral. (Relato 70, de uma corretora de imóveis moradora local.)

Nesse sentido, na pesquisa de percepção, as respostas dos participantes se apresentaram de forma dispersa na hora de apontar os benefícios diretos[15] do turismo para a cidade e para a população (Figura 3.5). O maior acesso ao lazer e à cultura foi a opção que obteve o maior número de indicações dos participantes (51 indicações), seguida da melhoria na pavimentação e iluminação pública (48 indicações), e da melhoria no fornecimento de energia elétrica e telefonia (47 indicações), correspondendo, respectivamente, a 18%, 17% e 16% das respostas dos participantes. No entanto, os quesitos educação, saúde, saneamento básico e segurança pública foram os que apresentaram o pior desempenho. A baixa pontuação desses itens não nos permite destacar a atividade turística como contribuinte expressiva na melhoria da qualidade de vida da comunidade.

---

15 Foi dada a opção de assinalar no máximo quatro opções entre um rol de nove possibilidades.

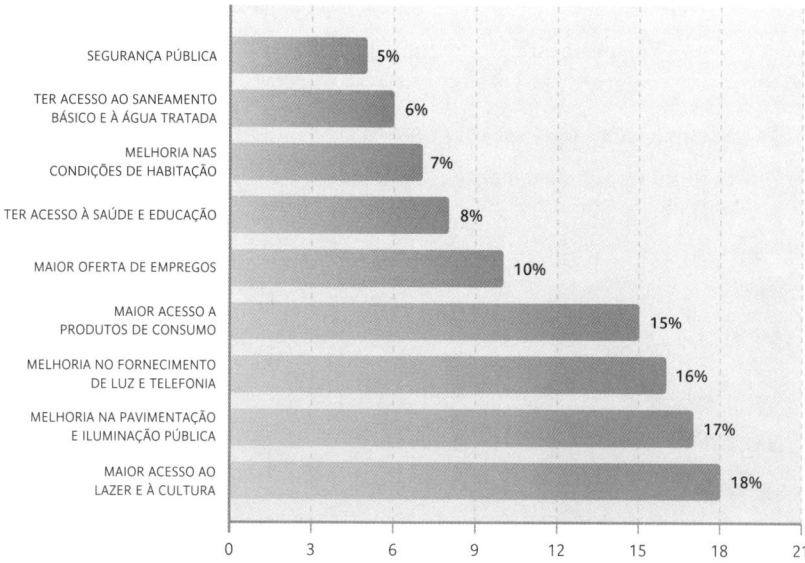

FIGURA 3.5 PERCEPÇÃO SOBRE AS AÇÕES DA PREFEITURA DO MUNICÍPIO DE SAQUAREMA PARA MELHORAR A QUALIDADE DE VIDA DOS MORADORES. "O QUE VOCÊ ACHA QUE MAIS CONTRIBUI PARA A MELHORIA DA SUA QUALIDADE DE VIDA?"

Nos muitos depoimentos coletados, o fornecimento de luz e água sempre foi pontuado, este com maior ênfase. As queixas quanto ao fornecimento de energia elétrica dizem respeito às interrupções que ocorrem em alguns bairros, sempre na alta temporada. Segundo a concessionária Ampla Energia e Serviços S.A., os investimentos realizados, em 2007, no município foram suficientes para normalizar o fornecimento, e, segundo eles, a atual carga disponível atende satisfatoriamente à média da demanda dos consumidores cadastrados. O problema, segundo a empresa, é o aumento súbito que ocorre nos meses de janeiro e fevereiro, que é da ordem de 30%. Para minimizar tais efeitos, para os verões seguintes, a empresa se comprometeu a elevar em 20% a carga elétrica distribuída e intensificar a fiscalização com o intuito de combater os furtos, que comprometem gravemente o sistema de distribuição das áreas mais adensadas. O relato a seguir indica que o problema da oscilação do fornecimento de energia elétrica no município vem sendo sanado, apesar das interrupções que ainda ocorrem, especialmente no mês de janeiro.

> O Boqueirão é um bairro que surgiu sem planejamento e, por isso, carece de muitas intervenções. Mas, como não somos um bairro turístico, aguardamos até agora as melhorias prometidas. As que aconteceram foram porque vieram das empresas privadas, novos "orelhões", a renovação da rede elétrica, faltava muita luz lá; mas ainda falta muito. Apenas um terço do bairro tem saneamento, a rede de distribuição de água é insuficiente, não tem pavimentação em todas as ruas, as calçadas são desniveladas, faltam praças e áreas de lazer. Esperamos mais investimentos na qualidade de vida do bairro. (Relato 121, de um morador local, membro da Associação de Moradores e Amigos do Boqueirão.)

Até o ano 2000, o município contava com pouco mais de 11 mil imóveis, segundo o IBGE, servidos pela distribuição de água da Companhia de Águas e Esgotos do Estado do Rio de Janeiro (Cedae), esse total dividia-se entre o distrito de Bacaxá (36%) e o distrito-sede (64%), não havendo rede de distribuição para o distrito de Sampaio Correia. A região, a partir de 2002, passou a ser atendida não mais pela Cedae, mas pela concessionária Águas de Juturnaíba, no entanto, segundo os moradores, o serviço não evoluiu positivamente, persistindo as queixas relativas à descontinuidade do fornecimento.

> Pagamos um IPTU bem alto por serviços que não temos. Entre eles, segurança, asfalto, água, vistoria no meio ambiente, repressão à pesca predatória, ocupação irregular. No Carnaval, nossas praias são invadidas por acampamentos que deixam uma enorme quantidade de lixo na lagoa e na praia; esses acampamentos não são supervisionados. Muitos "barraqueiros" retiram luz da rua, sobrecarregando

o sistema elétrico, deixando os moradores que pagam suas contas mensalmente sem luz. Acho que todas as autoridades têm sua parcela de culpa! Mas os moradores também têm a sua. Vivemos em uma DEMOCRACIA, temos não só o direito, mas também o dever de nos envolvermos. Precisamos de mais vontade política região; deixemos a preguiça! (Relato 43, de uma bióloga moradora local.)

O fórum *Saneamento é Vida*, promovido no município de Cabo Frio pela Agência Reguladora de Energia e Saneamento Básico do Estado do Rio de Janeiro (Agenersa), em março de 2008, contou com a participação de membros da sociedade saquaremense, que manifestaram, perante os representantes do órgão, suas insatisfações quanto ao serviço oferecido à região.

Destaca-se que, segundo os participantes, os números apresentados pela concessionária não condizem com a realidade, especialmente nas altas temporadas do turismo.

> Embora tenha ouvido o nome de alguns bairros de Saquarema, devido aos números apresentados, gostaria de saber se a Saquarema citada é a da Região dos Lagos ou a da Suíça. (Relato 133)

> Embora o presidente da Agenersa tenha falado dos avanços do saneamento básico na Região dos Lagos, na repactuação com as concessionárias, em Saquarema, os bairros, em sua maioria, não têm água, e apenas o Centro tem um sistema precário de saneamento básico, continuando o mesmo grave problema de falta d'água de 10 anos atrás. Com que base se fala em 55% de atendimento aos usuários, se a população, de fato, não sente este melhoramento? E o preço da água que é cada vez mais caro, tanto da Águas de Juturnaíba quanto dos caminhões de pipa d'água que circulam na cidade de Saquarema. (Relato 134)

A falta d'água é um assunto que preocupa a população porque é sentida em seu cotidiano, nas tarefas mais simples. Contudo, observa-se que a população não tem a mesma percepção sobre questões relacionadas ao meio ambiente. Entre as alternativas que poderiam ser citadas na pergunta "o que mais incomoda você?", estava a resposta "agressões ao meio ambiente, como poluição e remoção da vegetação", no entanto, essa foi apenas a sexta mais citada. Entre as opções mais votadas, estavam os engarrafamentos nas principais ruas da cidade, a superlotação das praias e o aumento dos valores dos aluguéis e das terras, ou seja, a tendência de tais respostas leva a entender que as preocupações se encontram muito na esfera do bem-estar pessoal, no máximo familiar, ou restrito a um pequeno círculo de convivência. As questões ambientais relacionadas à conservação e ao uso dos recursos naturais não figuram entre as dores mais prementes dos residentes, talvez por eles não se sentirem apropriados desse bem que é de uso coletivo.

O senso coletivo se mostra incipiente, com ações e manifestações isoladas, muito provavelmente decorrentes da falta de coesão da ocupação. Observa-se que os condomínios e as residências próximos à orla ficam fechados durante a semana, caracterizando a ocupação de segunda residência ou veranista. Essa falta de convivência não permite estabelecer laços, trocar experiências. "Aqui, não fixa ninguém. É raro encontrar uma rua onde não tenha veranista. Não dá para contar com vizinho..." (Relato 135, de um autônomo de serviços gerais morador local.)

O município vem incentivando novas áreas de expansão urbana ao autorizar novos loteamentos, mas o residente entende isso como um aumento no distanciamento das pessoas. Entre ele e outro morador haverá mais quatro ou cinco casas vazias.

As condições do ambiente, tanto físicas como sociais, incidem na possibilidade de satisfação das necessidades, dos desejos e das aspirações do ser humano, portanto diretamente em seu cotidiano, como lembra Sonia Barbosa. Entretanto, a percepção de viver uma "vida feliz" pode requerer outros atributos, muitas vezes intangíveis. Barbosa, citando a socióloga Agnes Heller, defende que a qualidade de vida é muito mais que uma busca individual. Ou seja, o sentido de coletividade precisa estar presente, pois a sensação de "amparo", "de poder contar com o outro", faz parte do sentimento de pertencimento sem o qual não se constrói uma identidade local. Entende-se que é preciso mudar a forma de perceber o entorno; atualmente toma-se por base uma ótica excessivamente pontual. Muitas comunidades carecem de um projeto coletivo que as fortaleça, promova a coalizão das relações, proporcione a equalização entre os interesses individuais e coletivos, e ainda permita encurtar a distância entre os objetivos e os resultados.

A atividade turística no município de Saquarema teve início com a introdução de surfe e, como visto, não havia atropelos nessa convivência. No entanto, no rastro dos surfistas, veio um contingente crescente de frequentadores movidos por diferentes razões. Hoje, a convivência entre visitantes e residentes já não é mais tão pacífica, e isso ficou evidente no resultado da pesquisa.

Os residentes têm a percepção (16%; 281 indicações) de que há uma relação direta entre os eventos e o aumento dos casos de alcoolismo e embriaguez em público, da mesma forma que o aumento do lixo espalhado na cidade (14%; 245 indicações), o aumento do lixo nas lagoas e nas praias (12%; 213 indicações) e o aumento do barulho noturno e diurno (21%; 361 indicações) são consequência direta do turismo (Figura 3.6).[16]

Ainda, 39% dos participantes (60 entrevistados) disseram concordar que tais situações e demais incômodos são decorrentes do

---

16 Essas foram as quatro opções mais votadas entre as dez possíveis.

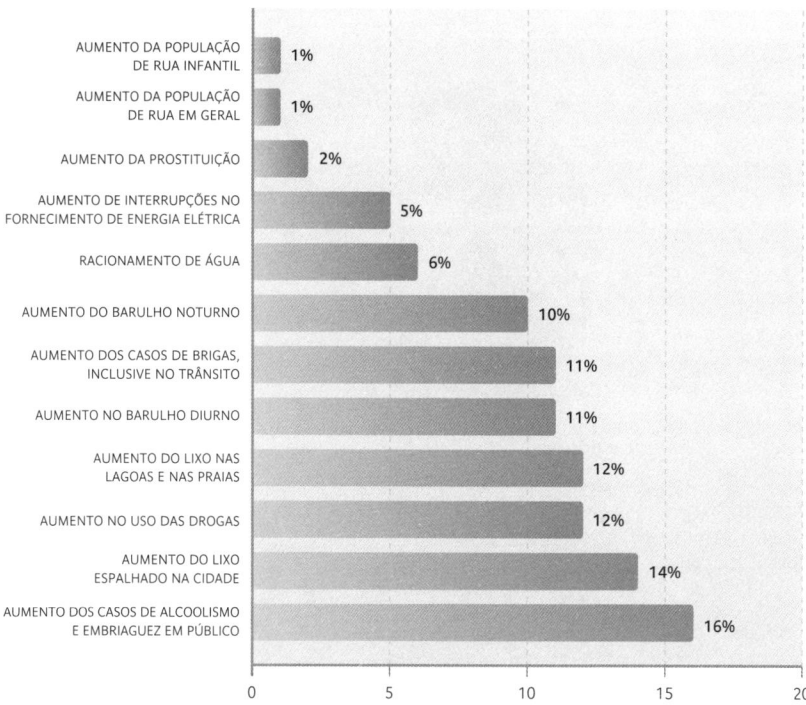

FIGURA 3.6 PERCEPÇÃO SOBRE A RELAÇÃO DOS CONFLITOS QUE SÃO GERADOS DIRETAMENTE PELA ATIVIDADE TURÍSTICA NO MUNICÍPIO DE SAQUAREMA. "QUAIS PROBLEMAS VOCÊ TEM PERCEBIDO NA SUA CIDADE E QUE SERIAM CONSEQUÊNCIA DIRETA DO TURISMO?"[17]

aumento do fluxo turístico (Figura 3.7), da mesma forma que 63% (182 entrevistados) concordaram que tal aumento do fluxo turístico gerou conflitos (desentendimentos, brigas etc.) entre moradores locais e visitantes (Figura 3.8). Apesar disso, há um equilíbrio de forças entre os que concordam e os que discordam sobre a influência do turismo na qualidade de vida dos moradores locais.

Ao se considerar a qualidade de vida de uma população como um elemento "conquistável", como afirma Sonia Barbosa, está se

---

17 Nessa pergunta, o participante deveria indicar seis opções em dez possíveis, totalizando 1.722 respostas.

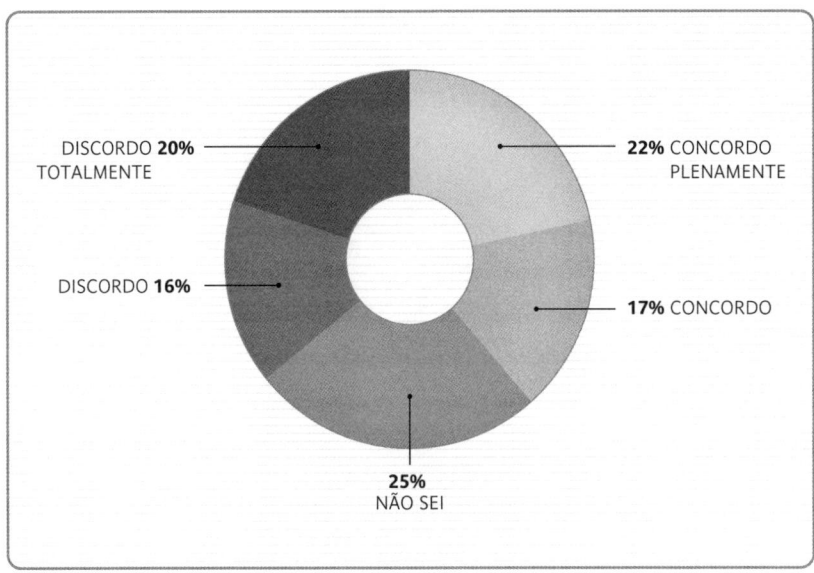

DISCORDO **20%**
TOTALMENTE

DISCORDO **16%**

22% CONCORDO
PLENAMENTE

17% CONCORDO

25%
NÃO SEI

FIGURA 3.7 PERCEPÇÃO SOBRE OS INCÔMODOS GERADOS DA ATIVIDADE TURÍSTICA E AS ATITUDES CON-
TRÁRIAS AOS TURISTAS NO MUNICÍPIO DE SAQUAREMA. "POR CAUSA DE TAIS INCÔMODOS A POPULAÇÃO
LOCAL TEM ATITUDES CONTRÁRIAS AOS TURISTAS?"

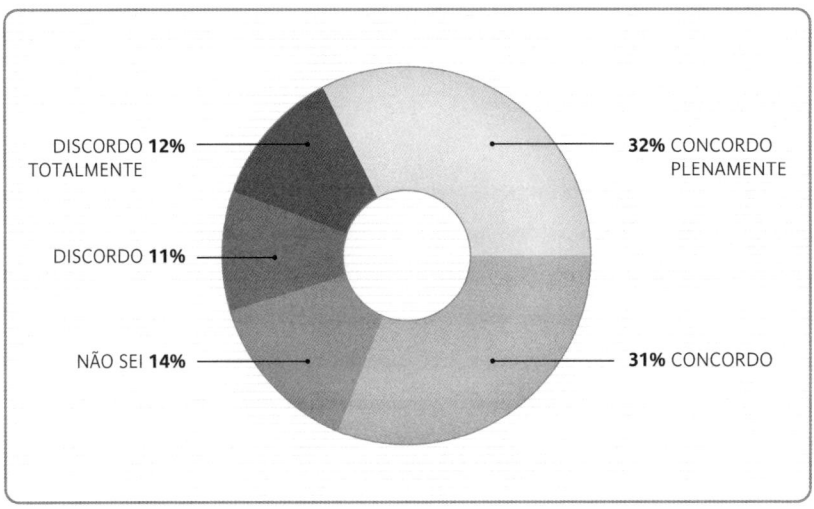

DISCORDO **12%**
TOTALMENTE

DISCORDO **11%**

NÃO SEI **14%**

32% CONCORDO
PLENAMENTE

31% CONCORDO

FIGURA 3.8 PERCEPÇÃO SOBRE A RELAÇÃO ENTRE O AUMENTO DO FLUXO TURÍSTICO E A GERAÇÃO DE CON-
FLITOS (DESENTENDIMENTOS, BRIGAS ETC.) ENTRE MORADORES LOCAIS DO MUNICÍPIO DE SAQUAREMA.
"O AUMENTO DO FLUXO TURÍSTICO PODE GERAR CONFLITOS (DESENTENDIMENTOS, BRIGAS ETC.) ENTRE
MORADORES LOCAIS E VISITANTES?"

atribuindo um estimável valor às formas de organização e articulação sociopolítica. A ausência desses mecanismos reduz a capacidade de interferência da população na conquista ou no direcionamento dos serviços públicos e privados. Olga Matos assume que quanto mais aprimorada a democracia mais ampla é a noção de qualidade de vida, o grau de bem-estar da sociedade e a acessibilidade aos bens materiais e culturais.

Os moradores de Saquarema (Figura 3.9) se dividem em aprovar e desaprovar a atividade turística ali praticada.[18] Eles concordam que se estabeleceu uma dependência econômica muito grande (64%; 184 entrevistados), e as ações do poder público local têm colaborado para o aumento do fluxo, mas se ressentem por não participarem (31%; 89 entrevistados) das decisões sobre os investimentos para melhorar a infraestrutura turística municipal (31%, 89 entrevistados, informam que a população não é consultada, e 34%, 97 entrevistados, desconhecem a participação da população).

O desencantamento com a condução da atividade turística no município foi manifestado tanto na pesquisa de percepção, em que 60% (174 entrevistados) discordam do modelo de turismo adotado, como no relato a seguir.

> É claro que os comerciantes querem que o turismo cresça, mas não da forma que está ocorrendo. No último Carnaval, os prejuízos para o comércio foram muito grandes – portas e vitrines quebradas, assaltos, furtos, pichações e toda sorte de depredações. Quem sai lucrando são os "barraqueiros", que é o comércio ambulante que não tem respeito pela cidade, porque acabou a festa, ele vai embora. Não tem vínculo algum. Precisamos rever essa forma de "promover" a cidade. Não é possível continuarmos com essa baderna. (Relato 20, de um comerciante morador local.)

---

18 Dedução com base nos resultados dos questionários aplicados.

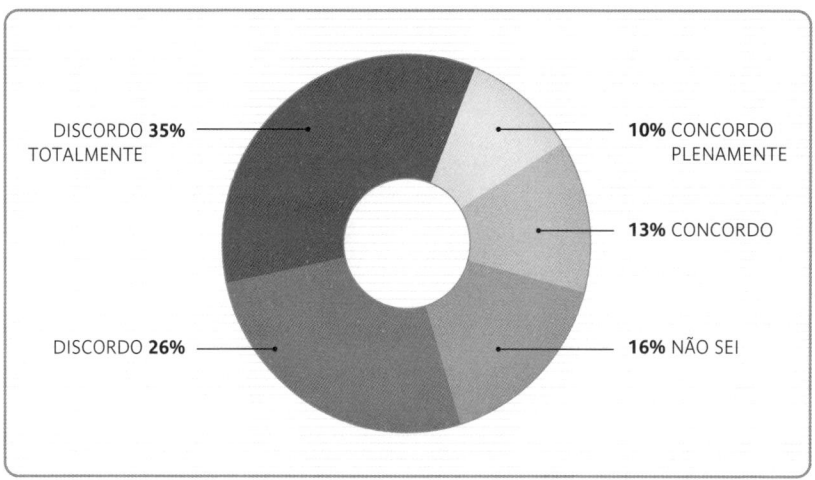

DISCORDO **35%**
TOTALMENTE

10% CONCORDO
PLENAMENTE

13% CONCORDO

DISCORDO **26%**

16% NÃO SEI

FIGURA 3.9 OPINIÃO DOS MORADORES QUANTO À SATISFAÇÃO EM RELAÇÃO AO MODELO (TIPO) DE TU-RISMO QUE VEM SENDO PRATICADO NO MUNICÍPIO. "OS MORADORES ESTÃO SATISFEITOS COM O MODELO (TIPO) DE TURISMO QUE VEM SENDO PRATICADO PELO MUNICÍPIO?"

Entende-se que a principal fragilidade da comunidade não é a atividade turística em si. Afirmar que a percepção do turismo como o causador de todos os males é assumir uma visão simplista que, na verdade, reside na omissão de uma responsabilidade a qual é de toda a comunidade. A literatura exemplifica, como Wilker Nóbrega, Ewerthon Pires e Marcos Alcantarino, e Eloise Botelho, casos em que, apesar de o território disponibilizar uma oferta limitada de serviços, seus residentes se declaram felizes e têm a percepção de desfrutar uma boa qualidade de vida; nesses exemplos, os moradores assumiram os rumos da implantação do turismo em seus territórios.

O pesquisador José Luiz de Morais afirma que a sensibilização da comunidade deve ser feita desde os primeiros passos da formulação do planejamento das políticas públicas voltadas para o turismo. A condução dessa primeira etapa pode determinar o sucesso ou o fracasso da implantação da atividade turística nas comunidades. A participação das comunidades no processo de implantação da atividade turística é essencial, pois compõe o capital social necessário ao desenvolvimento local; "a participação é pré-requisito, pois é a própria sociedade que deve identificar as suas necessidades", segundo Marta Irving.

A frustração e o desencantamento também vêm tomando aqueles que tinham no imaginário a cidade como uma boa opção de qualidade de vida para ser desfrutada na aposentadoria. Muitos foram frequentadores da região quando jovens e fixaram na memória lembranças agradáveis que os levaram a optar pela mudança.

> Muitas pessoas estavam se mudando para cá depois que se aposentavam, mas sei que alguns estão arrependidos. É claro que todos estavam cientes das limitações da estrutura de serviços da cidade, mas apostaram na tranquilidade e nas belas paisagens. Ninguém imaginou que Saquarema fosse se transformar em refúgio do tráfico e título de cidade mais violenta da região dos Lagos; muitos estão vendendo seus imóveis e migrando para Araruama ou Cabo Frio. (Relato 109, de um morador local, membro da Sociedade Bem Viver de Saquarema.)

> É com muita tristeza, angústia e pena que olho a minha Jaconé sucumbindo em lama e descaso. Vários moradores estão vendendo suas casas e seus sonhos. Isso porque simplesmente não podem sequer entrar em suas ruas. A área é foco de dengue e está infestada por caramujos. As frequentes inundações parecem não fazer parte das preocupações da Secretaria de Saúde do município. (Relato 52, de uma dona de casa moradora local.)

> Quando me mudei para cá, eu esperava uma Saquarema diferente, onde o hospital público atende, a escola pública ensina, a condução serve, os serviços básicos funcionam, o emprego existe, as praias e lagoas são limpas. Mas essa realidade ficou na minha imaginação de adolescente, a realidade hoje está bem longe disso. A desordem que

ocorre nos eventos é muito grave, todas as programações deixam muitos prejuízos não só para o patrimônio particular, mas também para o patrimônio público. São "orelhões" depredados, bueiros entupidos com lixo, jardins e praças destruídos, sem comentar o cheiro insuportável. (Relato 4, de uma artesã moradora local.)

As transformações impingidas ao território de Saquarema com o objetivo de acentuar o ciclo de negócios do turismo expuseram a comunidade tanto às oportunidades quanto aos riscos. Esse balanço e seus reflexos na percepção da melhoria da qualidade de vida sob um espectro amplo de aparência ainda não se apresentam de forma bem definida. No entanto, os residentes percebem alguns dos efeitos que vêm ocorrendo, bem como que tais efeitos não cessam ao fim da alta temporada. A interpretação dos dados mostra que os residentes têm percebido uma forte modificação no modo de vida e no comportamento social, especialmente, dos jovens. Também no âmbito da cultura, eles relatam que o turismo não tem sido capaz de incentivar a perpetuação das tradições e manifestações culturais, isso porque o "tipo" de turista que frequenta a região não se interessa em interagir (53%; 142 entrevistados).

[...] Saquarema precisa divulgar e conscientizar, cada vez mais, a importância histórica dos sambaquis e de sua preservação. Não foi à toa que a dra. Lina planejou a praça da Beirada, mas há poucas informações a respeito da sua existência, faltam placas de indicação e percebe-se o desinteresse entre os próprios moradores e profissionais que lidam com os turistas. (Relato 50, de um estudante de comunicação morador local.)

O turismo, do jeito que é feito aqui no município, não acrescenta nada. O grupo político e economicamente dominante dá incentivo através do "apoio cultural" para eventos de qualidade duvidosa, que, muitas vezes, terminam em tragédia pelo excesso de consumo de álcool. A qualidade de vida da região só piorou nesses últimos anos. (Relato 105, de uma estudante moradora local.)

O distanciamento de suas raízes culturais e a desconexão entre os membros dessa comunidade têm se manifestado na forma de múltiplas rupturas que repercutem efeitos nocivos às estruturas da sociedade local. Hoje a cidade apresenta uma lógica em vigor que é tratar os espaços territoriais como simples lugares de consumo, entretanto, é preciso conduzir a inversão dessa ótica para um enquadramento de "usufruto do lugar", forjando alternativas concretas às exclusões e às injustiças prevalecentes, incorporando, ainda, a preservação dos recursos naturais que sustentam a manutenção da qualidade de vida das comunidades.

O processo de modernização da cidade produziu novos referenciais no espaço físico e em seus habitantes, acrescentando novos comportamentos e hábitos socioculturais. No entanto, o efeito do "moderno" não foi capaz de assegurar a confiança de que seriam resguardados os elementos, cujos moradores locais associavam à qualidade de vida, tais como tranquilidade, segurança, convívio com seus pares e legitimação de sua cultura.

O aumento das pressões negativas sobre o território propicia a deterioração das condições do ambiente da cidade e compromete não só a satisfação do residente, mas também influencia o grau de atratividade de turistas. Em outras palavras, quando se sai para "fazer turismo", procuram-se condições de estada e paisagem, normalmente, melhores que as disponíveis em casa ou na cidade de origem. Sob esse aspecto, é possível encontrar respaldo no pensamento da geógrafa Adyr Rodrigues, que entende que o turista-visitante se desloca para "fazer turismo" por motivos compostos por sua idealização, de modo que a motivação está atrelada à fantasia de experimentar algo diferente de seu modo de vida cotidiano, e, para isso, ele investe tempo e dinheiro. Isso significa que comprometidas as condições ambientais e estruturais de dada localidade turística, os turistas não mais identificam esse destino como algo refletido de seu imaginário e partem em busca de satisfazer tal necessidade em outro destino turístico.

A equação Visitantes + População Local + Base Territorial precisa ser harmonizada a tal ponto que proporcione a redução da pressão sobre os recursos naturais disponíveis, minimize as desigualdades espaciais e promova a satisfação do residente com a oferta dos serviços proporcionada pelo território.

No entanto, somente a oferta dos serviços não resulta em uma percepção de boa qualidade de vida, isso porque, mesmo para o saquaremense que reside nas áreas que alcançam as facilidades da modernidade, a armadilha do desenvolvimento econômico desvencilhado da sustentabilidade local direcionou a cidade a períodos de insatisfação, e, ainda, a sensação de contaminação dos valores emocionais que eles prezavam mais que qualquer bem patrimonial. Entre todas as fragilidades existentes no município de Saquarema, talvez a baixa articulação entre os diferentes atores sociais seja um dos elementos que mais comprometem a possibilidade de mudança da qualidade de vida. Isso porque pertence à comunidade o poder de decisão do que deva ser ofertado a ela, permitindo que cada grupo social programe seu modo de vida dentro de seus parâmetros culturais.

Constata-se que a forma como vem sendo conduzida a atividade turística no município impõe riscos à organização dos grupos sociais, alterando essencialmente as relações sociais, familiares e de vínculo com o território e seus signos. A falta de protagonismo dos cidadãos com as representações sociais e a baixa participação desses nos processos decisórios do município demonstram a indiferença *blasé* mencionada por Simmel – a alienação e "o isso não é comigo" –, um nível de consciência que não reflete ou contribui para o exercício dos direitos e deveres da comunidade e seu cidadão na construção da qualidade de vida em um território sustentável. Assim, entendemos que os sentimentos de dualidade da sociedade local em relação à atividade turística refletem, em parte, a omissão dos seus residentes que precisam assumir e definir o limite seguro e viável de convivência com essa atividade. A possibilidade de se reempoderar de seus símbolos e suas memórias mediante o resgate de valores e tradições comunitários restabelece um horizonte inovador para a construção de uma rede de organizações e articulações em cujo futuro ensejaria a capacidade de refletir a vontade da população perante suas representações locais.

CAPÍTULO 4

Considerações finais

Ao se analisar o conjunto da sociedade do município de Saquarema e os complexos processos envolvidos em sua transformação, não é possível deixar de observar as variáveis resultantes das demandas da construção histórica, não desconsiderando o papel dos indivíduos, mas reposicionando-os como agentes ativos de um processo de transformação.

No decorrer de sua história, a comunidade local enfrentou diversos problemas estruturais na vida econômica, e tais situações influenciaram na perspectiva de futuro de seus habitantes. Muitos optaram pela não permanência na cidade e migraram para locais com maior oferta de empregos. Esse quadro levou o poder público a implantar propostas de desenvolvimento mediante a ocupação do território, no entanto essas não surtiram o efeito desejado, que era aumentar efetivamente o contingente populacional e, por conseguinte, estimular o comércio e o emprego na localidade. O programa de distribuição de lotes produziu, no primeiro momento, certa elevação na oferta de empregos, mas, ao contrário do esperado, os efeitos positivos cessaram em poucos anos, e as consequências negativas se sobrepujaram e se perpetuam até hoje.

O loteamento do solo e sua posterior distribuição, ao contrário do que ocorre com os grandes investimentos que estimulam forte fluxo migratório, não fomentaram tal contexto. Isso porque o padrão das construções erguidas por pessoas da classe média mostrou-se de pequeno porte e, por esse motivo, demandava um quantitativo reduzido de mão de obra. Isso também se deveu ao aporte em pequenas parcelas dos recursos financeiros que eram incrementados na condução de tais obras. Tal conjuntura fez com que ocorresse a migração ocupacional de muitos dos trabalhadores locais, particularmente os agricultores e pescadores, que abandonaram seus ofícios originais e passaram a exercer atividades relacionadas à construção civil.

Constatou-se que toda a área litorânea sofreu uma forte descaracterização, apesar de se tratar de um espaço "protegido" pelas Constituições federal e estadual, bem como pela legislação ambiental. Os estudos e o levantamento de uso mostraram-se questionáveis quanto à preservação do meio ambiente, visto que tais documentos desconsideram a dinâmica e a fragilidade dos ecossistemas locais (restingas e lagoas), recomendando a drenagem e urbanização de algumas dessas áreas.

As práticas turísticas vieram como consequência das circunstâncias estabelecidas pelo movimento de loteamento do solo, visto que os maiores beneficiários não residiam na região; dessa forma, o principal desdobramento dessas ações foi a transformação da cidade em uma região com vida sazonal.

A crise de valores atual perpassa todas as organizações sociais e se impõe como um risco, pois produz efeitos na magnitude das relações sociais e familiares. A passagem da vila de pescadores para balneário turístico produziu o "esvaziamento" e o comprometimento da perpetuação de tradições culturais praticadas na região e acabou por drenar os laços afetivos com o território. A apropriação do território e as consequentes intervenções passaram a ser balizadas para atender ao olhar do turista. Igualmente, os residentes que permaneceram vêm acompanhando a mudança nas regras sociais que eram reconhecidas pelo grupo social, especialmente os mais idosos.

Ainda que a memória social e individual dessa localidade não estivesse formalmente registrada, esta foi externada nas narrativas e nos depoimentos coletados em campo. Dessa forma, podemos considerar que o culto à padroeira da cidade se constituiu em um elemento de resistência, uma resiliência capaz de promover o reencontro dessa comunidade com sua identidade cultural. Uma identidade capaz de reimbuir o orgulho nas almas dos moradores, uma espécie de motor da inclusão do sentimento-cidadão.

Nessa perspectiva, as demais manifestações culturais que resistiram e aquelas cujo saber popular intuitivamente vem resgatando povoam dinamicamente a reconstrução da identidade da comunidade. Esse processo tem se revelado um veículo fortalecedor das ações voltadas para a transformação crítica da realidade da sociedade local.

Nos depoimentos de homens e mulheres oprimidos pela drenagem de seus valores afetivos e pelo desgaste da sociabilidade comunitária (no âmbito de suas existências econômica, social e cultural), percebeu-se que o avanço das formas agressivas impostas pelos modelos de desenvolvimento agravou a situação da segregação espacial.

Por um lado, a "vocação" turística do município propalada utopicamente pela mídia por meio da *glamorização* dos campeonatos de surfe, por outro, as ações dos poderes públicos[1] estimularam essa vocação, facilitando não só a ampliação da oferta de pousadas, mas também a entrada de serviços de alimentação, empreendimentos de lazer e outros setores do comércio varejista. O inventariamento dos negócios turísticos facilitou a identificação das empresas que se instalaram no município; por conta disso, foi possível observar que muitos desses empreendimentos eram pousadas mais modestas, que foram paulatinamente sendo adquiridas e modernizadas por empreendedores "de fora", ou seja, saíram das mãos dos moradores locais. Paralelamente a esse processo, se deu a intensificação de novas construções de condomínios e edifícios, especialmente na orla, assim como a aquisição de imóveis na região do Centro, Vilatur e Itaúna, que passaram a pertencer a famílias do Rio de Janeiro e de Niterói.

Ainda com relação ao fortalecimento da afirmação do "produto" turístico "Saquarema – lugar para ser feliz", a administração muni-

---

1 Secretarias Municipal e Estadual de Turismo.

cipal tem, entre outras ações, interferido fortemente nas festas da cidade, sobretudo no Carnaval e na celebração de Nossa Senhora de Nazaré. O desgaste na autenticidade desses eventos compromete fortemente a sustentabilidade do turismo de qualidade, pois o genuíno e o autêntico são a base da atividade. O pouco apoio dado às demais manifestações culturais vem relegando a segundo plano tradições como a Festa do Divino e a Folia de Reis. Tais expressões culturais têm encontrado dificuldade de se posicionar em seus espaços originais –os arredores da igreja matriz –, ficando marginalizadas às áreas periféricas da cidade.

Dessa forma, a inserção de espaços de lazer construídos para agradar ao olhar do turista vem agravando um quadro caracterizado, basicamente, por um recuo severo da disponibilidade social dos espaços que permitem a manutenção e a expressão dos modos de vida de seus moradores. Apesar dos esforços da colônia de pesca local no intuito de resgatar a cultura pesqueira na costa de Saquarema, esses têm encontrado dificuldades para reconstruir as coordenadas de seus modos de vida no eixo da atividade pesqueira, talvez pela dificuldade causada pela própria segregação espacial sofrida por esse grupo social. As colônias de pesca, assim como as de agricultores, preconizam a aglomeração de pessoas que se reúnem juntando esforços e instrumentos de trabalho para determinado produto. Ou seja, remete a uma atividade coletiva e comunitária cuja concepção se traduzia em um compartilhar de laços afetivos, símbolos e crenças comuns, e, por vezes, eram cimentados pelas manifestações da cultura popular.

Nessa perspectiva, os espaços da comunidade representavam outros tantos cenários de uma sociabilidade que ia do econômico ao material, do religioso ao lúdico. A interlocução entre trabalho e lazer, esferas que se mostraram unificadas pelos relatos, não suportou as rápidas mudanças que se desenvolveram nos territórios da praia, da restinga e da lagoa. O turismo veio, muito timidamente, oferecer alternativas de emprego e renda, que entraram em conflito com as vivências e os valores mais puros da comunidade. Ao contrário, foi o elemento que deu abertura à desestruturação social, cultural e emocional do grupo social mais sensível da localidade. Tal fato repercutiu seus efeitos sobre a agregação e organização das estruturas sociais, cuja apatia não permite um posicionamento mais efetivo na cobrança dos direitos de cidadania mais elementares.

A celebração da padroeira, especificamente, ainda que aparentemente incentivada pela administração municipal, denuncia sintomas de decadência que provêm da introdução de um conjunto mais amplo de práticas sociais. Assim, as vozes dos moradores locais repercutiram relatos cobertos de nostalgia, fruto da decepção com o "canto de sereia do turismo". Ao mesmo tempo, esse fato despertou parte dos residentes para uma mobilização em torno do "salvamento" da festa da santa. O surgimento de diferentes representações na sociedade local parece refletir a urgência de atuar e iniciar a caminhada para a reconstrução do presente, buscando os elementos mais genuínos do passado; notadamente, tais representações se apresentam como forma de resistência.

O passado mítico – ou mitificado – é o tempo da cultura e das relações: entre os homens, entre os homens e o mar, entre os homens e a terra. Ao ouvir os relatos, deu-se voz às suas angústias, decepções, revoltas e esperanças. Os protagonistas das narrativas foram muitos, descrevendo suas percepções de seu espaço ao longo do tempo. Nesse espaço, há um passado e um presente, muitas vezes contrapostos. Um passado de penúria, um presente de ilusão. As dificuldades econômicas do passado foram substituídas pela insegurança e pela sensação de se estar perdendo algo.

O presente é a ilusão da modernização dos espaços físicos observada e analisada sob a mira de homens e mulheres "estranhos", que chegam, ocupam, dividem, depredam, cerceiam e fragmentam. Fracionam-se os espaços e a experiência do trabalho e do lazer, eximindo a continuidade entre as duas partes. "Empurra-se" a comunidade para novas áreas: lá a praia, aqui as nossas casas; ali as pousadas, aqui o "valão".

O comportamento do turista que não tem o cuidado com a cidade incomoda o morador local, como alguns disseram: "[...] eles deixam a sujeira para nós limparmos." Sob a perspectiva da geração de empregos procede o estímulo da visitação turística, mas os postos de trabalho gerados são informais, temporários e insuficientes para atender à demanda local. Desfeita essa ilusão, os residentes têm começado a compreender a relação custo-benefício do processo de "turistificação" de seu território.

Os depoimentos e as narrativas ratificam essa situação incompatível entre os projetos de "desenvolvimento para território" e as expectativas e necessidades da comunidade. Entende-se que, para a análise da qualidade de vida de um lugar, é preciso mais que a avaliação fria dos parâmetros que compõem a paisagem e as relações socioeconômicas; é necessário lançar um "olhar sobre um lugar" e tudo mais que se relacione com ele. Nesse sentido, é preciso incluir as narrativas das memórias que lançam um olhar sobre o tempo e cujo diálogo revelou uma poderosa articulação entre o passado, o presente e o futuro da comunidade, bem como um despertar de consciência para os elementos desestabilizadores da tradição e dos aspectos que eles entendiam como relevantes para a qualidade de vida local.

Ao se prestar atenção aos problemas relacionais, expostos pelos depoimentos ao longo da pesquisa, entende-se que, ao explicitar seus pensamentos, a comunidade expressa reflexões que muitas vezes não havia exteriorizado. Assim, se o primeiro passo na solução de um problema ou impasse é verbalizar, pode-se considerar que o passo inicial para a transformação da realidade foi dado.

Para a definição, o planejamento e a implantação de políticas voltadas para o "desenvolvimento local", o turismo permanecerá em destaque por ainda ser apresentado como alternativa ideal para a geração de emprego e renda das comunidades carentes do Estado. Ou seja, o turismo faz parte do rol das políticas "inclusivas", e, nesse embate entre exclusão e inclusão, é preciso não esquecer que a exclusão não tem causas "naturais", mas resulta de práticas sociais e de modelos de desenvolvimento que se distanciam das realidades locais.

No entanto, a unilateralidade das propostas não distingue entre os agentes econômicos, políticos e sociais dotados de hegemonia e os sujeitos que apenas vivem na subalternidade política, econômica e social. Cabe, assim, nessa perspectiva, questionar se os participantes "espontâneos" das práticas turísticas estão dispostos e em condições de igualdade para olhar os efeitos que essa assimetria de forças provoca no território. Em outras palavras, as decisões sobre a implantação de atividades de turismo no território, e suas consequências na qualidade de vida dos cidadãos, precisam estar pautadas sobre pactos comunitários que deem conta de preservar a espontaneidade, as crenças e os valores dessa comunidade.

Nos municípios litorâneos, a cadeia produtiva do turismo não só vem sendo tratada como aptidão inquestionável e irrefutável, mas também alçada à posição de necessidade de sobrevivência. No entanto, aquilo que é visto como componente da vocação – a herança imaterial dessas comunidades à beira-mar – não tem recebido o reconhecimento e o devido cuidado para a preservação de seus bens e instrumentos mais genuínos.

O processo de entrada do turismo nas pequenas e médias localidades tem tido efeitos complexos e de relação custo-benefício duvidosa; pouco ou nada questionado pelos órgãos públicos, que, muitas vezes, são protagonistas ou estão por trás dessas ações, fornecendo respaldo político-ideológico, financiamento ou ausência estratégica. Nem mesmo a "nova" noção de "território sustentado" tem ensejado uma revisão crítica dos processos de ocupação (econômica, territorial e cultural) das áreas litorâneas. Muitas das comunidades do litoral fluminense se constituíam, basicamente, em pescadores artesanais ou pescadores-agricultores, detentores de sistemas próprios de manejo sustentável sob a ótica da limitação do uso dos recursos naturais (mar, rios, lagoa, matas etc.), com base, entre outras considerações mais, por assim dizer, etnoecológicas, em relações de trabalho também peculiares: de tipo familiar, de compadrio ou comunitárias. A esse sistema econômico-social associa-se um sistema de valores que, basicamente, envolve traços culturais e religiosos. Os dois sistemas (o econômico-social e o cultural-religioso) assentam suas evidências mais do que significativas em seus registros de memória, cuja pesquisa conseguiu levantar algumas das modalidades de apropriação e uso dos espaços sociais.

As comunidades que foram afetadas pelos processos supramencionados apresentaram, sem exceções, uma desestruturação acentuada dos dois sistemas de valores. Além disso, os pescadores artesanais não têm, tradicionalmente, vínculos associativos ou sindicais que lhes deem força, coesão, margem de negociação ou resistência.

Por constituírem, a princípio, a categoria de trabalhadores menos afetada pelas regras e determinações do sistema capitalista (não há, entre eles, por exemplo, relação de compra e venda da força de trabalho e de assalariamento), eles são também, paradoxalmente, os mais desprotegidos e indefesos diante de tais regras e determinações.

Quando aconteceu a política de distribuição de lotes, no contexto da formulação, planejamento e implementação dessa política, não se buscou ouvir pescadores, agricultores e pequenos comerciantes. Nesse sentido, percebe-se, ainda que timidamente, a mudança na composição de forças do território que vem sendo adotada sob o conceito de "desenvolvimento participativo", abrindo-se a participação das diferentes representações da população em fóruns de discussão das etapas de planejamento, execução e avaliação.

Nessa perspectiva, vale lembrar que há alguns olhares relevantes à análise do uso das paisagens. Desses destacamos o das populações urbanas, principalmente a que se comporta como emissora de turistas-visitantes, os quais chegam aos núcleos turísticos com uma visão impregnada pela noção do estético. A percepção deles, na maioria dos casos, diz respeito apenas à organização e à harmonia. Já no olhar das populações locais,[2] há uma construção afetiva permeada pela sensação da "perda". É possível ainda incluir um terceiro olhar, aquele lançado pelos gestores das políticas públicas. Tal visão está interligada aos processos de dominação ideológica, econômica e política, que vê nessas "paisagens" o campo disponível para a atuação de práticas de desenvolvimento que se perpetuam à revelia das comunidades locais.

O caráter do olhar é uma perspectiva fundamental para o turismo, assim como é essencial à percepção positiva do cidadão. O fato é que a construção da qualidade de vida desses territórios carece da articulação entre os diferentes olhares, reconhecendo a diversidade cultural e incluindo-se aí a manutenção da qualidade ambiental do território, cuja conjugação de suas premissas básicas da sustentabilidade atenderia não apenas às populações residentes em seus anseios mais intensos, sejam essas comunidades tradicionais ou não.

Podem-se tomar os turistas-visitantes e toda a cadeia de negócios que envolvem a atividade como agentes ativos no processo de alteração do espaço-paisagem, e o morador local como sendo o agente passivo do processo. Nessa perspectiva, a linha limítrofe dessa relação produz tensões que, muitas vezes, descambam para o campo do conflito. A atuação das representações sociais, ainda que de forma embrionária, tem procurado atenuar tais tensões, a partir do momento em que a população sente que é possível ter algum tipo de interferência no estabelecimento

---

2 As narrativas que corroboram tal questão foram registradas como sendo as manifestações e memórias dos depoentes nas pesquisas de campo.

das decisões prioritárias do município. A possibilidade concreta de ser ouvido alimenta uma nova visão para a construção e a aplicação das políticas públicas para o turismo; é o surgimento de um contradiscurso ao desenvolvimento acelerado, à seletividade pela ascendência social e à massificação dos espaços territoriais, que fere as opiniões e expectativas daqueles que exploram indiscriminadamente o turismo.

Vivenciar a satisfação de pertencer a algum lugar que o satisfaça, desde as necessidades elementares até a sustentação de suas crenças e manutenção de seus espaços de convívio, reflete a busca de uma qualidade de vida, cujo reequilíbrio de forças se dá pelo resgate dos laços afetivos e simbólicos que conectam o grupo social aos seus valores. Estes constituem um mecanismo para realinhar a autoestima, de caráter essencial, a participação comunitária e o exercício-cidadão da democracia, em cuja noção mais ampla residem a qualidade de vida, o bem-estar da sociedade e a acessibilidade aos bens materiais e culturais.

Questionário para percepção da atividade turística na cidade de Saquarema

→ CARACTERIZAÇÃO DO RESPONDENTE

1. ☐ Masculino   ☐ Feminino
   Idade:

2. Nível educacional:
   ☐ Sem escolaridade   ☐ Fundamental 1º ciclo
   ☐ Fundamental 2º ciclo   ☐ Ensino médio incompleto
   ☐ Ensino médio completo   ☐ Superior completo
   ☐ Superior incompleto

3. Há quantos anos você reside no município?

4. Sua residência é próxima a algum atrativo turístico que recebeu melhorias de infraestrutura?
   ☐ Sim
   ☐ Não (em caso negativo, passe para a pergunta 6)

5. Qual é a distância do atrativo para a sua casa?
   ☐ Menos de 500m
   ☐ Entre 500m e 1.000m
   ☐ Entre 1.000m e 1.500m
   ☐ Entre 1.500m a 2.000m
   ☐ Acima de 2.000m

→ PERCEPÇÃO DOS IMPACTOS

6. A rotina cotidiana (horário de atendimento dos serviços públicos e particulares) da cidade é alterada pelo fluxo turístico intenso?
   ☐ Concordo plenamente
   ☐ Concordo
   ☐ Não sei
   ☐ Discordo
   ☐ Discordo totalmente

7. Você tem percebido se a vida das famílias locais tem sido alterada pela presença dos turistas?
   ☐ Concordo plenamente
   ☐ Concordo
   ☐ Não sei
   ☐ Discordo
   ☐ Discordo totalmente

8. Essas alterações têm melhorado a vida dos residentes do município?
   ☐ Concordo plenamente
   ☐ Concordo
   ☐ Não sei
   ☐ Discordo
   ☐ Discordo totalmente

9. O morador sente que seu espaço é ocupado pelos visitantes, ou se sente impedido de fazer o que gosta em virtude da presença dos turistas?
   ☐ Sim   ☐ Não sei
   ☐ Não (em caso negativo e de "não sei", passe para a pergunta 12)

10. O que mais incomoda você? (assinalar até seis alternativas)

☐ A superlotação das praias

☐ O estacionamento de veículos nas calçadas

☐ A invasão dos ambulantes

☐ Ter de reduzir a prática de esportes ao ar livre
(corridas, pesca amadora etc.)

☐ A desordem em geral

☐ Invasão dos quiosques e ambulantes na cidade
e nas areias das praias

☐ Engarrafamentos nas principais ruas da cidade

☐ Aumento dos valores dos aluguéis e da terra

☐ Mau cheiro nas vias públicas

☐ Agressões ao meio ambiente como poluição e
remoção da vegetação

11. Em virtude de tais incômodos, a população local tem atitudes
contrárias aos turistas?

☐ Concordo plenamente

☐ Concordo

☐ Não sei

☐ Discordo

☐ Discordo totalmente

12. O aumento do fluxo turístico pode gerar conflitos (desentendimentos, brigas etc.) entre moradores locais e visitantes?

☐ Concordo plenamente

☐ Concordo

☐ Não sei

☐ Discordo

☐ Discordo totalmente

13. A população local é tratada igualmente pelo comércio local e pelas autoridades?
    □ Concordo plenamente
    □ Concordo
    □ Não sei
    □ Discordo
    □ Discordo totalmente

14. Os valores dos serviços e das mercadorias do comércio local sobem muito em virtude da presença dos turistas?
    □ Concordo plenamente   □ Discordo
    □ Concordo   □ Discordo totalmente
    □ Não sei

15. Você acredita que o contato com os turistas possa resultar em riscos à saúde dos moradores?
    □ Concordo plenamente   □ Discordo
    □ Concordo   □ Discordo totalmente
    □ Não sei

16. Quais benefícios diretos do turismo você tem percebido em sua cidade? (assinalar no máximo quatro opções)
    □ Renda da população
    □ Nas condições de saneamento do município
    □ Na limpeza da cidade
    □ Na limpeza da lagoa e das praias
    □ Redução da poluição das praias e das lagoas
    □ Melhoria nos atendimentos de saúde
    □ Mais segurança
    □ No abastecimento de água
    □ No fornecimento de energia elétrica

17. O turismo tem proporcionado aumento das opções de lazer?

☐ Sim   ☐ Não (em caso negativo, passe para a pergunta 19)

18. Quais opções de lazer passaram a ser oferecidas no município?

☐ Cinema e salas de projeção (ao ar livre ou em recinto fechado)

☐ Teatro (ao ar livre ou em recinto fechado)

☐ Eventos musicais

☐ Eventos esportivos

☐ Museus e casas de cultura

☐ Parques naturais

☐ Outras opções. Citar:

19. Quais problemas você tem percebido na sua cidade e que seriam consequência direta do turismo? (assinalar no máximo seis opções)

☐ Aumento da população de rua em geral

☐ Aumento da população de rua infantil

☐ Aumento dos casos de brigas, também no trânsito.

☐ Aumento de prostituição

☐ Aumento no uso de drogas

☐ Aumento dos casos de alcoolismo e embriaguez em público

☐ Aumento do lixo espalhado na cidade

☐ Aumento do lixo nas lagoas e nas praias

☐ Aumento do barulho noturno

☐ Aumento no barulho diurno

☐ Racionamento de água

☐ Aumento de interrupções no fornecimento de energia elétrica

20. Você acha que o desenvolvimento econômico do município está muito dependente do turismo?
    ☐ Concordo plenamente
    ☐ Concordo
    ☐ Não sei
    ☐ Discordo
    ☐ Discordo totalmente

21. As ações da prefeitura têm ajudado a estimular o aumento de turistas e visitantes?
    ☐ Concordo plenamente
    ☐ Concordo
    ☐ Não sei
    ☐ Discordo
    ☐ Discordo totalmente

22. As ações da prefeitura têm ajudado a organizar o período de permanência desses turistas no município?
    ☐ Concordo plenamente
    ☐ Concordo
    ☐ Não sei
    ☐ Discordo
    ☐ Discordo totalmente

23. A população do município tem participado das decisões sobre os investimentos para melhorar a infraestrutura turística municipal?
    ☐ Concordo plenamente
    ☐ Concordo

☐ Não sei
☐ Discordo
☐ Discordo totalmente

24. Os moradores estão satisfeitos com o modelo (tipo) de turismo que vem sendo praticado pelo município?
☐ Concordo plenamente
☐ Concordo
☐ Não sei
☐ Discordo
☐ Discordo totalmente

25. Você acha que o turista se interessa pela cultura local?
☐ Concordo plenamente
☐ Concordo
☐ Não sei
☐ Discordo
☐ Discordo totalmente

26. A população local tem alterado seu comportamento social por influência do turismo?
☐ Concordo plenamente
☐ Concordo
☐ Não sei
☐ Discordo
☐ Discordo totalmente

27. Os hábitos alimentares têm se alterado por influência do turismo?
☐ Concordo plenamente   ☐ Discordo
☐ Concordo   ☐ Discordo totalmente
☐ Não sei

28. Você acredita que a cultura local pode ser prejudicada pela influência do turismo?
    ☐ Concordo plenamente
    ☐ Concordo
    ☐ Não sei
    ☐ Discordo
    ☐ Discordo totalmente

29. O turismo tem ajudado a preservar as tradições culturais, a gastronomia típica e o artesanato do município?
    ☐ Concordo plenamente
    ☐ Concordo
    ☐ Não sei
    ☐ Discordo
    ☐ Discordo totalmente

30. O contato com os turistas pode trazer alterações no "jeito de falar" da população local, incorporando palavras fora de seu costume?
    ☐ Concordo plenamente
    ☐ Concordo
    ☐ Não sei
    ☐ Discordo
    ☐ Discordo totalmente

31. O que você acha que mais contribui para a melhoria da sua qualidade de vida? (assinale apenas uma alternativa)
    ☐ Melhoria no fornecimento de luz e telefonia
    ☐ Melhoria nas condições de habitação
    ☐ Melhoria na pavimentação e iluminação pública
    ☐ Ter acesso ao saneamento básico e à água tratada
    ☐ Ter acesso à saúde e educação

☐ Segurança pública

☐ Maior oferta de empregos

☐ Maior acesso a produtos de consumo

☐ Maior acesso ao lazer e à cultura

32. O atual fluxo turístico tem resultado em melhorias significativas na qualidade de vida dos moradores locais?

☐ Concordo plenamente

☐ Concordo

☐ Não sei

☐ Discordo

☐ Discordo totalmente

ANEXO II

Relatos

ENTREVISTAS COM MORADORES E
VERANISTAS DO MUNICÍPIO DE SAQUAREMA.
(TRABALHO DE CAMPO REALIZADO ENTRE 2007 E 2008)[1]

1. "Precisamos de criatividade para o calendário turístico. Isso tem passado longe da atual administração municipal. Hoje, os responsáveis dizem que a cidade, somente por seus atributos físicos, já estaria pronta para receber os visitantes. É o que se lê com frequência no jornal Imprensa Livre, aliás, do atual secretário de turismo."

   → 17/1/2008, 14H27, PROFISSIONAL AUTÔNOMO (DESIGNER), NÍVEL SUPERIOR COMPLETO, 34 ANOS, MORADOR DO BAIRRO VILATUR, RESIDENTE NO MUNICÍPIO DESDE 2001.

2. "A atual administração municipal edita uma revista para iludir o povo. Nela são usados recursos de computação gráfica para mostrar, ou melhor, montar, como seria Saquarema no futuro. Pela publicação, as orlas das praias da Vila, Vilatur e Jaconé teriam calçadões equivalentes a Copacabana, com seus bairros modernos, confortáveis e totalmente urbanizados."

   → 17/1/2008, 9H52, PEQUENO HOTELEIRO, ENSINO MÉDIO COMPLETO, 48 ANOS, MORADOR DO BAIRRO VILATUR, RESIDENTE NO MUNICÍPIO DESDE 1994.

3. "E os eventos do tal 'plano de governo', as atividades esportivas, culturais, rurais e de negócios nunca ocorreram! Promessas como

---

1 Pesquisa semiestruturada, cuja construção gramatical foi revisada e alterada pela autora para melhor compreensão da mensagem.

a realização da Festa do Coco, Festival do Camarão, Festival de Pesca e congressos profissionais de médicos e dentistas ou feiras comerciais de móvel rústico e artesanato. E é claro que as obras de infraestrutura, como a construção da rodoviária, do aeroporto, e demais obras de saneamento e pavimentação, não estão nem perto de sair do papel. Sem falar da anunciada construção do Centro de Convenções, do Parque de Exposições, dos Parques Ecológicos? Onde estão essas realizações prometidas ao povo de Saquarema?"

→ 17/1/2008, 10H40, ARTESÃ, ENSINO MÉDIO COMPLETO, 53 ANOS, MORADORA DO BAIRRO DE GRAVATÁ, RESIDENTE NO MUNICÍPIO DESDE 1993.

4. "Quando me mudei para cá, eu esperava outra Saquarema, onde o hospital público atende, a escola pública ensina, a condução serve, os serviços básicos funcionam, o emprego existe, as praias e lagoas são limpas. Mas essa realidade ficou na minha imaginação de adolescente, a realidade hoje está bem longe disso. A desordem que ocorre nos eventos é muito grave; todas as programações deixam muitos prejuízos não só para o patrimônio particular, mas também para o patrimônio público. São 'orelhões' depredados, bueiros entupidos com lixo, jardins e praças destruídos, sem comentar o cheiro insuportável."

→ 18/1/2008, 17H15, ARTESÃ, ENSINO MÉDIO COMPLETO, 49 ANOS, MORADORA DO BAIRRO DE BARRA NOVA, RESIDENTE NO MUNICÍPIO DESDE 2002.

5. "Eu esperava viver aqui, em paz e segurança, podendo desfrutar de cultura, lazer e qualidade de vida para todos. Quando eu me aposentei e me mudei para cá, eu esperava poder desfrutar de uma vida mais tranquila, mas não é o que estou vendo. O município é carente de muitos serviços, tanto público quanto privado."

→ 18/1/2008, 12H43, FUNCIONÁRIO PÚBLICO, ENSINO MÉDIO COMPLETO, 58 ANOS, MORADOR DO CENTRO, NASCIDO NO MUNICÍPIO.

6. "Morávamos na rua Aquilar Moreira, bem próximo da igreja; a casa era dos meus bisavôs. O terreno era enorme, já a casa era bem simples, mas grande, com quintal e muito 'pé de fruta'. O problema é que ninguém tinha o papel da casa [escritura], era posse, também ninguém dava valor a isso. Foi meu pai quem acertou a situação da casa, e nela morreu. Meus irmãos nem eu queríamos morar lá, era melhor vender. Hoje é uma pousada. A minha família sempre viveu da pesca, mas quando os peixes 'sumiram', eu e meus irmãos desistimos, não dava mais para viver da pesca. Fui ser pedreiro, tinha muito desse serviço na região. Os veranistas invadiram igual às moscas. Quando casei, construí minha casa no Boqueirão, comprei o lote de uma imobiliária – não lembro o nome. O Boqueirão não tinha água, a luz era fraquinha, mas dava para morar perto do pai, porque as casas e os terrenos eram muitos caros. Fui morar no Boqueirão, era até bom, mas, com o tempo, o mau cheiro começou a invadir as casas. O recolhimento de lixo era muito de vez em quando, tinha era muito rato, barata e mosquito. Em minhas lembranças, acredito que levou uns quatro anos para que o Boqueirão chegasse ao tamanho que é hoje. À medida que se transformava em um bairro, a vida no Boqueirão ficava cada vez mais complicada, além do mau cheiro, vieram também enchentes, perdemos muitos móveis e eletrodomésticos, as condições das ruas eram péssimas – muitos buracos, lama, sem calçadas, iluminação etc. O bairro cresceu com gente da 'terra' – ex-pescador, ex-produtor rural. Lembrando-me da infância, dava tristeza ver aquela parte da lagoa virar um lamaçal malcheiroso. Brincávamos aqui, eu e meus irmãos, no verão, saíamos da escola para a lagoa, era uma farra... Passávamos a tarde toda e só voltávamos para casa à noitinha. Depois de tanto tempo, somente agora é que as melhorias começaram a chegar; calçaram umas ruas, iluminaram outras, mas não foram todas. Quando abriram

o canal da Barra Funda, é que o cheiro ruim melhorou, mas, é... mas ainda não dá para pescar."

→ 19/1/2008, 8H20, EX-PESCADOR, PEDREIRO APOSENTADO, ESTUDOU ATÉ A 3ª SÉRIE DO ENSINO FUNDAMENTAL, 68 ANOS. ACOMPANHAVA O PAI QUANDO CRIANÇA NAS ATIVIDA-DES DE PESCA, NASCEU NO MUNICÍPIO, É A QUARTA GERAÇÃO DA FAMÍLIA SEM NUNCA TER RESIDIDO EM OUTRO LUGAR. RESIDE ATUALMENTE NO BAIRRO DO BOQUEIRÃO.

7. "Esse último Carnaval foi trágico. Na Vila, um policial e um rapaz foram mortos e outros ficaram feridos, inclusive crianças; em Sampaio Correia e no Boqueirão, mais novas vítimas de tiros, isso saiu até n'*O Globo* e no *Extra*... O prefeito, muito cara de pau, tenta colocar panos quentes na gravidade da situação, tratando tudo como fato 'isolado'. Parece que o crescimento da população não está trazendo muitos benefícios à região."

→ 25/2/2008, 18H44, TÉCNICA EM ADMINISTRAÇÃO DE EMPRESAS, 25 ANOS, MORADORA DE BACAXÁ, NASCIDA NO MUNICÍPIO.

8. "O turismo no município saiu gravemente ferido do último Carnaval. Aqueles que vivem dos que procuram Saquarema para o lazer estão muito preocupados com a falta de uma gestão firme, com autoridade e inteligência para coibir qualquer balbúrdia descontrolada que ofereça perigo aos moradores e visitantes. Os comerciantes mostram-se extremamente temerosos com um futuro próximo, já sentindo o desprestígio cada vez maior de nossa cidade no panorama turístico e sua terrível consequência: o prejuízo certo nas próximas temporadas. Sorte a nossa que os tempos estão mudando e os números estão dizendo que o povo saquaremense, desrespeitado e enganado nos últimos sete anos, perdeu a ingenuidade e está disposto a dar um basta nesse triste período de incertezas."

→ 12/3/2008, 14H11, PROFESSORA DA REDE ESTADUAL, ENSINO SUPERIOR COMPLETO EM LICENCIA-TURA PORTUGUÊS-LITERATURA, 56 ANOS, MORADORA DE BARRA NOVA, RESIDENTE DESDE 1999.

9. "Conseguiram transformar o Carnaval de Saquarema num baile de terror. Hoje, nós recebemos todas as pessoas que não são aceitas nas cidades civilizadas da Região dos Lagos. De Carnaval nada se vê, apenas um bando de loucos, indo de um lado para o outro como se fossem uma horda de drogados. Brigas, tiros, casas vazias invadidas, ruas transformadas em pista de motocross, com direito a travessia de lagoas, visto que, com a chuva, várias ruas ficaram alagadas. Como sempre. E, como fundo musical, temos centenas ou milhares de 'alto-falantes sobre rodas', que deveriam ser proibidos (se é que são permitidos) tocando funk. Nada contra o funk, mas nós e nossas famílias não somos obrigados, a qualquer hora do dia ou da noite, a escutar aquelas baixarias. E a polícia? Alguém viu? Sumiu! Nem chamando ela aparecia. Com isso ficamos nós, moradores, eleitores e pagadores de impostos, ilhados, à mercê da própria sorte, dentro de casa e com medo de sair à rua. Rezando para tudo terminar na quarta-feira."

→ 12/3/2008, 15H21, FUNCIONÁRIA PÚBLICA, ENSINO MÉDIO COMPLETO, 48 ANOS, MORA-DORA DO BAIRRO ALVORADA, RESIDENTE DESDE 2001.

10. "Foram só promessas para aproveitar o turismo em Saquarema. Isso é uma tristeza... Não é coisa séria, tudo está se destruindo, se perdendo. Até agora nada das prometidas obras de asfalto, as enchentes estão aí todo verão é a mesma coisa básica. E as festas são as mesmas, Carnaval, a Festa de Nossa Senhora de Nazareth, o aniversário da cidade e as competições de surfe. Não há nada novo para atrair os que vêm de fora e que podem gastar dinheiro na ci-dade e melhorar a vida dos saquaremenses."

→ 13/3/2008, 9H12, COMERCIANTE, ENSINO MÉDIO COMPLETO, 44 ANOS, MORADOR DO RIO MOLE, NASCIDO EM NO MUNICÍPIO.

11. "Estou preocupada com a nossa segurança. O que foi esse Carna-val? Os turistas foram embora com o tumulto. Será que o prefeito e o

deputado não veem que precisamos de medidas urgentes para a tranquilidade dos saquaremenses e dos turistas? Precisamos protestar para que nossa cidade não se transforme num lugar de medo e morte."

→ 12/3/2008, 16H40, TELEFONISTA, ENSINO MÉDIO COMPLETO, 41 ANOS, MORADORA DO BOQUEIRÃO, RESIDENTE NO MUNICÍPIO DESDE 2002.

12. "Carnaval da baderna em Saquarema (ou cidade sitiada, terra de ninguém?). Sem banheiro público, a cidade se tornou um verdadeiro penicão."

→ 12/03/2008, 16H57, ESCRITURÁRIA, ENSINO MÉDIO COMPLETO, 49 ANOS, MORADORA DE SAMPAIO CORREIA, NASCIDA NO MUNICÍPIO.

13. "Parece que ninguém ficou imune ao vandalismo e à violência do Carnaval, até o juiz da comarca sofreu na carne o caos que todos os moradores passaram."

→ 13/3/2008, 8H12, MILITAR REFORMADO, ENSINO MÉDIO COMPLETO, 53 ANOS, MORADOR.

14. "A população não esconde sua revolta pela desorganização da área de saúde. Os órgãos da saúde em Saquarema estão falidos; essa situação foi plantada pelo prefeito, pelo deputado e sua mulher candidata, que espero que colham os frutos amargos da rejeição popular."

→ 15/3/2008, 11H15, AUXILIAR DE ENFERMAGEM, ENSINO MÉDIO INCOMPLETO, 34 ANOS, MORADOR DO BAIRRO ALVORADA, RESIDENTE NO MUNICÍPIO DESDE 1988.

15. "Nos postos de saúde dos bairros, a situação é muito precária, a ponto de vermos muitos casos de omissão de socorro. Isso foi o que aconteceu com o menino de Jaconé, que morreu de broncopneumonia no caminho do hospital, dentro da ambulância onde esperou por mais de duas horas."

→ 15/3/2008, 10H39, AUXILIAR DE ENFERMAGEM, ENSINO MÉDIO COMPLETO, 29 ANOS, MORADOR DO RIO MOLE, RESIDENTE NO MUNICÍPIO DESDE 1996.

16. "Como definir o quadro da Saúde em Saquarema? Ineficaz? Insatisfatório? Eu diria que é bem pior. Pessoas morrem por falta de atendimento médico, por falta de infraestrutura ou pela falta dos dois. Não há uma medicina preventiva na cidade. A vacinação é centralizada. A distribuição de remédios poderia ser mais bem divulgada e fiscalizada. Quantas pessoas são obrigadas a comprar remédios sem poder enquanto outras recebem sem necessidade? Os preservativos, que, por lei, têm que ser distribuídos a todos, só aparecem quando a prefeitura promove os grandes eventos, ou seja, é para turista ver!"

→ 15/3/2008, 14H22, ESTUDANTE DE FISIOTERAPIA, NÍVEL SUPERIOR INCOMPLETO, 21 ANOS, MORADORA DE ITAÚNA, NASCIDA NO MUNICÍPIO.

17. "Uma cidade onde a população, em sua grande maioria, se divide entre jovens e idosos, não dá atenção adequada a essas duas faixas etárias. No município, é frequente a mortalidade infantil e a gravidez precoce. A implantação aqui do Programa de Saúde da Família (PSF) é urgente. É urgente a construção de um novo hospital, bem equipado, em local de fácil acesso, que baratearia os custos e acabaria com a farra do transporte de doentes até outros municípios para a realização de exames. Ficamos à mercê de ambulâncias, combustível, médico para acompanhar o paciente, entre outros entraves burocráticos. O município é servido por uma rodovia extremamente perigosa e, se não tivermos um hospital com bons recursos, inclusive humano, continuaremos a perder vidas."

→ 15/3/2008, 15H02, MÉDICA, NÍVEL SUPERIOR COMPLETO, 45 ANOS, RESIDENTE EM NITERÓI.

18. "Chega a dar raiva. Óleo de peroba neles! Vidas deveriam ser salvas ontem, agora, e não no ano que vem; até por solidariedade, o posto de saúde em Saquarema teria que atender também as urgências. E não

movem uma palha. Só maquiagem de pracinhas e asfalto de ruas."

→ 15/3/2008, 12H05, DONA DE CASA, ENSINO FUNDAMENTAL COMPLETO, 47 ANOS, MO-RADORA DE BACAXÁ, RESIDENTE NO MUNICÍPIO DESDE 1993.

19. "O Círio é uma festividade que, além de representar a alma do povo dessa terra, não atrai esses turistas vândalos. Os romeiros são tranquilos; eles, sim, geram renda para a cidade."

→ 15/3/2008, 12H08, TÉCNICO DE INFORMÁTICA, ENSINO MÉDIO COMPLETO, 26 ANOS, MORADOR DE BACAXÁ, NASCIDO NO MUNICÍPIO.

20. "Os comerciantes querem que o turismo cresça, mas não da forma que está ocorrendo. No último Carnaval, os prejuízos para o comércio foram muito grandes – portas e vitrines quebradas, assaltos, furtos, pichações e toda sorte de depredações. Quem sai lucrando são os 'barraqueiros', que é o comércio ambulante sem respeito pela cidade, porque acabou a festa, eles vão embora. Não tem vínculo algum. Precisamos rever essa forma de promover a cidade. Não é possível continuarmos com essa baderna."

→ 15/3/2008, 12H10, COMERCIANTE LOCAL, ENSINO FUNDAMENTAL COMPLETO, 52 ANOS, MORADOR DE GRAVATÁ, NASCIDO NO MUNICÍPIO.

21. "O Carnaval de 2008, em Saquarema, foi um *créu* na alegria criativa e irreverente dos blocos tradicionais, abafados pelos decibéis do pornofunk que arrombava, com volumes insuportáveis de som e lixo, até os tímpanos de quem não tinha nada a ver com isso, principalmente nossas crianças. Foi um *créu*, como mostraram os jornais, que aproveitou a falta de policiamento em nossas ruas e escancarou as portas para a violência, manchando com sangue, mais uma vez, o nome de Saquarema. Foi um *créu* no turismo do município por aqueles que o dirigem capazes de deixar o Carnaval, destaque do calendário, se transformar em arruaças fora de con-

trole que só trazem prejuízos à nossa economia. Foi um *créu* em cada um de nós, eleitores, pelo descaso do prefeito inoperante e de sua vice, que, ao lado do marido, o deputado asfaltador, estava fora durante o Carnaval, o mais longe possível de obrigações essenciais, como conter a violência. Provavelmente andando de *jet ski* no lago recém-construído em sua nova fazenda em Lavras, Rio Bonito, enquanto sete corpos tombavam a tiros pelos bairros. Foi um *créu* no cidadão saquaremense, abandonado pelo poder público municipal e estadual, que viu seus dias de alegria transformados em tragédia. Foi um *créu* na segurança de todos nós, cidadãos comuns, foliões ou não, sujeitos a balas perdidas pelas ruas da cidade."

→ 16/3/2008, 11H02, PROFESSOR DA REDE MUNICIPAL DE ENSINO, NÍVEL SUPERIOR COMPLETO EM LICENCIATURA EM BIOLOGIA, 31 ANOS, MORADOR DO BAIRRO DE FÁTIMA, RESIDENTE NO MUNICÍPIO DESDE 2003.

22. "Quando éramos um município considerado sem infraestrutura, tínhamos tranquilidade e segurança; acho até que a saúde no município estava melhor! A visão de que trazer benefícios significa asfalto e obras em pracinhas está errada. Nossos vizinhos estão tão atentos ao que acontece em nosso município, que foi publicado em um jornal local o seguinte: 'Não vamos deixar que em nossa cidade se instale a desordem; não podemos permitir que Araruama se transforme numa Saquarema'."

→ 16/3/2008, 13H09, RECEPCIONISTA DE POUSADA, CURSANDO O 3º ANO DO CURSO DE TURISMO, 22 ANOS, MORADORA DO CENTRO, NASCIDA NO MUNICÍPIO.

23. "Não se diz por aí que o jovem é o futuro do país? Sou jovem e me mudei de Saquarema há um ano, para tentar crescer pessoal e profissionalmente, diga-se de passagem, com aperto enorme no coração. Não me restava qualquer outra opção. Hoje, em Saquarema, o jovem não tem incentivo nem futuro. Não existem

faculdades, escolas com bom nível de ensino, saúde e, principalmente, emprego. Um universitário não consegue colocação na
cidade, com exceção daqueles que têm o seu cabide na prefeitura. O jovem saquaremense é obrigado a deixar a cidade para
estudar, para ter um bom atendimento médico, para trabalhar e
se divertir. Como puderam deixar Saquarema perder o título de
'maracanã do surfe' ou 'cidade do surfe'?"

→ 24/3/2008, 9H44, ESTUDANTE DE ARQUITETURA, 20 ANOS, EX-MORADOR RECREIO DE
NAZARÉ, NÃO RESIDE NO MUNICÍPIO DESDE 2008, VEM APENAS PARA VISITAR OS PAIS.

24. "O Carnaval do *créu* foi o pior da história da cidade, e, por isso,
o turismo no município saiu gravemente ferido. Foi uma baderna
desenfreada, tragédia anunciada. Mesmo procurando compreender os excessos que o Carnaval desencadeia, a decadência de Saquarema, como cidade de turismo e veraneio, nunca ficou tão nua
como nesse Carnaval do *créu*. O ano de 2008 ficará na história da
cidade como aquele que ultrapassou todos os limites do que pode
se chamar de folia de Momo. Por falta de policiamento, a baderna
correu solta, quase sempre incendiada pela bebida e pelos carros
'tunados' com aqueles alto-falantes enormes (com som em volume muito acima do que a lei permite), agredindo os ouvidos com
aquilo que a grande maioria das pessoas não quer ouvir, inclusive
pornografia rasteira. Como todo administrador municipal deveria
saber, no meio de uma turba há sempre alguém disposto a criar
caso por nada, transformando uma bobagem qualquer em motivo
para puxar uma arma e tirar a vida de alguém. Só o senhor prefeito
de Saquarema, sua vice e o deputado, mentor de toda essa incom-
petência, não sabem disso. Ou não querem saber."

→ 25/3/2008, 10H41, APOSENTADA EXERCENDO A ATIVIDADE DE ARTESÃ, ENSINO MÉDIO
COMPLETO EQUIVALENTE AO ANTIGO NORMAL, 58 ANOS, MORADORA DE VILATUR, RESI-
DENTE NO MUNICÍPIO DESDE 2004.

25. "Com a falta de competência dos governantes para colocar nossa cidade em uma evidência, Saquarema só é alvo dos holofotes quando acontecem crimes e tragédias, como foi o caso do último Carnaval."

→ 30/3/2008, 18H50, MILITAR REFORMADO, NÍVEL SUPERIOR COMPLETO, 62 ANOS, MORADOR DE ITAÚNA, RESIDENTE NO MUNICÍPIO DESDE 1995.

26. "As ações da administração pública são um desrespeito ao morador, e existem inúmeras demonstrações explícitas da má-fé: a rodoviária inacabada, o colégio estadual da Barreira, ambos impugnados por brigas judiciais com os proprietários dos terrenos. Nesses dois casos, a prefeitura tentou praticar valores de indenização bem abaixo do valor de mercado."

→ 18/4/2008, 10H19, APOSENTADO DA SECRETARIA DA RECEITA FEDERAL, NÍVEL SUPERIOR COMPLETO, 67 ANOS, MORADOR DE BARRA NOVA, RESIDENTE NO MUNICÍPIO DESDE 1999.

27. "O governo municipal é acusado, no caso da Escola Técnica da Barreira, segundo o que consta nos autos, de desapropriação 'irregular' do terreno, já que, logo após o início das obras, o valor do IPTU teria sido significativamente reduzido pela prefeitura para desvalorizar o imóvel, com o qual, é claro, o dono não concordou. A prefeitura, segundo consta nos autos, teria até falsificado documentos para não pagar o valor justo ao proprietário do terreno. O mais lamentável de tudo é que o grande anseio da população de Saquarema de ver seus filhos encaminhados numa profissão pode estar morrendo na praia por conta da total incapacidade das 'autoridades' municipais."

→ 18/4/2008, 11H, ADVOGADO, NÍVEL SUPERIOR COMPLETO, MORADOR DE RECREIO DE NAZARÉ, RESIDENTE NO MUNICÍPIO DESDE 2003.

28. "Aos trancos e barrancos, o parlamentar asfaltador, autor do projeto do 'colégio da Barreira', arranjou logo uma confusão com os

deputados de outros municípios, que bombardearam a ideia da escola técnica em Saquarema pelo custo apresentado pelo projeto, que foi considerado absurdo. Para piorar a situação, aqui mesmo em Saquarema, a prefeitura fazia, como sempre, um péssimo papel: o de uma vilã disposta a prejudicar alguém, no caso o proprietário da área. Resultado: uma grande confusão. Com as placas da obra colocadas às pressas no local pela prefeitura e pelo governo do Estado para tirar proveito eleitoral, a juíza embargou a obra. E, ao contrário do que o deputado diz (que as obras já estavam em andamento), essas placas tiveram que ser retiradas do local."

→ 18/4/2008, 12H12, ORIENTADORA PEDAGÓGICA, NÍVEL SUPERIOR COMPLETO, MORADORA DE GRAVATÁ, NASCIDA NO MUNICÍPIO.

29. "Basta olharmos para a saúde no município, em preto e branco, roída pelos ratos do hospital de Bacaxá, para nos depararmos com um cenário onde as pessoas sofridas que ali estão não são as mesmas das fotos felizes e coloridas da revista da prefeitura. Podemos enxergar também, ao fundo, até onde vai o desprezo de certos homens públicos pela sua gente, pelos seus próprios eleitores."

→ 18/4/2008, 12H12, DENTISTA, NÍVEL SUPERIOR COMPLETO, 46 ANOS, MORADORA DO RECREIO DE NAZARÉ, RESIDENTE NO MUNICÍPIO DESDE 2004.

30. "A minha família é daqui, sempre foi. Morávamos na Nossa Senhora de Nazaré [avenida], era um casarão antigo, mas bem espaçoso. Há cinco anos, meu pai ficou doente e morreu; ficou difícil sustentar aquele imóvel, o IPTU dali é muito alto. Convencemos minha mãe a vender e comprar uma casa menor na Barra Nova. O problema é que fica longe de tudo, as ruas estão péssimas, não tem atendimento de saúde, mas temos que aguentar, não dava mais para ficar lá."

→ 20/5/2008, 16H42, FRENTISTA, NÍVEL FUNDAMENTAL COMPLETO, 19 ANOS, MORADOR DE BARRA NOVA, NASCIDO NO MUNICÍPIO.

31. "Se os administradores municipais não se tocam com a maior ferida de Saquarema, que é a saúde dos cidadãos, por que se preocupariam, por exemplo, com a saúde da prefeitura, que também não é a deles? É claro que já a deixaram ainda mais obesa e inchada com a contratação de apadrinhados de todas as estirpes, em funções diversas, entre elas a de 'funcionários fantasmas'."

→ 25/4/2008, 9H33, AUXILIAR DE ENFERMAGEM, ENSINO MÉDIO INCOMPLETO, 54 ANOS, MORADORA DE PORTO DA ROÇA, RESIDENTE NO MUNICÍPIO DESDE 1992.

32. "Aqui no município, as atenções são voltadas apenas para obras de embelezamento; e a saúde e o ensino fundamental? São ambos um desastre. Existe um jornal 'oficial' que apresenta as obras para atrair 'turistas' já prontas; e outras que dizem que estão em andamento, que são as escolas e os postos de saúde."

→ 25/4/2008, 9H33, SECRETÁRIA, ENSINO MÉDIO COMPLETO, 37 ANOS, MORADORA DO VERDE VALE, RESIDENTE NO MUNICÍPIO DESDE 2000.

33. "Acho que muitos reclamam sem conhecimento de causa. Saquarema nunca foi grande coisa, sempre foi explorada pelos turistas que chegam como um enxame, passam o verão e, depois, vão embora. A prefeitura está tentando mudar isso, investindo em eventos e outras coisas que possam movimentar mais tempo a cidade."

→ 25/4/2008, 11H08, COMERCIANTE VAREJISTA, ENSINO MÉDIO COMPLETO, 40 ANOS, MORADOR DO BAIRRO DE FÁTIMA, NASCIDO NO MUNICÍPIO.

34. "O caso do menino foi chocante: o garoto morreu por falta de socorro. A família, que é de Jaconé, procurou o posto de saúde, mas não havia médico, e a ambulância não estava disponível, somente após duas horas é que a remoção foi feita para o hospital de Bacaxá. Lá chegando, o pai foi informado de que o menino havia falecido no trajeto, tendo como *causa mortis* broncopneumonia

bilateral e insuficiência respiratória aguda. Como o prefeito ainda quer incentivar o turismo na cidade? A estrutura de que dispomos não atende sequer os seus cidadãos."

→ 28/4/2008, 14H24, APOSENTADO DO SETOR DE TELECOMUNICAÇÕES, NÍVEL SUPERIOR COMPLETO, 61 ANOS, MORADOR DE GRAVATÁ, RESIDENTE NO MUNICÍPIO DESDE 2005.

35. "A prefeitura de Saquarema distribui lotes de terra no distrito de Vilatur, lá dentro da Reserva de Massambaba. É preciso denunciar os interesses políticos por trás da negociação desses terrenos. Já organizamos um grupo que foi ao Ministério Público, que determinou a retirada das casas que já haviam sido construídas. Ia ser outra favela. Mas é isto que acontece: a prefeitura entrega para os cabos eleitorais, que vendem os terrenos. Os moradores estão preocupados com a descaracterização do bairro, uma vez que estão sendo usadas áreas que não permitem nenhum tipo de construção ou movimentação de terra."

→ 1/5/2008, 12H31, APOSENTADO, NÍVEL MÉDIO COMPLETO, REPRESENTAÇÃO DA ASSOCIAÇÃO DE MORADORES E AMIGOS DO BOQUEIRÃO, 58 ANOS, MORADOR DO BOQUEIRÃO, NASCIDO NO MUNICÍPIO.

36. "Os 'gringos' invadem nossas áreas de pesca. Mergulham e surfam na hora em que estamos armando as redes. Queremos regras para eles, mas a prefeitura só quer saber dos turistas que não trazem nada para o município."

→ 31/5/2008, 16H24, PESCADOR, ENSINO FUNDAMENTAL INCOMPLETO, 37 ANOS, MORADOR DE JACONÉ, NASCIDO NO MUNICÍPIO.

37. "Muitos moradores criticam o progresso, não veem o lado dos estudantes, dos idosos, das ambulâncias. As empresas de ônibus nem querem participar da licitação das linhas para a região de Jaconé, pois eles alegam que a manutenção é muito alta. Isso obriga as pes-

soas a andarem quilômetros até o asfalto. É muito bonita a intenção romântica de manter o 'paraíso' intocável, mas qual o custo disso para a qualidade de vida dos moradores?"

38. "A Secretaria de Transportes[2] é muito omissa no que diz respeito aos ônibus da empresa Feital; eles fazem o que querem. Estes ônibus estão em péssimo estado de conservação. O abandono dessa região [Jaconé] é muito grande; às vezes nem pego imóvel dessa região, é perda de tempo."

39. "Gostaria que a prefeitura de Saquarema olhasse mais pela parte de Barra Nova, não temos diversão e não há salva-vidas. Gostaríamos de quiosques!"

40. "A rua 96 é uma vergonha para a administração municipal, não sei como alguém ainda se empolga em comprar casa de veraneio aqui, o aspecto da região é horrível... O asfalto da avenida Roberto Marinho ficou só na promessa."

41. "Jaconé não tem praça, temos que ir aos bairros mais privilegiados para que as crianças brinquem em um parquinho e comam

---

2 Secretaria Municipal de Transportes Urbanos (SMTU).

um lanche. Esse bairro é completamente abandonado, só tem diversão durante o dia, que é a praia, na parte da noite não tem nada. A nossa opção é ficar em casa ou em pé na esquina da rua 13 com 96, correndo o risco de ser atropelado."

→ 31/5/2008, 12H19, BALCONISTA NO COMÉRCIO LOCAL, ENSINO MÉDIO INCOMPLETO, 23 ANOS, MORADOR DE JACONÉ, RESIDENTE NO MUNICÍPIO DESDE 2003.

42. "O povo ribeirinho das lagoas de Jaconé vem alertando para a situação da nossa lagoa. A poluição não melhorou, tem muitas casas que deságuam o esgoto diretamente no rio Bacaxá. Isso está ficando insuportável."

→ 1/6/2008, 7H30, PESCADOR, ENSINO FUNDAMENTAL COMPLETO, 54 ANOS, MORADOR DE JACONÉ, NASCIDO NO MUNICÍPIO.

43. "Frequento Jaconé praticamente todos os finais de semana desde 1994. Quando tinha 17 anos, meus pais já conheciam a região, que consideravam um paraíso; quando tiveram a feliz oportunidade de comprar um terreno no local, construíram uma boa casa, que é hoje nosso refúgio e área de lazer preferida da minha filha, que tem 7 anos. A praia de Jaconé tem seus encantos... Mas fico muito triste com o que vem acontecendo. Estamos sendo roubados com a prática da pesca predatória, barcos encostam, colocam boias, passam suas redes e levam os peixes da região diariamente. O que é um absurdo, pois a região é famosa por sua pesca com molinete. Lazer preferido dos moradores. Mesmo sem asfalto, em chão de barro, a prefeitura de Saquarema estava sempre passando máquina, jogando aréola, arrumando as ruas para que houvesse melhor condição para passar os carros. Pagamos um IPTU bem alto por serviços que não temos. Entre eles, segurança, asfalto, água, vistoria no meio ambiente, repressão à pesca predatória, ocupação irregular. No Carnaval, nossas praias

são invadidas por acampamentos que deixam uma enorme quantidade de lixo na lagoa e na praia; esses acampamentos não são supervisionados. Muitos 'barraqueiros' retiram luz da rua, sobrecarregando o sistema elétrico, deixando que os moradores que pagam suas contas mensalmente fiquem sem luz. Acho que todas as autoridades têm sua parcela de culpa! Mas os moradores, também têm a sua. Vivemos em uma DEMOCRACIA, temos não só o direito, mas também o dever de nos envolvermos. Precisamos de mais vontade política na região; deixemos a preguiça!"

→ 1/6/2008, 7H55, BIÓLOGA, NÍVEL SUPERIOR COMPLETO, 49 ANOS, MORADORA DE JACONÉ, RESIDENTE NO MUNICÍPIO DESDE 1998.

44. "Quem vem de fora começa logo com essa conversa de asfalto. Isso é o maior papo furado, o negócio é bastante lama e buraco, só assim os azares do progresso não entram aqui. Eu quero é Jaconé deserta, sem ninguém, só assim terei sossego para surfar e mergulhar em paz. Não quero luz, nem água, nem condução, nada, entendeu? Nada. Quem não gosta do lugar que se mude, pois até favela já existe em Jaconé por causa desta palhaçada de asfalto e luz, posto de gasolina, supermercado etc. Antes desses 'pedidos' dos 'estrangeiros', não existia assalto, falta de luz, nem favela, pobreza etc. Quem quiser frequentar Jaconé tem de saber pescar para se alimentar e ter boas noções de primeiros socorros, pois a chapa é quente, é só para quem tem pedigree; quem não tem vai para Iguaba Grande ou Iguabinha."

→ 1/6/2008, 9H10, PEDREIRO, FILHO DE PESCADOR, ENSINO MÉDIO INCOMPLETO, 28 ANOS, MORADOR DE BICUÍBA, NASCIDO NO MUNICÍPIO.

45. "Fora o progresso, o negócio é surfe na veia, aqui é a terra do surfe e do mergulho, é para quem gosta; quem achar ruim vá para outro lugar. Quem gosta da natureza tem que aprender a viver

sem impactar em nada, senão vai para Iguaba, praia das Pedrinhas, Búzios, Cabo Frio etc."

→ 1/6/2008, 9H15, ARREMATADOR, ENSINO MÉDIO COMPLETO, 21 ANOS, MORADOR DE JACONÉ, NASCIDO NO MUNICÍPIO.

46. "Os estrangeiros não podem vir para cá e querer sufocar, porque senão vamos vir fortes; a chapa aqui também é quente!"

→ 1/6/2008, 9H18, MECÂNICO, ENSINO MÉDIO COMPLETO, 23 ANOS, MORADOR DA BARRA NOVA, NASCIDO NO MUNICÍPIO.

47. "Jaconé é natureza. E natureza é mato, cobra, aranha etc. Sem essa de mandar limpar terrenos. Quem quer calçamento que fique na cidade e deixe os animais em seu hábitat natural."

→ 1/6/2008, 9H35, ESTUDANTE DE PSICOLOGIA, NÍVEL SUPERIOR INCOMPLETO, MORADORA DE VILATUR, NASCIDA NO MUNICÍPIO.

48. "No município de Saquarema, já foram catalogados vários sítios arqueológicos do tipo sambaqui. Muitos, no entanto, foram parcial ou totalmente destruídos por ação antrópica (especulação imobiliária, principalmente). Com relação a esses, eu quis visitar a Praça do Sambaqui da Beirada, localizado em Barra Nova, mas tive dificuldades, no início, em identificar o trajeto certo. Essa praça expõe um sítio arqueológico (Sambaqui da Beirada), que foi tombado como patrimônio histórico nacional, no qual é possível observar os seus sepultamentos, vestígios de fogueiras, artefatos de pedra etc., tudo a céu aberto, preservado e protegido contra as chuvas, tendo a sua área cercada, inclusive. Pena que o uso turístico dele não venha sendo bem conduzido."

→ 1/6/2008, 9H37, PROFESSORA DE GEOGRAFIA, NÍVEL SUPERIOR COMPLETO, 43 ANOS, MORADORA DO GRAVATÁ, RESIDENTE NO MUNICÍPIO DESDE 1990.

49. "Bom, fiquei muito triste em presenciar que muitas pessoas, turistas, residentes e até comerciantes desconheciam a praça do Sambaqui da Beirada. Eu pedi informações a várias pessoas, e ninguém soube me responder. Até o garçom de um restaurante, localizado na avenida Ministro Salgado Filho, à beira-mar, próximo do acesso à rua da praça, não soube me orientar, enquanto outros disseram, inclusive, que nem sabiam da existência deste. Esse raro patrimônio fica aberto à visitação pública durante a semana, de quarta-feira a domingo, e a visita é guiada pela professora Vanderléa Silva."

→ 1/6/2008, 11H25, ESTUDANTE DE HISTÓRIA, ENSINO SUPERIOR INCOMPLETO, 20 ANOS, MORADORA DE SAMPAIO CORREIA, RESIDENTE NO MUNICÍPIO DESDE 2005.

50. "Fiquei chateado, pois a dra. Lina Kneip sempre quis divulgar e conscientizar, sobre a importância histórica dos sambaquis e de sua preservação. Não foi à toa que ela planejou a praça da Beirada, mas há poucas informações a respeito da sua existência, faltam placas de indicação, e percebe-se o desconhecimento entre os próprios moradores e profissionais que lidam com os turistas."

→ 1/6/2008, 11H31, ESTUDANTE DE COMUNICAÇÃO SOCIAL, NÍVEL SUPERIOR INCOMPLETO, 23 ANOS, MORADOR DO BAIRRO DE FÁTIMA, RESIDENTE NO MUNICÍPIO DESDE 2003.

51. "É tudo uma vergonha em Saquarema! A vice-prefeita, que tem que ter aulas de português, porque nem falar direito sabe, tem esse ar esnobe de roceira que subiu na vida à custa do marido. É só mais um fantoche! É a realidade de um Brasil microscópico dentro desse mar de corrupção que vivemos. Não é só! Na saúde, tem nepotismo também. O secretário de Saúde é genro desse prefeito, que não pode nem voltar de onde veio (São Vicente); a secretária de Ação Social é irmã do prefeito. E tudo isso escancarado. Dá vontade de jogar uma bomba na mansão construída pelo secretário de saúde, na avenida principal de Itaúna. Certamente, devidamente dedetizada. Uma ver-

gonha o povo ter que ficar calado com medo! Medo de quê?! Vamos, galera, se mexam e votem certo, por favor! Vão destruir Saquarema; eles só querem saber do próprio bolso empapuçado de dinheiro. Dá vontade de cuspir na cara deles. Se existe um processo de concurso público para educação etc., porque eles contratam ignorantes para dar aulas. Ah! Tudo em troca de votos. Fora os terrenos para favelados, o asfalto que tanto elege todo esburacado, a milícia atuando no comércio de Saquarema, e por que será que o prefeito não pode mais andar sozinho na rua... Somente com seguranças! Destruição, esse é o lema deles. Estão dando um nó e têm o privilégio do poder. Mas são egoístas que só querem se beneficiar. Aquela Secretaria de Turismo é um absurdo, com aquele secretario chinfrim que não sabe nada de turismo e fica desfilando com sua namoradinha... Estou cansado dessa população que se vende por pouco, por quase nada... E que não sabem do real valor de Saquarema. E o surfe, cadê? Pudera, com um presidente eleito por pedreiros, se transformou em uma associação falida, que só serve de teto para os viciados."

→ 1/6/2008, 11H31, COMERCIANTE, ENSINO MÉDIO INCOMPLETO, 34 ANOS, MORADOR DE BACAXÁ, NASCIDO NO MUNICÍPIO.

52. "Olho com tristeza a minha Jaconé se perdendo em lama e descaso. Vários moradores estão vendendo suas casas e seus sonhos. Isso porque simplesmente não podem sequer entrar em suas ruas. A área é foco de dengue e está infestada por caramujos, as frequentes inundações parecem não fazer parte das preocupações da Secretaria de Saúde do município. Há algumas semanas, os casos de dengue em nosso município eram mascarados, e agora, num passe de mágica, após a liberação de verbas do Governo Federal, os casos de dengue estão aparecendo. Por que será?"

→ 3/6/2008, 17H32, DONA DE CASA, ENSINO MÉDIO COMPLETO, 44 ANOS, MORADORA DE JACONÉ, NASCIDA NO MUNICÍPIO.

53. "Sou do Rio, tenho imóveis no Rio e não pago IPTU tão caro como o que pago em Saquarema. Aqui tenho uma casa no Porto da Roça, bairro pobre, sem calçada, esgoto e rua asfaltada. Na meia-água, que chamo de casa, me cobram R$ 356,96 de IPTU. É quase o mesmo valor que pago no Rio, com rua asfaltada e farta condução na porta. Aqui, nem a capina da minha rua é feita. E os investimentos no turismo, no Carnaval de Saquarema, nos eventos de qualidade, na educação, na saúde da população, para onde foi a qualidade de vida?"

→ 3/6/2008, 18H05, ADMINISTRADOR, ENSINO SUPERIOR COMPLETO, 37 ANOS, VERANISTA.

54. "Nada melhor do que esse paraíso, lugar de delícias e de bem-aventurança. Ontem de manhã, cheguei a Saquarema; esse lugar marca fortemente minha infância. Esta cidade é rústica e tranquila, é considerada por muitos a capital do surfe. 'Saquá' sempre foi muito respeitada e tem lugar de honra na história do surfe brasileiro. Cresceu devido as suas famosas ondas e os grandes eventos de surfe que rolavam nos anos 1980. Quando criança, todos os finais de semana eram aqui. Saía da escola, nem passava em casa e já vinha direto junto com toda família. Ontem, assim que cheguei, tive logo aquela sensação de transporte ao passado. É sempre bom se lembrar dos momentos que estavam se apagando com o tempo. O cartão-postal da cidade é a Igreja de Nossa Senhora de Nazaré. Uma igreja que fica no alto dessa montanha aí. Daqui, temos uma vista panorâmica de todo local. É fantástico! O pôr do sol então, loucura! 'Saquá' atrai muitos aventureiros e mochileiros. Tem praias de mar aberto, e as ondas chegam a formar mais de 3 metros. Itaúna é considerada uma das melhores opções para o surfe, lá são realizadas competições internacionais, e, com as ondulações de sul, rolam direitas cujo tamanho e volumes de água lembram Sunset, no Havaí. O segredo das ondas aqui são as lajes de pedras submer-

sas. 'Saquá' tem também uma figura singular. É o carioca Serguei. Veterano do rock nacional, ele é uma lenda viva, e não por sua voz. Ficou conhecido quando, em 1967, subiu na estátua do Pequeno Jornaleiro, perto da avenida Rio Branco, no Rio, para dar vivas ao rock e à liberdade de imprensa em pleno regime militar. Mas fama mesmo veio pelo fato de ter tido um *affair* com a diva americana Janis Joplin. Vive aqui há um tempão e desfila até hoje de peruca loira espetada e lentes azuis, espalhando paz e amor e muitas histórias... 'Saqua' é para os devotos da aventura, da paz e do paraíso. Seja para aqueles que são praticantes do surfe, seja simplesmente para aqueles que são observadores..."

→ 14/6/2008, 11H17, EMPRESÁRIO, NÍVEL SUPERIOR, 48 ANOS, VERANISTA.

55. "O prefeito, que acha que ecologia é cuidar das pracinhas públicas, ignora os apelos daqueles que se preocupam realmente com os verdadeiros problemas ambientais em Saquarema. Pouco foi feito para reverter o quadro deste ponto turístico, mesmo depois das manifestações de alunos de várias escolas, que acabaram com um abaixo-assinado encaminhado ao prefeito. A lagoinha permanece no mesmo estado de abandono com o esgoto da vizinhança sendo ali despejado, com lixo e entulho sendo depositado nas suas margens. Como de costume, o prefeito dá uma clara manifestação de que não está nem aí para o meio ambiente de Saquarema."

→ 30/6/2008, 6H57, FUNCIONÁRIO PÚBLICO, ENSINO SUPERIOR COMPLETO, 26 ANOS, MORADOR DE BACAXÁ, NASCIDO NO MUNICÍPIO.

56. "Jaconé precisa de evolução e prosperidade, de água, esgoto e asfalto urgente! Isso é o que todos os moradores de Jaconé querem!"

→ 9/7/2008, 10H40, COMERCIANTE, NÍVEL FUNDAMENTAL COMPLETO, 49 ANOS, MORADOR DE JACONÉ, RESIDENTE NO MUNICÍPIO DESDE 1983.

57. "Lutamos pelo asfaltamento da região, não só pela ligação de Ponta Negra até a rua principal de Jaconé. A população local precisa estar mais mobilizada e estar determinada a questionar."

→ 9/7/2008, 11H05, REPRESENTANTE DE VENDAS, ENSINO MÉDIO COMPLETO, 38 ANOS, MORADOR DE JACONÉ, RESIDENTE NO MUNICÍPIO DESDE 1985.

58. "Mais uma vez, asfalto, água, esgoto, segurança não apareceram em Jaconé, somente os carros de som anunciando promessas fantasiosas aos cidadãos. Não é possível mais o povo dessa região ficar sem conseguir um lugar ao sol. Eu acho que o povo de Jaconé não sabe das mordomias que eles e seus familiares têm; se soubessem, ninguém votaria neles para nada, pois eles não fazem nada. O povo de Jaconé precisa demonstrar a sua insatisfação com os políticos, de um modo geral, pois podemos ter que passar mais 4 anos convivendo com poeira, lama, com ônibus que só aparece a cada 4 horas, água de poço poluída com coliformes fecais, segurança precária, e as casas sendo invadidas. Só Deus mesmo..."

→ 9/7/2008, 14H32, AUTÔNOMO, ENSINO MÉDIO INCOMPLETO, 46 ANOS, MORADOR DE JACONÉ, NASCIDO NO MUNICÍPIO.

59. "Jaconé está simplesmente abandonada. Na época das eleições, os candidatos aparecem, mas, depois, ninguém cuida do nosso bairro. Nos feriados é que sentimos na pele o descaso da prefeitura. Lixo nas ruas, fornecimento de luz insuficiente, buracos no asfalto, falta de organização no trânsito, não tem calçada para os pedestres. A nossa região não está preparada para o turismo."

→ 9/7/2008, 16H, RECEPCIONISTA, ENSINO MÉDIO COMPLETO, 32 ANOS, MORADOR DE JACONÉ, NASCIDA NO MUNICÍPIO.

60. "Onde está o cumprimento da promessa do asfaltamento da via que liga Ponta Negra a Sampaio Correia?"

> 9/7/2008, 16H24, PEDREIRO, ENSINO FUNDAMENTAL INCOMPLETO, 56 ANOS, MORADOR DE SAMPAIO CORREIA, NASCIDO NO MUNICÍPIO.

61. "Em Jaconé, o barro é de primeira, dá até para abrir uma olaria e vender telha."

> 9/7/2008, 16H24, ATENDENTE, ENSINO MÉDIO INCOMPLETO, 23 ANOS, MORADOR DE JACONÉ, RESIDENTE NO MUNICÍPIO DESDE 1999.

62. "Os representantes da prefeitura não nos respondem, e as eleições estão chegando. Queremos asfalto na Estrada Velha de Jaconé, não aguentamos mais tanta lama e poeira."

> 9/7/2008, 10H15, APOSENTADA, ENSINO MÉDIO INCOMPLETO, 63 ANOS, MORADORA DE JACONÉ, NASCIDA NO MUNICÍPIO.

63. "Os dirigentes desse município deveriam ter a curiosidade de transitar, em dia de chuva, pelas avenidas Beira-Mar e Roberto Marinho, em Jaconé. É simplesmente impossível. O lamaçal que se forma pela falta de calçamento nos impede de trafegar pela região. O risco de derrapagens, atolamentos, perda de direção é muito grande. E a responsabilidade é única e exclusivamente da omissão da prefeitura, que trata com total descaso aquele paraíso. A cobrança de IPTU é implacável, com valores absurdos que não correspondem à infraestrutura. De que adianta postar no site a realização de futuras obras, se essas obras nunca se concretizam. Os cidadãos-eleitores de Jaconé são tratados como cidadãos de segunda classe sem um local seguro para o lazer. O abandono e a falta de melhorias prometidas para Jaconé estão comprometendo a construção de novas casas de veraneio, pois a região está entrando em decadência, e os veranistas que já ti-

nham investido na região estão se desfazendo dos seus imóveis colocando-os à venda."

→ 15/7/2008, 13H45, DONA DE CASA, ENSINO MÉDIO INCOMPLETO, 53 ANOS, MORADORA DE JACONÉ, RESIDENTE NO MUNICÍPIO DESDE 1999.

64. "É insuportável a invasão que, frequentemente, ocorre em nosso paraíso. Esses veranistas mal chegam e já vão dando pitadas no terreiro dos outros. Todos poderiam ir morar em Cabo Frio ou Búzios, pois lá tem bastante asfalto para que todos possam rodar à vontade, sem que se sujem de lama. Jaconé não é lugar para 'urbanoides'. Eu sei que a pretensão dos estrangeiros é abrir negócios em Jaconé, mas estamos de olho. Não me venham com essa conversa, não! Além do mais, vocês infestam a laje e têm me obrigado a surfar em Saquarema. Fora, intrusos!"

→ 15/7/2008, 16H08, ESTUDANTE, ENSINO MÉDIO INCOMPLETO, 26 ANOS, MORADOR DE RECREIO DE NAZARÉ, NASCIDO NO MUNICÍPIO.

65. "Existem alguns locais que apresentam uma relutância em aceitar a presença dos veranistas e ficam batendo nessa tecla de 'virgindade da natureza'. Não sei o que eles imaginam para essa região, deve ser alguma coisa tipo Robinson Crusoé, forno a lenha, sem barbeador, cocos, muito peixe... Imaginem esse cenário... Um horror!"

→ 15/7/2008, 16H23, TÉCNICO DE INFORMÁTICA, ENSINO MÉDIO COMPLETO, 22 ANOS, MORADOR DO BOQUEIRÃO, NASCIDO NO MUNICÍPIO.

66. "Apesar da desorganização em que se encontra a cidade, tenho esperanças quando encontro algumas pessoas e meios de comunicação que se importam com o município. Apesar de residir na zona oeste do Rio, sou admirador de Saquarema e fico grato por alguém mais se importar."

→ 20/7/2008, 16H42, COMERCIÁRIO, ENSINO MÉDIO COMPLETO, 33 ANOS, EX-MORADOR DE ALVORADA, NASCIDO NO MUNICÍPIO.

67. "O surfe foi o principal responsável pela renovação de Saquarema, mas alguns moradores não dão valor para isso e ainda torcem o nariz para os surfistas e suas famílias."

→ 22/7/2008, 15H26, ESTUDANTE, SURFISTA, ENSINO MÉDIO INCOMPLETO, 17 ANOS, VISITANTE.

68. "A praia de Itaúna está aqui disponível o ano todo, e o resultado dos campeonatos para os saquaremenses é um vexame: os atletas locais não conseguem ganhar nada. Sempre quem leva o campeonato e os prêmios são os de fora – paulistas e catarinenses."

→ 22/7/2008, 16H42, VENDEDOR AMBULANTE, ENSINO FUNDAMENTAL INCOMPLETO, 48 ANOS, MORADOR DO MORRO DO GALO, NASCIDO NO MUNICÍPIO.

69. "Nasci em Saquarema e, agora, com quase 60 anos, não pensei em assistir a essa destruição. As casas das pessoas virando 'comércio', essa sujeira nas ruas, carros para todo lado. A vida tranquila acabou... Todo dia a gente fica sabendo de crime e desgraça. As nossas festas estão se perdendo, a festa de reis, a congada, só ficou mesmo a procissão do Círio."

→ 23/7/2008, 9H22, AUTÔNOMO, DESEMPREGADO, ENSINO FUNDAMENTAL COMPLETO, 59 ANOS, MORADOR DO BAIRRO RAIA, NASCIDO NO MUNICÍPIO.

70. "Sou mais um saquaremense indignado com os acidentes de trânsito. Como pode uma cidade como essa ter suas ruas e avenidas tão esburacadas e mal sinalizadas? Os moradores e veranistas de Barra Nova sofrem com o descaso da avenida Salgado Filho. Amigos e muitos moradores se foram por causa de acidentes. É estranha a falta de sinais de trânsito nas esquinas da cidade, em suas ruas principais. Faço um apelo às autoridades para que redobrem a atenção para o turismo, sinalização, leis para o trânsito e saneamento básico em geral."

→ 29/7/2008, 9H36, CORRETORA DE IMÓVEIS, ENSINO MÉDIO COMPLETO, 32 ANOS, MORADORA DO BAIRRO ÁGUA BRANCA, NASCIDA NO MUNICÍPIO.

71. "O único talento de Saquarema é a natureza que os próprios moradores destroem. Para construir o prédio da Secretaria de Turismo, a administração municipal teve que destruir a paisagem. Eles só querem mesmo é construir condomínios em área de preservação ambiental porque o dinheiro vai 'pro' bolso deles. Fala sério! Mas também não dá pra ficar colocando a culpa somente na prefeitura e nos governantes. O povo é o maior culpado. Porque os elegem e dão o poder a esses despreparados. E que poder!!"

→ 29/7/2008, 9H36, ESTUDANTE, ENSINO SUPERIOR INCOMPLETO, 25 ANOS, VERANISTA.

72. "O povo de Saquarema parece que perdeu a esperança, por isso clama por urgentes mudanças."

→ 29/7/2008, 10H43, ESTUDANTE E AUXILIAR DE ESCRITÓRIO, ENSINO SUPERIOR INCOMPLETO, 26 ANOS, MORADOR DO BAIRRO BARREIRA, NASCIDO NO MUNICÍPIO.

73. "É uma vergonha as péssimas condições em que se encontra o bairro Jaconé. As duas únicas ruas principais estão esburacadas, e as calçadas, quebradas. As outras ruas não são asfaltadas. Os impostos são pagos sem retorno, mas, na época das eleições, eles vêm correr atrás do eleitor, prometendo o que jamais cumprirão. Isso vem acontecendo há anos e anos."

→ 29/7/2008, 12H43, ENGENHEIRO ELÉTRICO, ENSINO SUPERIOR COMPLETO, 37 ANOS, VERANISTA DE JACONÉ.

74. "Frequento há muito tempo Saquarema, tem as melhores ondas do Brasil, em Itaúna e praia da Vila são perfeitas, mas existe um localismo pesado aqui. Você tem que ficar ligado, porque senão os 'locais' te acertam."

→ 2/8/2008, 7H55, ENSINO SUPERIOR COMPLETO, SURFISTA, 35 ANOS, VISITANTE.

75. "A noite aqui é caída, tem muito homem e muita briga. A galera local é agressiva, acham que tomamos as ondas deles. O melhor é dormir cedo para chegar 'na' praia antes deles."

→ 2/8/2008, 8H39, ESTUDANTE, SURFISTA, ENSINO SUPERIOR INCOMPLETO, 25 ANOS, VISITANTE.

76. "A melhor época para vir para cá é no inverno, pois a cidade não fica tão lotada. A região é limitada, não tem muita diversão; durante o dia é só a praia; durante a noite, não tem muita coisa, só uns bares bem fraquinhos."

→ 2/8/2008, 8H55, ENSINO SUPERIOR INCOMPLETO, ESTUDANTE, 21 ANOS, VERANISTA.

77. "Estive aqui em Saquarema há 8 anos. Foi inesquecível... Era março, baixa temporada... As praias estavam desertas... Só nos domingos enchia de gente... Foi muito legal! Agora vim para ver o campeonato e curtir as praias que são lindíssimas e dá para ver os peixinhos... A água é muito limpa, e o mar quase sempre está agitado. Pra quem gosta de surfe (e de surfistas) é maravilhoso!"

→ 2/8/2008, 8H55, ADMINISTRADORA, ENSINO SUPERIOR COMPLETO, 27 ANOS, VISITANTE.

78. "Quando estou em 'Saquá', encontro sempre muita gente maneira que conhece aquela cidade e ama a natureza. Aqui é muita paz."

→ 2/8/2008, 9H25, ESTUDANTE, SURFISTA, ENSINO SUPERIOR INCOMPLETO, 23 ANOS, VERANISTA.

79. "Até que a noite em Saquarema agora está bem melhor! Tem um shopping em Itaúna, que tem vários bares e choperias com música ao vivo na praça de alimentação. Quem preferir pode ir para o centrinho, onde estão as barracas de artesanato e muitos comes e bebes, além de umas bandas tocando para a galera."

→ 2/8/2008, 9H45, ESTUDANTE, ENSINO SUPERIOR INCOMPLETO, 21 ANOS, VISITANTE.

80. "Meu pai tem casa em Saquarema desde antes de eu nascer, minha infância foi toda lá, assim como minha adolescência e, agora, juventude... Nunca admiti que falassem mal do lugar, pois aquilo lá para mim tem um grande valor sentimental. Por isso, peço que não julguem a cidade pelos farofeiros que vão lá uma vez ao ano, e, sim, pela beleza das praias, da natureza e pela cultura. E quem diz que não tem vida noturna é porque não conhece nada da região. Tenho que recomendar o bar Clube do Limão, pra quem gosta de *rock and roll*. É o melhor lugar, pois não é muito conhecido e só agrada à galera que realmente curte uma parada 'raiz'... Para quem quiser dar umas risadas, o 'Templo do Rock', casa do querido Sergei, está com suas portas sempre abertas, e ele sempre tem uma história da Janis ou do Jim pra contar."

→ 2/8/2008, 10H01, ARQUITETA, ENSINO SUPERIOR COMPLETO, 26 ANOS, VERANISTA.

81. "A galera que vem a Saquarema tem que procurar não só as praias, mas também a cachoeira do Tingui que fica próximo a Sampaio Correia. À noite, vá ao shopping curtir uma música legal. Tem que conhecer também a padaria da Ponte."

→ 2/8/2008, 10H32, PSICÓLOGA, ENSINO SUPERIOR COMPLETO, 26 ANOS, VERANISTA.

82. "Nasci em Saquarema e não troco minha cidade por nada. A cidade, que é conhecida pelo surfe, está surgindo com uma novidade, que é a prática de parapente no alto da serra de Sampaio Correia por adeptos de todo o país. Para quem gosta, vale a pena conferir...."

→ 2/8/2008, 11H, ESTUDANTE, ENSINO MÉDIO INCOMPLETO, 18 ANOS, MORADOR DO BAIRRO BELA VISTA, NASCIDO NO MUNICÍPIO.

83. "A única reclamação que tenho de Saquarema é o pouco tempo que tenho para passar lá. Tenho uma casa lá e estou louco para

me aposentar para ter todo o tempo do mundo para curtir a cidade e tudo o que ela tem de melhor para me dar."

→ 2/8/2008, 11H21, SERVIDOR PÚBLICO, ENSINO SUPERIOR COMPLETO, 33 ANOS, VERANISTA.

84. "Moro em São Paulo e, há 15 anos, vou mensalmente a Saquarema. Por mais que busque motivos ou explicações plausíveis para descrever este lugar, nunca os encontro; magia e energia talvez sejam as palavras que melhor se enquadrem. O lugar, apesar de simples, possui raiz, é lindíssimo e dono de uma serenidade, provavelmente proveniente da Igreja que está no alto do morro. Não é lugar de 'balada', não existe 'balada'. É lugar de encontros, com amigos, com amores, consigo mesmo, é lugar de paz... No alto verão, a frequência é realmente muito ruim, mas, a partir de meados de abril, o lugar volta à rotina, e o que se encontra, além de tranquilidade, são os moradores, que, apesar do 'localismo', se tornam mais receptivos (depende de você, do seu sorriso, da sua gentileza... tudo é troca), proprietários de casas e estrangeiros. Tem alguns lugares que posso considerar como pousadeiros responsáveis – pousada Maasai e pousada Sudoeste, pousada Itaúna Inn e o Casarão. Para alimentação, legal é o restaurante Forno à Lenha e Literalmente da Praia, ambos em Itaúna."

→ 2/8/2008, 14H13, EMPRESÁRIO, SURFISTA, ENSINO SUPERIOR COMPLETO, 31 ANOS, VISITANTE.

85. "Isso de que os moradores não gostam dos turistas é bobagem; os moradores sabem muito bem distinguir o turista do 'farofeiro'. Os moradores entendem que é esse grupo de desordeiros é que compromete a qualidade da região, aumenta a 'bandidagem', queremos é o bom turista."

→ 2/8/2008, 14H55, COMERCIANTE, ENSINO SUPERIOR INCOMPLETO, 36 ANOS, MORADOR DO BAIRRO VILA NOVA, NASCIDO NO MUNICÍPIO.

86. "Essa cidade é linda, me orgulho de ter nascido e me criado aqui. Muito se fala que Saquarema não tem nada para se fazer e tal, mas esquece-se do mais importante: a tranquilidade, as belezas naturais e a volta ao tempo em que se divertia sem medo. Em 'Saquá', as belezas naturais vão além das praias. Pouquíssimos são os lugares no mundo que podem se orgulhar de ter praia, lagoa, serra, rios, cachoeiras... Isso sem contar os pontos turísticos, como a rampa de voo livre, o Sambaqui da Beirada, o morro da cruz, mas que vista! Que pôr do sol maravilhoso! Acho que ninguém quer conhecer um lugar assim, quer vir para cá. Mesmo assim, apesar dos problemas de infraestrutura, a cidade é acolhedora."

→ 2/8/2008, 15H18, DIAGRAMADOR E WEBDESIGNER, ENSINO SUPERIOR COMPLETO, 24 ANOS, MORADOR DO BAIRRO RECREIO DE NAZARÉ, NASCIDO NO MUNICÍPIO.

87. "O problema de Saquarema é a desigualdade de investimentos em infraestrutura nos bairros. Bairros como Itaúna, Gravatá, Vila Nova, Cento e Vilatur são privilegiados; o problema é quando você não tem a sua casa nessa relação de privilegiados. Aí é lama, falta de transporte, posto de saúde fechado, um horror!"

→ 2/8/2008, 16H06, JORNALISTA, ENSINO SUPERIOR COMPLETO, 56 ANOS, MORADOR DO BAIRRO GRAVATÁ, NASCIDO NO MUNICÍPIO.

88. "Passei boa parte da minha adolescência em Saquarema, enquanto namorava um rapaz surfista; quando terminamos, fiquei muitos anos sem aparecer por lá. Há pouco tempo, voltei e vi que a cidade cresceu muito, e os campings que frequentei acabaram. Mas a cidade continua mágica... Foi uma época muito boa da vida, para mim é o lugar mais lindo da Região dos Lagos. É realmente o paraíso do surfe!"

→ 3/8/2008, 8H22, ENSINO SUPERIOR COMPLETO, 48 ANOS, VISITANTE.

89. "Sou Argentina, e a primeira vez que estive em 'Saquá' foi há três anos. Adorei, fiquei um mês e agora voltei para ficar mais 15 dias. Acho que é um lugar maravilhoso e conheci gente muito legal. Eu adorei conhecer o povo local, são muito amistosos."

→ 3/8/2008, 8H35, ENSINO SUPERIOR COMPLETO, 33 ANOS, VISITANTE, MAR DEL PLATA, ARGENTINA.

90. "Ai, que saudade dos tempos em que estudava no colégio Alfredo Coutinho entre os anos 1960 e 1970. Apesar de não morar mais em 'Saquá', aprendi a amar esta cidade. Quantas saudades das pitangas colhidas no terreno na restinga; das saídas de canoa, dos mergulhos na lagoa antes da aula... Ensinei os meus filhos a amarem esta cidade; ela nos traz tudo de bom, paz, tranquilidade, continua provinciana, bela, simples. Estou me preparando para futuramente morar aqui em definitivo."

→ 3/8/2008, 9H21, BANCÁRIO, ENSINO SUPERIOR COMPLETO, 63 ANOS, NASCIDO NO MUNICÍPIO, RESIDENTE NA CIDADE DO RIO DE JANEIRO, VERANISTA COM RESIDÊNCIA NO BAIRRO DO CENTRO.

91. "Saquarema é uma cidade muito especial. É uma *surf city* onde rolam altas e pesadas ondas. As melhores praias são Itaúna, Berro d'água e praia da Vila. Com essa é a terceira vez que venho à cidade. Tento aproveitar o máximo as praias, as paisagens, a tranquilidade da *city*, das boas casas que se pode alugar com pouca grana, dos restaurantes onde se pode comer com pouca grana. Dos lugares lindos que se pode conhecer, como a Igreja de Nazaré, com um visual extraordinário, onde você pode se deslumbrar com a paisagem, a vista para as duas melhores praias da cidade. A proximidade com outras cidades turísticas também é um ótimo fator, uma vez que se pode, em 40 minutos, estar em Búzios (curtir a praia das celebridades, surfar altas ondas em Geribá e ainda zoar plantão à noite, na rua das Pedras), ir a Cabo Frio (praia, surfe, dunas). Saquarema é uma viagem maneira. Até o fim do ano pretendo voltar."

→ 3/8/2008, 10H41, SURFISTA, ENSINO SUPERIOR INCOMPLETO, 22 ANOS, VISITANTE, GUARAPARI – ES.

92. "'Saquá' é um dos lugares mais irados que já *dropei*, rolam altas esquerdas, sempre rola onda, e o seguinte: esse lance de 'localismo' só depende de você. Fiz várias amizades."

→ 3/8/2008, 11H04, ESTUDANTE, SURFISTA, ENSINO SUPERIOR INCOMPLETO, 19 ANOS, VISITANTE.

93. "Não é necessário falar muito de Saquarema para se dizer tudo da maravilha que é Saquarema, apenas se resume em: 'Saquarema, lugar de gente feliz e bonita, queimada do sol e cheia de saúde'."

→ 3/8/2008, 11H25, FUNCIONÁRIO PÚBLICO DA PREFEITURA, ENSINO FUNDAMENTAL COMPLETO, 40 ANOS, MORADOR DO BAIRRO VERDE VALE, RESIDENTE NO MUNICÍPIO DESDE 2002.

94. "Saquarema é tudo de bom! Comecei a frequentar na minha adolescência, com uns 13 anos. Tenho casa há quase dez anos, sempre andei sozinho por lá e até hoje só tive um problema com um bêbado local! Portanto, não tenham medo de 'localismo', depende somente de seu comportamento e sua atitude. Se você é tranquilo, toma sua cerveja na boa, azara as mulheres depois de olhar bem se estão acompanhadas ou não, você não será importunado. Experiência de quase 15 anos de 'Saquá'."

→ 3/8/2008, 11H48, ANALISTA DE SISTEMAS, ENSINO SUPERIOR COMPLETO, 39 ANOS, VERANISTA.

95. "Sou frequentadora de Saquarema há 20 anos, vi toda a sua evolução e seu crescimento. Hoje, minha família se mudou para cá. Pego onda e já vivi momentos inesquecíveis em Itaúna, na praia da Vila e no Boqueirão. Existe localismo, sim, mas ele é voltado apenas para aqueles que vêm à cidade para fazer baderna. Quem vem para curtir é muito bem recebido."

→ 3/8/2008, 12H45, DESIGNER, SURFISTA, ENSINO SUPERIOR COMPLETO, 28 ANOS, MORADOR DE ITAÚNA, RESIDENTE DESDE 2003.

96. "Saquarema não se resume só ao Centro, tem outras praias, também muitas outras, tão boas como a de Vilatur. O problema é que tem pouco comércio, a gente fica meio a pé, com fome, mas o visual é excelente, sempre vazia e muito familiar."

→ 3/8/2008, 14H32, SURFISTA, ENSINO MÉDIO COMPLETO, 23 ANOS, MORADOR DO BAIRRO RECREIO DE NAZARÉ, NASCIDO NO MUNICÍPIO.

97. "Saquarema pra mim é o verdadeiro paraíso. Moro em Curitiba, mas vou sempre para lá me refazer e visitar minha família. Quando me aposentar, já tenho meu destino certo: SAQUAREMA, é claro!"

→ 3/8/2008, 14H38, DENTISTA, ENSINO SUPERIOR COMPLETO, 48 ANOS, VISITANTE.

98. "Saquarema é o tipo de lugar que cativa, apaixona e faz apaixonar. Impossível separar a história da minha vida desse paraíso idílico, e penso que para muitos é assim também."

→ 3/8/2008, 15H09, ENGENHEIRA CIVIL, ENSINO SUPERIOR COMPLETO, 32 ANOS, VISITANTE.

99. "Saquarema é hoje uma cidade estranhamente sinistra, onde só os grupos do prefeito e do deputado, além das funerárias, estão satisfeitos com o que acontece na saúde do município. É claro, para quem não precisa dos serviços daqui deve estar tudo normal. O hospital de Bacaxá mais parece um cenário de filme de terror. Falta tudo, até o essencial: médicos, enfermeiros, remédios, papel higiênico... Os equipamentos estão quebrados, os móveis enferrujados e tem buracos pelas paredes, tetos e janelas. Confesso que tenho medo de represálias. O estado da unidade é o caos. São ratos, infecção hospitalar, não é mole trabalhar num lugar horroroso, ver tudo o que a gente vê e ainda ganhar tão pouco. Lembro-me do caso de uma família, gente pobre, bem humilde; a acompanhante do idoso se viu obrigada a pedir dinheiro na praça aos passantes para comprar fraldas descartáveis, já que o hospi-

tal, de uns tempos para cá, resolveu não fornecer mais fraldas a doentes internados. Lembro-me dela dizendo: 'Esse prefeito só quer saber de embelezamento para turista ver, minha família é daqui e sempre viveu aqui. Saquarema está sendo ingrata com meu pai. Não temos dinheiro hoje, mas será que não temos direito a umas fraldas? Por que tanto investimento em orla, em praça, se os moradores estão morrendo?'"

→ 15/8/2008, 11H35, ENFERMEIRA, ENSINO SUPERIOR COMPLETO, 39 ANOS, MORADORA DO BAIRRO ATERRADO, NASCIDA NO MUNICÍPIO.

100. "A Juturnaíba[3] vem causando uma tremenda buraqueira e sem a manutenção adequada. Você pode imaginar como é que estão as ruas..."

→ 18/9/2008, 11H27, DONA DE CASA, ENSINO FUNDAMENTAL COMPLETO, MORADORA DO BOQUEIRÃO, RESIDENTE NO MUNICÍPIO DESDE 1989.

101. "Na calada do inverno, a prefeitura de Saquarema, rouba agora o verde da praia. Em todo o mundo, as preocupações são cada vez maiores com o meio ambiente, fazendo do turismo aliado insepa-rável da preservação da natureza, sempre com a missão de atrair os visitantes. Feliz a cidade com potencial turístico que consegue man-ter não só a sua vegetação, como também os seus demais atributos naturais, a despeito de pressões, como a da especulação imobiliária e da imbecilidade governamental. As restingas de Saquarema estão se acabando. Desenvolvimento sustentável é algo muito distante daqui. Agora mesmo, sob o pretexto de preparar a orla para novos quiosques, a prefeitura promoveu uma verdadeira devastação, dei-xando a praia com a imagem desoladora de um grande e árido areal.

---

3 Águas de Juturnaíba: empresa concessionária responsável pela distribuição de água potável.

Toneladas e toneladas da areia dragada do fundo do canal foram despejadas por caminhões e espalhadas por pesados tratores sobre a vegetação de restinga que ainda restava, soterrando-a, do Boqueirão à Vila. Esse é o absurdo dos governantes."

→ 18/9/2008, 18H, ADVOGADO, AMBIENTALISTA ATIVO, ENSINO SUPERIOR COMPLETO, 66 ANOS, MORADOR DO BAIRRO DO CENTRO, MORADOR DO BAIRRO VILATUR, RESIDENTE NO MUNICÍPIO DESDE 2006.

102. "Eu sou frequentadora assídua de Saquarema, pois tenho casa lá há anos. Tenho muitas reclamações a fazer, mas também muitos elogios à cidade. A cidade está melhorando a cada ano, em nível de infraestrutura, entretenimento e turístico. A noite em 'Saquá' melhorou muito, mas deveria melhorar ainda mais. Os eventos quase não ocorrem e, quando ocorrem, não são bem divulgados ou são bem chinfrins. Por exemplo, no final de semana passado,[4] teve a festa da padroeira de cidade, mas eu não vi nada sobre o evento, nem no caminho para lá. Acredito que as muitas pessoas que lá foram são frequentadores da cidade, assim como eu. Apesar de tudo, eu recomendo Saquarema, porque é uma cidade que tem belíssimas praias, entre outras belezas naturais, culturais e históricas (sambaquis). Além disso, tem como se divertir e descansar no mesmo lugar. Saquarema é boa para todas as pessoas, de todas as idades e tipos."

→ 18/9/2008, 19H05, DONA DE CASA, ENSINO MÉDIO COMPLETO, 46 ANOS, VERANISTA.

103. "Em Saquarema, os crimes ambientais e eleitorais correm soltos, patrocinados pelo próprio poder público municipal. É roubo até de areia da lagoa, claro que com a intenção de revitalizar a lagoa. A areia retirada está sendo utilizada irregularmente em vias públicas e aterros particulares, por conta de barganhas eleitorais e

---

4 Dias 6 e 7/9/2008.

para enterrar a restinga da praia. E aí, onde estão as autoridades de defesa ambiental municipal, estadual e federal?"

→ 18/9/2008, 17H35, TÉCNICO EM ELETRÔNICA, ENSINO MÉDIO COMPLETO, 24 ANOS, MORADOR DO BAIRRO ROSA DOS VENTOS, NASCIDO NO MUNICÍPIO.

104. "Em 1981, foi construído em Saquarema um hospital projetado para atender os seus moradores; hoje, a cidade, com 5 vezes mais habitantes, tem o mesmo hospital, que precisa ser ampliado, sem falar nos equipamentos obsoletos. Esse é o tratamento que os saquaremenses humildes têm recebido. A quem hoje só resta rezar para não cair, numa hora difícil, num hospital entregue aos ratos que podem lhes roubar a própria vida."

→ 20/9/2008, 8H50, APOSENTADA, ENSINO MÉDIO COMPLETO, 46 ANOS, MORADORA DO BAIRRO ARMAZÉM CATARINO, NASCIDA NO MUNICÍPIO.

105. "O turismo, do jeito que é aqui no município, não acrescenta nada. Os políticos incentivam, através do 'apoio cultural', eventos de qualidade duvidosa, que, muitas vezes, terminam em tragédia pelo excesso de consumo de álcool. A qualidade de vida da região só piorou nesses últimos anos."

→ 20/9/2008, 9H11, ESTUDANTE, ENSINO SUPERIOR INCOMPLETO, 21 ANOS, MORADOR DO BAIRRO LAGO DO PARAÍSO, NASCIDO NO MUNICÍPIO.

106. "Não tenho nada contra os veranistas, mas precisa ser organizado. Aqui em Saquarema, desde que os responsáveis pelo município resolveram 'somente colocar gente para dentro', o resultado tem sido o pior possível, vide o último Carnaval, que foi o mais violento de toda a sua história. Acredito que todos querem os turistas por aqui, mas não dá para ser assim."

→ 20/9/2008, 11H13, COMERCIANTE, ENSINO FUNDAMENTAL INCOMPLETO, 51 ANOS, MORADOR DO BAIRRO ROSA DOS VENTOS, NASCIDO NO MUNICÍPIO.

107. "Saquarema já teve uma vida bem pacata, mas, com o turismo desse jeito, fugiu do controle. A cidade não tem estrutura para receber, e os desordeiros de plantão já perceberam isso. O lixo, o cheiro de urina após os eventos, as calçadas ocupadas por ambulantes transformaram a vida dos idosos em verdadeiro martírio. Rezo sempre para que consigamos sobreviver a cada verão."

→ 21/9/2008, 13H05, APOSENTADA, ENSINO MÉDIO COMPLETO, 62 ANOS, MORADORA DO BAIRRO GUARANI, NASCIDA NO MUNICÍPIO, REPRESENTANTE DO CLUBE DOS ANOS DOURADOS.

108. "O Carnaval desse ano assustou todos pela exibição de selvageria que foi, mas não me surpreendeu. A escalada da violência já vinha se apresentando cada evento que ocorria. Os moradores precisam pressionar para que esses episódios não voltem ocorrer. Gostaríamos de ser ouvidos, não somos contra os turistas, mas esses que estão vindo para cá não contribuem em nada para o desenvolvimento da região."

→ 21/9/2008, 14H35, APOSENTADO, REPRESENTANTE DA SOCIEDADE BEM VIVER DE SAQUAREMA, ENSINO FUNDAMENTAL INCOMPLETO, 71 ANOS, MORADOR DO BAIRRO ALVORADA, NASCIDO NO MUNICÍPIO.

109. "Muitas pessoas estavam se mudando para cá depois que se aposentavam, mas sei que alguns estão arrependidos; é claro que todos estavam cientes das limitações da estrutura de serviços da cidade, mas apostaram na tranquilidade e nas belas paisagens. Ninguém imaginou que Saquarema fosse se transformar em refúgio do tráfico e receber o título de cidade mais violenta da Região dos Lagos; muitos estão vendendo seus imóveis e migrando para Araruama ou Cabo Frio."

→ 21/9/2008, 14H55, COMERCIANTE, REPRESENTANTE DA SOCIEDADE BEM VIVER DE SAQUAREMA, ENSINO MÉDIO INCOMPLETO, 51 ANOS, MORADOR DO BAIRRO DE JACONÉ, NASCIDO NO MUNICÍPIO.

110. "Sou nascido e criado ao lado nesta lagoa. Meu avô e meu pai viveram a vida inteira da pesca. Me lembro de que, quando eu era mais jovem, costumava pescar camarão. Teve uma época que muitas casas eram construídas, a lagoa ficou horrível, praticamente morta. Não dava nem para ficar parado muito tempo em frente. Em dias de muita ventania, o mau cheiro era insuportável."

→ 27/9/2008, 7H12, PESCADOR, ENSINO FUNDAMENTAL INCOMPLETO, 55 ANOS, MORADOR DO BAIRRO BOQUEIRÃO, NASCIDO NO MUNICÍPIO.

111. "A obra do canal deu uma melhorada na pesca, muitos peixes, o camarão, a lula, o siri, o robalo e a corvina que haviam desaparecido voltaram depois da obra. Acho que a situação aqui já se estabilizou. Já está até dando para tomar banho na lagoa."

→ 27/9/2008, 7H20, PESCADOR, ENSINO FUNDAMENTAL INCOMPLETO, 49 ANOS, MORADOR DO BAIRRO BOQUEIRÃO, NASCIDO NO MUNICÍPIO.

112. "Os pescadores tinham que sair do entorno da lagoa para pescar, agora já está dando para trabalhar em qualquer parte da lagoa. As vendas melhoraram, tem turista que fica esperando por eles para comprar. Até as mulheres dos pescadores estão se beneficiando e ajudando a aumentar a renda da família, com a carne do siri que não é vendido e que passou a ser cozida e vendida. Até as cascas são aproveitadas pelos bares locais para fazer casquinha de siri. Muitos pescadores que haviam abandonado o ofício voltaram à atividade depois da obra da Barra. Quando eles abandonaram o trabalho, começaram a fazer 'bicos' como pedreiro ou indo para o comércio, agora, eles estão voltando a exercer a sua própria profissão."

→ 27/9/2008, 8H, REPRESENTANTE DA COLÔNIA DE PESCA Z-26, ENSINO MÉDIO INCOMPLETO, 35 ANOS, MORADOR NO BAIRRO BOQUEIRÃO, NASCIDO NO MUNICÍPIO.

113. "Há muitos anos, esse canal aí era o mar que abria; quando fechava, os pescadores se reuniam, inclusive meu pai e meu avô, para reabrir. Depois, os veranistas tomaram conta, veio a lama podre, poluída, e não era mais possível reabrir o canal de forma braçal. Pelo menos, agora, temos um canal reaberto, ainda temos esperança de recuperar nossa lagoa."

→ 27/9/2008, 8H31, PESCADOR, ENSINO FUNDAMENTAL INCOMPLETO, 62 ANOS, MORADOR DA COMUNIDADE DO MARTELO, NASCIDO NO MUNICÍPIO.

114. "O canal ajuda a água do mar a entrar na lagoa duas vezes por dia. São quatro marés, duas de vazante e duas de enchente. Nas duas de enchente, é água do mar todos os dias e peixes chegando à lagoa. Não são só os pescadores que estão felizes. A revitalização da lagoa fez aumentar também o número de turistas, e acho que também o de empregos."

→ 27/9/2008, 8H31, FUNCIONÁRIO DA PREFEITURA LOCAL, ENSINO SUPERIOR COMPLETO, 50 ANOS, MORADOR DO BAIRRO DE BACAXÁ, NASCIDO NO MUNICÍPIO.

115. "Foi muito grande nossa luta pela salvação da lagoa; a primeira vitória foi o canal, agora é a melhoria, e para isso precisamos de um sistema de saneamento eficiente. Não existe veranista, nem turismo, nem comércio, simplesmente nada, se ela voltar ao estado crítico em que se encontrava. A qualidade de vida das nossas famílias depende da continuidade dos investimentos em saneamento, coleta e destinação de lixo e todos os demais serviços de infraestrutura."

→ 27/9/2008, 8H53, GEÓGRAFO, REPRESENTANTE DA ASSOCIAÇÃO DE PESCA DA LAGOA DE SAQUAREMA, ENSINO SUPERIOR COMPLETO, 45 ANOS, MORADOR DO BAIRRO BARRA NOVA, NASCIDO NO MUNICÍPIO.

116. "Esperamos o segundo passo, faltam as obras complementares; como a dragagem que liga a lagoa da Mombaça à lagoa de Jaconé.

Essa agonia vem desde a época que permitiram a ocupação desordenada, aí a terra correu para dentro da lagoa, várias passagens e pontes foram construídas sem critério algum, sem falar nas ligações clandestinas de luz."

→ 27/9/2008, 10H48, PEDAGOGA, REPRESENTANTE DA ASSOCIAÇÃO DE MORADORES E AMIGOS DE JACONÉ, ENSINO SUPERIOR COMPLETO, 54 ANOS, MORADORA DO BAIRRO DE JACONÉ, NASCIDA NO MUNICÍPIO.

117. "Não dá para pensar em turismo sem uma melhoria dessa lagoa, é o mesmo que cair novamente na armadilha dos loteamentos desenfreados. Essa questão é vital para o município e precisa ser discutida com toda a comunidade."

→ 27/9/2008, 11H14, COMERCIANTE, REPRESENTANTE DA ASSOCIAÇÃO DE DEFESA AMBIENTAL DE JACAREPIÁ (ADEJA), ENSINO SUPERIOR INCOMPLETO, 39 ANOS, MORADORA DO BAIRRO DE JACONÉ, NASCIDA NO MUNICÍPIO.

118. "Os investimentos públicos precisam sair do Centro e chegar até a zona rural, porque também tem muito o que se fazer por lá. Sampaio Correia é a fonte de toda a água da região, é o que resta de fauna e flora do município. O saneamento, a melhoria das estradas e um posto de saúde são antigas reivindicações da comunidade, mas parece que não temos peso político e, por isso, ninguém nos ouve."

→ 27/9/2008, 11H26, PRODUTOR DE BANANA, REPRESENTANTE DA ASSOCIAÇÃO DOS PEQUENOS PRODUTORES RURAIS DE SAQUAREMA (APROSA), ENSINO MÉDIO COMPLETO, 57 ANOS, MORADOR DO DISTRITO DE SAMPAIO CORREIA, NASCIDO NO MUNICÍPIO.

119. "Sentimos falta de apoio, não conseguimos espaço nos eventos. Queremos mostrar o nosso trabalho, acho que temos muito que desenvolver, mas temos que ter ajuda."

→ 27/9/2008, 11H38, ARTESÃ, REPRESENTANTE DA ASSOCIAÇÃO DE MULHERES ACONTECENDO EM SAQUAREMA (AMEAS), ENSINO MÉDIO INCOMPLETO, 42 ANOS, MORADORA DO BAIRRO DO VERDE VALE, NASCIDA NO MUNICÍPIO.

120. "As obras que complementariam o Barra Franca são essenciais, sem isso será o mesmo que jogar dinheiro fora, pois a areia da praia de Itaúna continuará a ser arrastada e o esgoto continuará a formar a lama fedorenta."

→ 27/9/2008, 11H44, TÉCNICO EM INFORMÁTICA, ENSINO MÉDIO COMPLETO, REPRESEN-TANTE DA ONG VIVA LAGOA, 28 ANOS, MORADOR DO BAIRRO DO GUARANI, NASCIDO NO MUNICÍPIO.

121. "O Boqueirão é um bairro que surgiu sem planejamento e, por isso, carece de muitas intervenções. Mas, como não somos um bairro turístico, aguardamos até agora as melhorias prometidas. As que aconteceram foram porque vieram das empresas privadas, como a renovação da rede elétrica, faltava muita luz lá; e os novos 'orelhões', mas ainda falta muito. Apenas parte do bairro tem saneamento, a rede de distribuição de água não chega 'em' todas as casas, também não temos pavimentação nas ruas, as calçadas são desniveladas, faltam praças e áreas de lazer. Esperamos mais investimentos na qualidade de vida do bairro."

→ 27/9/2008, 12H27, PROFESSORA, REPRESENTANTE DA ASSOCIAÇÃO DE MORADORES E AMIGOS DO BOQUEIRÃO, ENSINO MÉDIO COMPLETO, 38 ANOS, MORADOR DO BAIRRO DO BOQUEIRÃO, NASCIDA NO MUNICÍPIO.

122. "Trabalho aqui há uns 23 anos. Quando comecei, eram muitos loteamentos; a maioria dos lotes foi vendida para moradores da zona norte do Rio de Janeiro ou da Baixada Fluminense. A lagoa tinha muita vegetação, mais ou menos de uns 2m a 2,5m de altura; aqueles que compraram mais próximos à orla da lagoa, quando iam construir as suas casas, mandavam 'limpar' o terreno, retirando a vegetação das margens da lagoa, porque atrapalhavam a vista. Também chegava muito aterro trazido

de Sampaio Correia, que era usado para aterrar parte da lagoa para fazer deck para barcos."

→ 28/9/2008, 14H18, CORRETOR DE IMÓVEIS, ENSINO MÉDIO COMPLETO, 56 ANOS, MORADOR DO BAIRRO DE VILATUR, RESIDENTE NO MUNICÍPIO DESDE 1985.

123. "Outra noite, precisei levar meu filho de 11 anos ao hospital infantil. Estávamos aguardando do lado de fora, quando meu filho gritou: 'Mãe, olha que nojo!'. Ao lado do local onde é tirado o raio X, havia um quarto que estava com a porta aberta, nele estava depositado o lixo hospitalar. Junto ao dito 'lixo' havia uma quantidade enorme de ratazanas. Não estou exagerando, era assustador. Assim como nós, outras pessoas que estavam no local também ficaram horrorizadas. Então pensei: será que não existe ninguém com responsabilidade para tomar as devidas providências? Será que ninguém vê? Ah, me esqueci: aqui é a cidade do 'não fui eu'. Tinha que denunciar, mas para quem?"

→ 18/01/2008, 15H29, ELETRICISTA, ENSINO MÉDIO COMPLETO, 34 ANOS, MORADOR DO BAIRRO DA ÁGUA BRANCA, NASCIDO NO MUNICÍPIO.

124. "Minha avó conta que a procissão começava com o amanhecer, os barcos iam para o mar, os homens jogavam a rede, e a 'pega' desse dia era toda dada no altar de oferta. Era uma festa de vizinhos; os romeiros vinham somente de dia, mas a novena acontecia a semana toda. Isso de barraquinha e show não tinha, não."

→ 9/2/2008, 9H12, EX-PESCADOR, ENSINO FUNDAMENTAL COMPLETO, 59 ANOS, MORADOR DO BAIRRO RIO MOLE, NASCIDO NO MUNICÍPIO.

125. "Nem sei o que seria de mim sem a minha fé. Foram tantas as dificuldades que só a fé na minha santinha para me fazer ir adiante."

→ 19/9/2008, 16H23, FORMAÇÃO DE PROFESSORES, ANTIGO NORMAL, DONA DE CASA, MORADORA DO BAIRRO DA AREIA BRANCA, NASCIDA NO MUNICÍPIO.

126. "Não nasci em Saquarema, mas minha mãe vinha todos os anos ao Círio. Quando casei, vim algumas vezes, mas sem regularidade, mas, depois que ela morreu, voltei a frequentar. Acho que devia isso a ela."

→ 6/9/2008, 10H06, DONA DE CASA, ENSINO MÉDIO COMPLETO, 48 ANOS, VISITANTE.

127. "[...] Desde sexta-feira, estou trabalhando feito louca... Quem é de Saquarema sabe do que estou falando, é a típica 'Festa de Setembro', ou 'Festa da Santa'. Para você que não é daqui, eu vou explicar: é o final de semana que antecede o dia 8 de setembro, que é dia de Nossa Senhora de Nazaré, padroeira da cidade, onde vêm milhares e milhares de pessoas visitar e passear na nossa grande cidadezinha (grande em tamanho, pequena em desenvolvimento). Nessa festa vêm os 'barraqueiros' vender seus lanches e suas tranqueradas; atualmente já não são mais centenas, mas ainda são muitos, ficam apinhados no centro da cidade, causando o caos e atrapalhando a animação da festa que para mim não faz nenhum sentido, só sei que ganho dinheiro, e não é explorando a fé alheia, porque eu não colo santinhos na embalagem das tortas que vendo. Este Círio, que parece já ter sido o segundo maior do Brasil, foi assolado, assombrado e perseguido por uma falta de organização *mor* da prefeitura local, e por isso tem diminuído e recebido menos visitantes e romeiros. Só dá garotada...."

→ 7/9/2008, 19H51, COZINHEIRA AUTÔNOMA, ENSINO FUNDAMENTAL COMPLETO, 44 ANOS, MORADORA DO BAIRRO RECREIO DE NAZARÉ, NASCIDA NO MUNICÍPIO.

128. "Como puderam deixar destruir o segundo maior Círio de Nazaré do Brasil? Como puderam deixar a educação de Saquarema chegar a uma das piores do Estado, senão a pior? Como puderam deixar a saúde de Saquarema chegar a tal ponto? Quantos mais precisarão morrer para as coisas mudarem? Como puderam deixar a cidade

considerada tranquila se tornar *point* de criminalidade? Hoje, não criaria mais meus filhos em Saquarema, que se tornou uma cidade sem qualquer estrutura. Brevemente, pelo jeito, perderemos também o título de cidade turística. Saquarema, a cidade do futuro, mas que futuro? O do esquecimento? Do isolamento do resto do mundo? Talvez queiram tomar a cidade e fazê-la uma cidade fantasma para fazer o que bem entenderem. A população tem que se mobilizar, fazer a cidade voltar ao que era. Espero que ainda possa criar meus filhos na cidade que minha mãe escolheu para me criar e que os seus governantes acabaram por me 'expulsar'."

→ 23/3/2008, 11H14, PEDAGOGA, ENSINO SUPERIOR COMPLETO, 41 ANOS, MORADORA DO BAIRRO DE BACAXÁ, NASCIDA NO MUNICÍPIO.

REFERÊNCIAS BIBLIOGRÁFICAS

ACSELRAD, Henri. "Sustentabilidade e democracia". *Revista Proposta: experiências em Educação Popular*, Rio de Janeiro, v. 25, nº 71, dez-fev. 1997.

_____. "Sustentabilidade e território". In: HERCULANO, S; PORTO, M.F.S.; FREITAS, C.M. (org.). *Qualidade de vida e riscos ambientais*. Niterói: Eduff, 2000.

_____. (org.). *A duração das cidades sustentáveis: sustentabilidade e risco nas políticas públicas*. Rio de Janeiro: DP&A, 2001.

ALCOFORADO, Elizabeth. *O anjo bom e anjo mau: um estudo sobre a identidade (s) prostitucional (is) no Recife*. 1999. 170 f. Dissertação (Mestrado em Sociologia) – Centro de Filosofia e Ciências Humanas, UFPE, Recife.

ALENCAR FILHO, Francisco Rodrigues de; RIBEIRO, Marcus Venício; CARPI, Lúcia. *História da sociedade brasileira*. Rio de Janeiro: Ao Livro Técnico, 2001.

AMARAL, Rita. Festa à brasileira: sentidos do festejar no país que "não é sério". Disponível em: <http://www.aguaforte.com/antropologia/festaabrasileira/festa.html>. Acessado em: 18/11/2007.

ARUP, SenGupta. *Environmental capacity and development in historic cities: a study with special reference to Chester* (methodology report), 1993. Chester: the future of an historic city, 1994.

ARAÚJO, Marinella M.; FERES, Anaximandro L.A.; SILVA, Betina G. Gestão orçamentária participativa: o papel do estatuto da cidade na construção do paradigma de justiça urbano ambiental e intergeracional. In: XV CONGRESSO NACIONAL DO CONPEDI, 2006, Recife. Anais eletrônicos do XV encontro preparatório do Conselho Nacional de Pesquisa e Pós-graduação em Direito.

Recife: CONPEDI. Disponível em: <http://www.conpedi.org/manaus/arquivos/anais/recife/direito_ambiental_marinella_machado_e_outros.pdf>. Acessado em: 10/10/2007.

ARAÚJO, Paulo Roberto. "Estrada Serra-Mar, que liga Friburgo à região dos Lagos, será asfaltada." *O Globo*, Rio de Janeiro, 7 de abril de 2004. Disponível em: <http://w1.dnit.gov.br/download/clipping/2004/>.

ARENDT, Hannah. *A condição humana*. 10. ed. Rio de Janeiro: Forense Universitária, 2001.

BANCO NACIONAL DE DESENVOLVIMENTO ECONÔMICO E SO-CIAL. *O BNDES e a economia da cultura*. Disponível em: <http://www.bndes.gov.br/cultura/>. Acessado em: 14/12/2008.

BARBOSA, Sônia R.C.S. *Qualidade de vida e suas metáforas: uma reflexão socioambiental*. Tese (doutorado em Ciências Sociais), 1996. – Instituto de Filosofia e Ciências Humanas, Universidade Estadual de Campinas, Campinas.

_____. "Qualidade de vida e necessidades sentidas: uma aproximação teórica". *Revista Humanitas*, Campinas, v.2, nº 2, ago, 1998, p. 39-62.

_____. "Complexidade social, risco e qualidade de vida: dores sentidas, dores vividas". *Cadernos do ICH*, Campinas, 1999.

_____. "Identidade social e dores da alma entre pescadores artesanais de Itaipu". *Ambiente e sociedade*. Rio de Janeiro, vol. VII nº 1, jan--jun, Campinas, 2004.

_____. "Complexidade social e subjetividade: considerações sociológicas acerca da depressão". *Teoria e Pesquisa*, nº 48, jan-jul, Universidade Federal de São Carlos, São Carlos, 2006.

BARICKMAN, Bert. "Um uso carioca: o banho de mar no Rio de Janeiro no século XIX e no início do século XX". In: II SIMPÓSIO INTERNACIONAL DE HISTÓRIA DO BRASIL, 2006, Rio de Janeiro. *Anais do Simpósio Internacional de História do Brasil...* Rio de Janeiro: FGV, 2006.

BARRETO, Margarida. *Cultura e turismo*. São Paulo: Papirus, 2007.

BARTOLOMÉ, Miguel A. "As etnogênesis: velhos atores e novos papéis no cenário cultural e político". *Mana*. Rio de Janeiro, v. 12 (1), 2006, p. 39-68.

BAUDRILLARD, Jean. *Simulacros e simulação*. Lisboa, Portugal: Relógio d'Água, 1991.

BAUMAN, Zygmunt. *Comunidade: a busca por segurança no mundo atual*. Rio de Janeiro: Zahar, 2003.

_____. *Identidade: entrevista a Benedetto Vecchi*. Rio de Janeiro: Zahar, 2005, p. 15-105.

BECKER, Berta. *Levantamento e avaliação da política federal de turismo e seus impactos na região costeira*. Brasília: PNMA, 1995.

BENI, Mario. *Análise estrutural do turismo*. 2. ed. São Paulo: Editora Senac São Paulo, 2006.

BOCCARA, Guillaume. *Guerre et ethnogenèse mapuche dans le Chili colonial: L'invention du soi*. Paris: L'Harmattan, 1998.

BOTELHO, Eloise. S. *A educação ambiental transformadora: uma possibilidade através da participação comunitária*. 2005. Monografia (Especialização em Educação Ambiental) – Universidade Federal de Juiz de Fora/Faced/NEC, Juiz de Fora.

BOOTH, Dous. *Australian beach cultures: the history of sun, sand and surf*. London: Frank Cass, 2001. 206p.

BRANDÃO, Carlos Rodrigues. *A cultura na rua*. Campinas: Papirus Editores, 1989.

_____. *O que é folclore?* 13. ed. vol. 1, São Paulo: Brasiliense, 1994. 110p.

BRASIL, MINISTÉRIO DO TURISMO. *Manual do pesquisador: inventário da oferta turística: instrumento de pesquisa. Módulo A, B e C*. Brasília: Ministério do Turismo, Secretaria Nacional de Políticas de Turismo. Departamento de Estruturação, Articulação e Ordenamento Turístico, 2006.

BRITTO, Rosyan C.C. *Modernidade e tradição: construção da identidade cultural dos pescadores de Arraial do Cabo* – RJ. Niterói: Eduff, 1999.

BUARQUE, Cristovam. "Qualidade de vida: a modernização da utopia. Lua Nova". *Revista de Cultura e Política*, São Paulo, nº 31, 1993.

BULLINGER, Monika; ANDERSON, R.; CELLA, D. "Developing and evaluating cross-cultural instruments from minimum requirements to optimal models". *Quality Life Research*. 1993.

BUTTEL, Frederick H. "Sociologia ambiental, qualidade ambiental e qualidade de vida: algumas observações teóricas". In: HERCULANO, Selene; FREITAS, Carlos M. de; PORTO, Marcelo F. de S. (org.) *Qualidade de vida & riscos ambientais*. Rio de Janeiro: Eduff, 2000.

CAGED. *Cadastro Geral de Empregados e Desempregados*. Disponível em: <http://www.mte.gov.br/>. Acessado em: 7/9/2007.

CALVENTE, Maria del Carmem M.H. "Ilha Bela: turismo e território". In: LEMOS, Amália Inês. *Turismo: impactos socioambientais*. São Paulo: Hucitec, 1999.

CALDEIRA, Teresa P.R. *Cidade de muros: crime, segregação e cidadania em São Paulo*. São Paulo: Editora 34/Edusp, 2000.

CANCLINI, Néstor García. *Consumidores y ciudadanos. conflictos multiculturales de la globalización*. México: Editora Grijalbo, 1995.

_____. *Culturas híbridas: estratégias para entrar e sair da modernidade*. 4. ed. São Paulo: Edusp, 2003.

CARLOS. Ana F.A. *O espaço urbano*. São Paulo: Contexto, 2004.

CARVALHO, Elaine T.A.M. *Paraíso na terra ou terra sem mal?* 2006, 148 f. Dissertação (Mestrado em Ciências da religião) – Universidade Metodista de São Paulo, São Paulo.

CASTRO, Edna. "Território, biodiversidade e saberes de populações tradicionais". In: DIEGUES, A.C. (org.) *Etnoconservação: novos rumos para a proteção da natureza nos trópicos*. São Paulo: Editora Hucitec, 2000.

CASTELS, Manuel. *A questão urbana*. Rio de Janeiro: Paz e Terra, 1983. (Pensamento Crítico, 48.)

CASTRO, Iná E.; GOMES, Paulo Cesar da C., CORRÊA, Roberto L. A. *Geografia: conceitos e temas*. 10. ed. Rio de Janeiro: Bertrand Brasil, 2007.

CHAUI, Marilena. *Conformismo e resistência: aspectos da cultura popular no Brasil*. São Paulo: Hucitec, 1996.

CIACCHI, Andréa. "O espaço e sua memória: desafios para a ação acadêmica". In: 2º CONGRESSO BRASILEIRO DE EXTENSÃO UNIVERSITÁRIA, Belo Horizonte, 2004. *Anais eletrônicos do 2º Congresso Brasileiro de Extensão Universitária...* Belo Horizonte: UFMG. Disponível em: <http://www.ufmg.br/congrext/ Desen/ Desen18.pdf>. Acessado em 2/12/2005.

COHEN, Erik. "Who is tourist? A conceptual clarification". *Sociological Review*. 1974.

_____. "Authenticity and commoditization in tourism". *Annals of Tourism Research*, nº 15, 1988.

CORBIN, Alain. *Território do vazio: a praia e o imaginário ocidental*. São Paulo: Cia. das Letras, 1989.

CORIOLANO, Luzia Neide M.T. "Da sedução do turismo ao turismo de sedução". In: RODRIGUES, Adyr Balastreri (org.). *Turismo, modernidade, globalização*. São Paulo: Hucitec, 1997, p. 119-135.

_____. "Turismo e degradação ambiental no litoral do Ceará". In: LEMOS, Amália Inês. *Turismo: impactos socioambientais*. São Paulo: Hucitec, 1999.

_____. *Do local ao global: o turismo litorâneo cearense*. São Paulo: Papirus, 2002.

_____. "A exclusão e a inclusão social e o turismo". *Revista de Turismo y Patrimônio Cultural*. v. 3, nº 2, 2005.

CORRÊA, Roberto L.A. *A rede urbana brasileira*. São Paulo: Ática, 1989.

_____. *Origem e tendências da rede urbana brasileira: algumas notas*. Rio de Janeiro: IBGE, 1993.

CORRÊA, Roberto L.A. *O espaço urbano*. 4 ed. Rio de Janeiro: Ática, 1999.

COSTA, Heloisa S.M; OLIVEIRA, A.M; RAMOS, M. "População, Turismo e Urbanização: conflitos de uso e gestão ambiental". In: XIII ENCONTRO DA ASSOCIAÇÃO BRASILEIRA DE ESTUDOS POPULACIONAIS, 2002, Ouro Preto. Anais do *XIII Encontro da Associação Brasileira de Estudos Populacionais...* Ouro Preto: Abep, 2002.

CRUZ, Rita de Cássia. *Políticas de turismo e território*. São Paulo: Contexto, 2000.

DA MATTA, Roberto. *Carnavais, malandros e heróis: para uma sociologia do dilema brasileiro*. Rio de Janeiro: Zahar, 1978.

DE MATTOS, Ilmar Rohloff. *O tempo Saquarema: a formação do estado imperial*. São Paulo: Hucitec, 2004.

DIAS, Robson S.; SILVA NETO, Romeu; BARRAL NETO, Jaime F. "Influências do setor de extração e produção de petróleo e gás na organização territorial de Macaé e sua região de entorno." In: 58ª REUNIÃO ANUAL DA SBPC, 2006, Florianópolis. 2006. *Resumos eletrônicos da 58ª Reunião Anual da SBPC...* Florianópolis: SBPC. Disponível em: <http://www.sbpcnet.org.br/livro/58ra/JNIC/RESUMOS/resumo_1293.html>.

DIEGUES, Antonio Carlos. *O mito moderno da natureza intocada*. 5. ed. São Paulo: Nupaub-USP, 2004.

DURHAM, Eunice. *A dinâmica da cultura: ensaios de antropologia*. São Paulo: Cosac & Naify, 2004.

ELEJABARRIETA, Fran J.; IÑIGUEZ, Lupcinio. "Construction de escalas de actitud tipo Thrust y Likert". Barcelona: Universidad Autonoma de Barcelona, 1984, 47p. Disponível em:<http://antalaya.uab.es/liniguez/materiales/escalas.pdf>.

ELIAS, Norbert; DUNNING, Eric. *A busca da excitação*. Lisboa: Difel, 1992.

ESRIMAP. Environmental Systems Research Institute Maps. Disponível em: <http://www.esri.com>.

EWALD, Ariane Patrícia; SOARES, Jorge Coelho. "Identidade e subjetividade numa era de incerteza". Rio de Janeiro: Estudos de Psicologia 12(1), p. 23-30, 2007. Disponível em: <http://www.scielo.br/pdf/epsic/v12n1/a03v12n1.pdf>.

FLECK, M.P.A; LOUZADA, S.; XAVIER, M.; et al. "Aplicação da versão em português do instrumento de avaliação de qualidade de vida da Organização Mundial da Saúde (WHOQOL- 100)". *Revista Saúde Pública*. São Paulo, v.33, nº 2, 1999a.

FLECK, M.P.A.; LEAL, O.F.; LOUZADA, S.; et al. "Desenvolvimento da versão em português do instrumento de avaliação de qualidade de vida da OMS (WHOQOL-100)". *Revista Brasileira de Psiquiatria*. São Paulo, v. 21, nº 1, 1999b.

FRANCISCO, Benedicto H.R. *O homem e a geo-história da região de Saquarema*. 1999. 354 f. Tese (Doutorado em Geologia) – Instituto de Geociências, Universidade Federal do Rio de Janeiro, Rio de Janeiro.

FREUD, Sigmund. *O mal-estar da civilização*. OB, vol.XXI. Rio de Janeiro: Imago, 1996.

FONTELES, José O. *Jericoacoara: turismo e sociedade*. Sobral: Edições UVA, 2000.

FUNDAÇÃO CENTRO DE DADOS DO RIO DE JANEIRO. *Mapa oficial do estado do Rio de Janeiro*. Escala 1:450.000. Rio de Janeiro: Fundação Cide, 2006.

FUNDAÇÃO CIDE. Centro de Informações de Dados do Rio de Janeiro. Disponível em: http://www.cide.rj.gov.br/. Acessado em 15/5/2008.

FUNDAÇÃO ESTADUAL DE ENGENHARIA DO MEIO AMBIENTE. *Perfil ambiental do município de Saquarema*. Rio de Janeiro: Feema, 1988.

FUNDAÇÃO SOS MATA ATLÂNTICA. *Atlas dos remanescentes florestais da Mata Atlântica, 2005-2008*. São Paulo: Fundação SOS Mata Atlântica – Inpe, 2009.

GALLOPÍN, Gilberto. "Ecologia y ambiente". In: LEFF, Enrique (coord.). *Los problemas del conocimiento y a perspectiva ambiental del desarrollo.* México: Siglo o Veintiuno, 1986.

GARCIA, Isadora. "Vulnerabilidade e resiliência". *Revista Adolescência Latinoamericana.* Porto Alegre, vol.2, nº 3, 2001.

GIDDENS, Anthony. *As consequências da modernidade.* São Paulo: Editora Unesp, 1991.

_____. *Para além da esquerda e da direita.* São Paulo: Editora Unesp, 1996.

GIDDENS, Anthony; PIERSON, Christopher. *Conversas com Anthony Giddens: o sentido da modernidade.* Rio de Janeiro: FGV, 2000.

GIDDENS, Anthony. *Modernidade e identidade.* Rio de Janeiro: Zahar, 2002.

GONÇALVES, José R. "Autenticidade, memória e ideologias nacionais: o problema dos patrimônios culturais". *Revista Estudos Históricos,* vol. 1, nº 2, Rio de Janeiro, 1988.

GONÇALVES, Mariana; ARAÚJO, Paulo R. "Proteção para a natureza da região dos Lagos". Rio de Janeiro: *O Globo,* 3 ago. 2008.

GOTTDIENER, Mark. *A produção social do espaço urbano.* São Paulo: Edusp, 1993.

GRUZINSKI, Serge. *O pensamento mestiço.* São Paulo: Cia. das Letras, 2001.

GUICHONET, Paul; RAFFESTIN, Claude. *Géographie des frontières.* Paris: Le Géographie, 1974.

GUTENBERG, Alex. *A história do surf no Brasil: 50 anos de aventura.* São Paulo: Azul, 1989.

GUSFIELD, Joseph. R. *The community: a critical response.* Nova York: Harper Colophon, 1975.

HAESBAERT, Rogério. *Desterritorialização e identidade: a rede gaúcha no nordeste.* Niterói: Eduff, 1997.

_____. *Territórios alternativos.* São Paulo: Contexto, 2002.

HAESBAERT, Rogério. "Desterritorialização, multiterritorialidade e regionalidade". In: OFICINA SOBRE A POLÍTICA NACIONAL DE ORDENAMENTO TERRITORIAL. Brasília: Ministério da Integração Nacional, 2005, p.15-29.

HALL, Stuart. *A identidade cultural na pós-modernidade*. 7. ed. Rio de Janeiro: DP&A, 2002.

_____. *Da diáspora: identidades e mediações culturais*. SOVIK, Liv (org.). Belo Horizonte: UFMG/Humanitas, 2003.

HANNIGAN, John. *Fantasy city: pleasure and profit in the postmodern metropolis*. Londres: Routledge, 1998.

HARVEY, David. *A justiça social e a cidade*. São Paulo: Hucitec, 1980.

_____. *Condição pós-moderna*. São Paulo: Loyola, 1992.

HELLER, Agnes. "Uma teoria das necessidades revista". In: GRANJO, Maria Helena; HELLER, Agnes. *Filosofia, moral e educação*. Petrópolis: Vozes, 1996.

HERCULANO, Selene S. "A qualidade de vida e seus indicadores". In: HERCULANO, Selene; PORTO, M.F.S. & FREITAS, C.M. (org.). *Qualidade de vida e riscos ambientais*. Niterói: Eduff, 2000, p. 219-245.

_____. *A cidade sazonal: a urbanização pela função-veraneio: um estudo de caso de Saquarema – RJ (1958-1978)*. 1981. Dissertação (Mestrado em Planejamento Urbano e Regional) – Coppe, Universidade Federal do Rio de Janeiro, Rio de Janeiro.

HOLANDA, Sérgio Buarque. *Raízes do Brasil*. 26. ed. São Paulo: Companhia das Letras, 1995.

INOJOSA. Rose M. "Intersetorialidade e a configuração de um novo paradigma organizacional". *Revista de Administração Pública*. Rio de Janeiro, FGV, 32 (2), mar-abr. 1998.

INSTITUTO BRASILEIRO DE GEOGRAFIA E ESTATÍSTICA – IBGE. @Cidades. IBGE. Disponível em: <http://www.ibge.gov.br/cidades/default.php>. Acessado em 5/1/2008.

INSTITUTO BRASILEIRO DE GEOGRAFIA E ESTATÍSTICA – IBGE. *Censo demográfico: 1991*. Rio de Janeiro: IBGE. 1991.

_____. *Censo demográfico: 2000*. Rio de Janeiro: IBGE. 2000. Disponível em: <http://www.ibge.gov.br>. Acessado em 25/7/2006.

_____. *Perfil dos municípios brasileiros: meio ambiente*. Rio de Janeiro: IBGE. 2000. [*on-line*]. Disponível em: <http://www.ibge.gov.br>. Acessado em 12/4/2007.

IRVING, Marta de A. *Turismo: o desafio da sustentabilidade*. São Paulo: Futura, 2002.

JUDD, Dennis R. "El turismo urbano y la geografía de la ciudad". *Eure*, Santiago do Chile, v. 29, nº 87, 2003. Disponível em: <http://www.scielo.cl/pdf/eure/v29n87/art04.pdf>. Acesso em 2/2/2005.

KELLER, Peter. "Marketing de destino: questões estratégicas". *Turismo visão e ação*. São Paulo, ano 2, nº 3, abr./set. 1999.

KNEIP, Lina Maria. Cultura material e subsistência das populações pré-históricas de Saquarema, RJ. Documento de Trabalho, Série Arqueológica. Rio de Janeiro: Museu Nacional/Uerj, nº 2, 1994.

KNEIP, Lina Maria; ARAUJO, D. Sue D.; FONSECA, V. S. Áreas de exploração de recursos abióticos e bióticos das populações pré-históricas de Saquarema, RJ. Documento de Trabalho, Série Arqueologia. Rio de Janeiro: Museu Nacional/UFRJ, nº 3, p. 3-12. 1995.

KNEIP, Lina Maria; CRANCIO F.; SANTOS, C.M.C., MAGALHÃES, R.M.M.; MELLO, E.M.B. O sambaqui do Saco e de Madressilva: Saquarema – RJ. Documento de Trabalho nº 4. Série Arqueológica. Departamento de Antropologia, Museu Nacional/UFRJ. 1997.

KOLLER, Silvia H. "Resiliência e vulnerabilidade em crianças que trabalham e vivem na rua. Paraná". *Educar em Revista*, v. 15. nº 11, 1999.

KLUTHCOVSKY, Ana Cláudia G.C.; TAKAYANAGUI, Angela M.M. "Qualidade de vida: aspectos conceituais". *Revista Salus*, Guarapuava. 1(1), jan/jun. 2007.

LAGO, Luciana Corrêa do. Avaliação crítica dos trabalhos sobre segregação residencial urbana: São Paulo e Rio de Janeiro. Disponível em: <http://inpur.ufrj.br/observatorio/download/lago-segregação.pdf.2003>. Acesso em 5/3/2005.

LAMEGO, Alberto Ribeiro. "Ciclo evolutivo das lagunas fluminenses". *Boletim da Divisão de Geologia e Mineralogia*, Rio de Janeiro, nº 118, 1945.

_____. *O homem e a restinga*. 2. ed. Rio de Janeiro: Lidador, 1974. (Setores da Evolução Fluminense, 2.)

LARAIA, Roque B. *Cultura: um conceito antropológico*. 22. ed. Rio de Janeiro: Zahar, 2007.

LEAL, Juliana H.G. *La esquina es mi corazión: espacialiades performáticas nas crônicas de Pedro Lemebel*. 2007, 149 f. Dissertação (Mestrado em Estudos Literários) – Universidade Federal de Minas Gerais, Belo Horizonte.

LEFÉBVRE, HENRI. *La survie du capitalisme*. Paris: Anthropos, 1973.

_____. "Perspectivas da sociologia rural". In: MARTINS, José de Souza (org.). *Introdução crítica à sociologia rural*. São Paulo: Hucitec, 1986.

_____. *Critique de la vie quotidienne*. Paris: Éditions Anthropos, v. I, 1994.

_____. *A revolução urbana*. Belo Horizonte: Editora UFMG, 1999.

_____. *La production de l'espace*. Paris: Anthropos, 2002.

LEFF, Enrique. *Racionalidade ambiental: a reapropriação social da natureza*. São Paulo: Civilização Brasileira, 2006.

LIKERT, Rensis. "A technique for measurement attitudes". *Archives of Psychology*. nº 140, 1932.

LIMA, Maria do Céu. *Comunidades pesqueiras marítimas no Ceará: território, costumes e conflitos*. 2002. Tese (Doutorado em Geografia Humana) – Faculdade de Filosofia, Letras e Ciências Humanas. Universidade de São Paulo, São Paulo.

LOJKINE, Jean. *O Estado capitalista e a questão urbana*. São Paulo: Martins Fontes, 1981.

LOPES JUNIOR, Edmilson. "População e meio ambiente nas paisagens da urbanização turística do nordeste: o caso de Natal". In: TORRES, Haroldo; COSTA, Heloisa. *População e meio ambiente: debates e desafios*. São Paulo: Editora Senac São Paulo, 2000.

LUCHIARI, Maria T.D.P. "Turismo e cultura caiçara no litoral norte paulista". In: RODRIGUES, A. Balastreri (org). *Turismo modernidade globalização*. São Paulo: Hucitec, 1997, p. 136-154.

_____. "Urbanização turística: um novo nexo entre o lugar e o mundo". In: LIMA, Luiz C. (org.). *Da cidade ao campo: a diversidade do saber-fazer turístico*. Fortaleza: UECE, 1998, p. 15-29.

_____. *O lugar no mundo contemporâneo: turismo e urbanização em Ubatuba-SP*. 1999. Tese (Doutorado em Sociologia) – Instituto de Filosofia e Ciências Humanas, Universidade Estadual de Campinas, São Paulo.

_____. "Urbanização turística: um novo nexo entre o lugar e o mundo". In: SERRANO, Célia M. Toledo; BRUHNS, Heloisa Turni; LUCHIARI, Maria Tereza D.P. *Olhares contemporâneos sobre o turismo*. São Paulo: Papirus, 2000. (Turismo).

_____. "A reinvenção do patrimônio arquitetônico no consumo das cidades". *Espaço e Tempo*, São Paulo, nº 17, 2005.

LUDERMIR, Ana B. "Urbanização e saúde mental: perspectivas teóricas para pesquisa". *Jornal Brasileiro de Psiquiatria*, 1995.

LUTHAR, Suniya S. "Resilience at an early age and its impact on child psychosocial development". In: TREMBLAY, Richard E.; BARR, R. Graham; PETERS, RDeV (eds.). *Encyclopedia on Early Childhood Development*. Montreal, Quebec: Centre of Excellence for Early Childhood Development; 2005. Disponível em: <http://www.child-encyclopedia.com/documents/LutharANGxp.pdf>. Acessado em 4/5/2006.

MAANEN, John Van. "Reclaiming quantitative methods for organization research: a preface". *Administrative Science Quaterly*. v. 24, nº 4, dez. 1979.

MAIA, Doralice Sátyro. *Tempos lentos na cidade: permanências e transformações dos costumes rurais na cidade de João Pessoa-PB*. 2000. Tese (Doutorado em Geografia Humana) – Faculdade de Filosofia, Letras e Ciências Humanas, Universidade de São Paulo, São Paulo.

MANCEBO, Deise et al. "Consumo e subjetividade: trajetórias teóricas". Rio de Janeiro: Uerj, *Estudos de Psicologia*, 7(2), 2002.

MARCELLINO, Nelson C. *Lazer e educação*. Campinas: Papirus, 1990.

MARINS, Paulo Cezar G. "Requalificação de áreas urbanas no Brasil: caminhos para um balanço crítico em relação às práticas de turismo e lazer". *Revista Patrimônio: Lazer & Turismo*. Santos: Unisantos, março, 2006. Disponível em: <http://www.unisantos.br/pos/revistapatrimonio/artigos.php?cod=15>.

MARTINE, George (org). *População, meio ambiente e desenvolvimento: verdades e contradições*. Campinas: Editora Unicamp, 1996.

MARTINS, José de Souza. *Exclusão social e a nova desigualdade*. São Paulo: Paulus, 1997.

MASCARENHAS, Gilmar. "Cenários contemporâneos da urbanização turística". *Caderno Virtual de Turismo*. Rio de Janeiro, COPPE--UFRJ, v. 4, nº 4, 2004. Disponível em: <http://www.ivt.coppe.ufrj.br/caderno/ojs/viewarticle.php?id=67>.

MATOS, Olga. "As formas modernas do atraso". *Folha de São Paulo*, 27 de set., 1998, p. 3.

McMILLAN, David W.; CHAVIS, David M. "Sense of community: a definition and theory". *Journal of Community Psychology*, 14(1), 1986.

MENDES, Waldemar; WRIGG, Charles; MAFRA, Neusa M.C. "Levantamento de reconhecimento detalhado dos solos do município de Saquarema, RJ, para fins de planejamento do uso dos mesmos". *Revista Brasileira de Geografia*. 42(1), jan.-mar. 1980.

MENESES, José Newton Coelho. *História & turismo cultural*. Belo Horizonte: Autêntica, 2004.

MINAYO, Maria Cecília S.; HARTZ, Zulmira M.A.; BUSS, Paulo. M. "Qualidade de vida e saúde: um debate necessário". *Ciência & Saúde Coletiva*, nº 5, 2000.

MINISTÉRIO DAS CIDADES. Conferência das cidades. Brasília. Novembro de 2003. Disponível em: <http://www.cidades.gov.br/>. Acessado em 29/9/2006.

MINISTÉRIO DO TURISMO. *Inventário da oferta turística: instrumento de pesquisa: formulários*. Secretaria Nacional de Políticas de Turismo, Departamento de Estruturação, Articulação e Ordenamento Turístico. Brasília: Ministério do Turismo, 2006.

_____. Programa de certificação em turismo sustentável – PCTS. Disponível em: <http://www.pcts.org.br>. Acessado 2/12/2006.

_____. Plano nacional de turismo, 2007-2010: uma viagem de inclusão. Brasília. Disponível em: <www.turismo.ufjf.br/pnt_2007_2010. pdf>. Acessado em 17/12/2007.

_____. *Anuário estatístico da EMBRATUR*. v. 35, Brasília: EMBRATUR, 2008. Disponível em: <http://www.braziltour.com/site/ arquivos/ anuario_2008_internet.pdf>.

MORAIS, José Luiz. "A arqueologia e o turismo". In: FUNARI, Pedro Paulo; PINSKY, Jaime (orgs.). *Turismo e patrimônio cultural*. 3. ed. São Paulo: Contexto, nº 9, 2003. p. 7-103.

MORIN, Edgar. *O método*. Lisboa: Europa-América. 1980.

_____. *Para sair do século XX*. Rio de Janeiro: Nova Fronteira, 1987.

MOURA, Antonio de Paiva. "Turismo e festas folclóricas no Brasil". In: FUNARI, Pedro Paulo; PINSKY, Jaime (orgs.). *Turismo e patrimônio cultural*. 3. ed. São Paulo: Contexto. 2003. p. 37-49.

MULLINS, Patrick. "Tourism urbanization". *International Journal of Urban Regional Research*, 15 (3), 1991.

MURTA, Stela Maris; ALBANO Celina (orgs.). *Interpretar o patrimônio: um exercício do olhar*. Belo Horizonte: Editora UFMG, 2005.

NÓBREGA, Wilker R.M. "Turismo em áreas naturais e sua relação com a comunidade local: uma reflexão sobre o ecoparque de Una--BA". *Caminhos de Geografia*, 2(15), jun. 2005.

OLIVEIRA, Fernando. "Capacidade de carga em cidades históricas". Caderno Virtual de Turismo, IVT, v.4, nº 1, 2004. Disponível em: <http://www.ivt-rj.net/ivt>.

OLIVEN, Ruben G. "Cultura e modernidade no Brasil". *Revista São Paulo em Perspectiva*. São Paulo, 15 (2), 2001. Disponível em: <http://www.scielo.br/pdf/spp/v15n2/8571.pdf>.

ORGANIZAÇÃO MUNDIAL DE TURISMO – OMT. Disponível em: <http://www.unwto.org/index.php>. Acessado em 14/5/2007.

ORGANIZAÇÃO MUNDIAL DA SAÚDE – OMS. *Instrumento de avaliação de qualidade de vida da OMS (WHOQOL-100)*. Divisão de saúde mental, 1998.

ORNELAS, Jose. "Uma década de reabilitação em Portugal: desafios futuros". In: *Anais da Conferência de Novos Desafios na Reabilitação de Pessoas com Doença Mental*. Lisboa: AEIPS, 2002.

ORTIZ, Renato. *Mundialização e cultura*. São Paulo: Brasiliense. 1994.

PALACIOS, Marcos. "O medo do vazio: comunicação, sociabilidade e nova tribo". In: RUBIM, A. *A idade da mídia*. Salvador: EDUFBA, 1995.

PARKER, Stanley. *A sociologia do lazer*. Rio de Janeiro: Zahar, 1978.

PEET, Richard; WATTS, Michael. "Development, sustainability and environment, in an age of market triumphalism". In: PEET, Richard; WATTS, Michael (eds.). *Liberation ecologies: environment, development, social movements*. Londres: Routledge, 1996. p. 1-43.

PEET, Richard. "Modern Geographic Thought". In: Philosophy in Philosophy of Social Science. Oxford: Blackwell Publishers. *Philosophy of Geography in Philosophy of Social Science*, 1998.

PENNA, Maura. *O que faz ser nordestino: identidades sociais, interesses e o "escândalo" Erundina*. São Paulo: Cortez, 1992.

PETROCCHI, Mario. *Turismo: planejamento e gestão*. 3. ed. São Paulo: Pearson-Prentice Hall, 2008.

PIRES, Ewerthon V.; ALCANTARINO, Marcos D. *A participação das comunidades autóctones no turismo e o capital social no processo de desenvolvimento local: um exame do programa turismo solidário*. 2006. Dissertação (Mestrado em Turismo e Meio Ambiente) – UNA Centro Universitário, Belo Horizonte. Disponível em: <http://www.ivt-rj.net/sapis/2006/pdf/EwerthonPires.pdf>.

PIZAM, Abraham; POKELA, Julianne. "The perceived impact of casino gambling on a community". *Annals of Tourism Research*, nº 12, 1985.

PORTER, Michael E. *Competição: estratégias competitivas essenciais*. Rio de Janeiro: Campus, 1999.

PRESCOTT-ALLEN, Robert. *Barometer of sustainability: measuring and communicating wellbeing and sustainable development*. Cambridge: IUCN, 1997.

PREFEITURA MUNICIPAL DE SAQUAREMA. PMS. Disponível em: <http://www.saquarema.rj.gov.br/>. Acessado em 11/4/2007.

PRINA, Julio L.S. *Indivíduo e sociedade: escolhas individuais ou vontades coletivas? Um estudo em Antonio Gramsci e Ulrich Beck*. 105 f. Dissertação (Mestrado em Sociologia) – Universidade Federal de Santa Catarina, Florianópolis.

RAFFESTIN, Claude. *Por uma geografia do poder*. Rio de Janeiro: Ática, 1993.

RAMCHANDER, Pranill. *Towards the responsabile management of the socio-cultural impact of township tourism*. África do Sul: Universidade de Pretoria, 2004.

RAMMSTEDT, O.; DAHME, H.J. "A modernidade atemporal dos clássicos da sociologia: reflexões sobre a construção de teorias em Émile Durkheim, Ferdinand Tönnies, Max Weber, e, especialmente Georg Simmel". In: SOUZA, Jesé; ÖELZE, Berthold (orgs.). *Simmel e a modernidade*. 2. ed., Brasília: UNB, 2005.

RAPPAPORT, Julian. *Community psychology: values, research and action*. Nova York: Holt, Rinehart & Winston, 1977.

RIBEIRO, Júlio Cezar. *A geografia das formas espaciais de reprodução da existência humana ao longo do tempo à luz do materialismo histórico-geográfico*. 2006, 303 f. Tese (Doutorado em Geografia). Universidade Federal Fluminense, Niterói.

RIBEIRO, Gustavo L.; BARROS, Flávia L. "A corrida por paisagens autênticas: turismo, meio ambiente e subjetividade na contemporaneidade". *Revista Humanidades*, Brasília, Série Antropologia, nº 171, 1994.

RICHARD, Nelly. *Intervenções críticas: arte, cultura, gênero e política*. Belo Horizonte: UFMG. 2002.

REISINGER, Yvette; TURNER, Lindsay W. *Cross-cultural behaviour in tourism: concepts and analysis*. Oxford: Butterworth Heinemann, 2003.

RICHARDSON, Roberto Jarry; WANDERLEY, José Carlos Vieira. *Medição de atitudes nas ciências da conduta*. João Pessoa: Universidade Federal da Paraíba, 1985.

RODRIGUES, Adyr B. *Turismo, modernidade, globalização*. São Paulo: Hucitec, 1997.

_____. *Produção e consumo do espaço: problemática ambiental urbana*. São Paulo: HUCITEC, 1998.

_____. *Turismo e espaço: rumo a um conhecimento transdisciplinar*. 2. ed. São Paulo: HICITEC, 1999.

_____. "Turismo e territorialidades plurais: lógicas excludentes ou solidariedade organizacional". In: LEMOS, Amalia I.G. de; Arroyo, Mônica; SILVEIRA, María Laura. *América Latina: cidade, campo e turismo*. Buenos Aires: Clacso, 2006. Disponível em: <http://bibliotecavirtual.clacso.org.ar/ar/libros/ edicion/lemos/17rodrigu.pdf>.

SACK, Robert. *Human territoriatily: its theory and history*. Cambridge: Cambridge University, 1986.

SALVATI, Sergio, S. (org.). *Turismo responsável: manual para políticas públicas*. Brasília: WWF Brasil, 2004.

SANTOS, Boaventura de Souza. "A territorialização/desterritorialização da exclusão/inclusão social no processo de construção de uma cultura emancipatória". In: SEMINÁRIO ESTUDOS TERRITORIAIS DE DESIGUALDADES SOCIAIS, mai. 2001, São Paulo: Editora PUC-SP. Disponível em: < www.cedest.info/Boaventura.pdf>.

————. "A crítica da razão indolente: contra o desperdício da experiência". In: SANTOS, Boaventura de Souza. *Para um novo senso comum: a ciência, o direito e a política da transição paradigmática*. 4. ed., v. I. São Paulo: Cortez, 2002.

SANTOS, Milton. *Espaço e método*. São Paulo. Nobel, 1985. (Espaços.)

————. *Metamorfose do espaço habitado*. São Paulo: Hucitec, 1988.

————. *A urbanização brasileira*. São Paulo: Hucitec, 1993.

————. *Técnica, espaço, tempo: globalização e meio técnico – científico-informacional*. São Paulo: Hucitec, 1994.

————. *A natureza do espaço: técnica, tempo, razão e emoção*. São Paulo: Hucitec, 1996a.

————. "Por uma geografia cidadã: por uma epistemologia da existência". In: *Boletim Gaúcho de Geografia*. Porto Alegre, nº 21, 1996b.

————. "Guerra dos lugares". São Paulo: *Folha de São Paulo*, publicado em 8/8/1999. Disponível em: <http://br.geocities.com/madsonpardo/ms/folha/msf05.htm>.

————. (org.) *Território, globalização e fragmentação*. São Paulo: HUCITEC, 1998.

SAQUAONLINE. *Informativo*. Disponível em: < http://www.saquaonline.com.br/>.

SCHILLING, Flávia I. *Estudos sobre resistência*. Campinas, 1991. Dissertação (Mestrado em Educação) – Faculdade de Educação, Universidade Estadual de Campinas, Campinas.

SCHOEMBERGER, Erica. "New models of regional change". In: PEET, Richard; THRIFTY, Nigel. *New models in geography: the political-economy perspective*. London: Unwin-Hyman, 1989.

SECRETARIA ESTADUAL DE DESENVOLVIMENTO ECONÔMICO DO ESTADO DO RIO DE JANEIRO. *Plano estratégico: plano plurianual, PPA 2008-2011.* 2008. Disponível em: <http://www.ccfb.com.br/_pdfs/ ccfbrj190208.pdf>.

SEIDL, Eliane M.F.; ZANNON, Célia M.L.C. "Qualidade de vida e saúde: aspectos conceituais e metodológicos". *Cadernos de Saúde Pública.* Rio de Janeiro, 20 (2), mar.-abr., 2004.

SHIELDS, Robert. "A truant proximity: presence and absence in the space of modernity: environment and Planning". *Society and Space*, v. 10. 1992.

SILVA, Alzení Gomes da. *Praia da Penha: um espaço em transformação.* 1992. Monografia (Graduação em Geografia) – Centro de Ciências Exatas e da Natureza, Universidade Federal da Paraíba, João Pessoa.

SILVA, Silvio B.M. "Turismo e urbanização". In: RODRIGUES, Adyr B. (org.). *Turismo, modernidade e globalização.* São Paulo: HUCITEC, 1997.

SILVA, Alexsandro F.C.; FERREIRA, Ângela L.A. *Para além do muro alto: turismo imobiliário e novas configurações socioespaciais na região metropolitana de Natal – RN, Brasil.* Núcleo do observatório da região metropolitana de Natal. Natal: Centro de Ciências Humanas, Letras e Artes. Disponível em: <http: www.cchla.ufrn.br/ rmnatal/artigo/artigo11.pdf>.

SILVA, Maria da Glória Lanci. *Cidades turísticas: identidades e cenários de lazer.* São Paulo: Aleph, 2004. (Turismo.)

SIMMEL, Georg. *Georg Simmel: sociologia.* São Paulo: Ed. Ática, 1983. (Grandes Cientistas Sociais.)

_____. "A metrópole e a vida mental". In: VELHO, Otavio G. *O fenômeno urbano.* Rio de Janeiro: Record, 1987.

SINGER, Paul. "O uso do solo urbano na economia capitalista". In: MARICATO, Ermínia (org). *A produção capitalista da casa (e da cidade) no Brasil industrial.* São Paulo: Alfa – Omega, 1982, p.21-36.

SISTEMA FIRJAN – FEDERAÇÃO DAS INDÚSTRIAS DO ESTADO DO RIO DE JANEIRO. *Decisão Rio 2010-2012*. Rio de Janeiro, 2010. 78p.

SERLA. Fundação Superintendência Estadual de Rios e Lagoas. Disponível em: <http://www.serla.rj.gov.br/>. Acessado em 10/10/2007.

SOAR FILHO, Ercy J. "Espaço, identidade e saúde mental na sociedade contemporânea". *Caderno de Pesquisa Interdisciplinar em Ciências Humanas*. nº 26, ago, Santa Catarina: UFSC, 2002.

SOBRAL, José Manuel. "O genuíno, o espúrio e a identidade local". *Etnográfica*, v. VIII (2), 2004.

SOCHACZEWSKI, Jacques. *O contexto do desenvolvimento adotado pelo município de Maricá, RJ*. 2004, 131 f. Dissertação (Mestrado em Ciência Ambiental) – Universidade Federal Fluminense, Instituto de Geociências, Niterói.

SOJA, Edward W. *Geografias pós-modernas: a reafirmação do espaço na teoria social crítica*. Rio de Janeiro: Zahar, 1993.

SOUZA, Paulo A.V. "Os impactos dos grandes empreendimentos na estrutura demográfica de Angra dos Reis (RJ) – 1940-2000". *Revista geo-paisagem*. Ano 2, nº 3, jan./jun., 2003. Disponível em: <http://www.feth.ggf.br/Revista3.htm>.

SPOSITO, Maria Encarnação Beltrão. *O chão em pedaços: urbanização, economia e cidades no Estado de São Paulo*. 2004. 508 f. Monografia (Livre Docência em Geografia) – Faculdade de Ciências e Tecnologia, Universidade Estadual Paulista, Presidente Prudente.

TOLILA, Paul. *Cultura e economia: problemas, hipóteses, pistas*. São Paulo: Iluminuras: Itaú Cultural, 2007. Disponível em: <http://www.itaucultural.org.br/bcodemidias/000577.pdf>.

TÖNNIES, Ferdinand. "Comunidade e sociedade como entidades típico-ideais". In: FERNANDES, Florestan (org.). *Comunidade e sociedade*. São Paulo: Nacional, v.1, 1973, p. 96-116.

TOSUN, Cevat. "Limits to community participation in the tourism development process in developing countries". *Tourism Management*, 21 (6), dez, 2000, p. 613-633.

_____. "Host perception of impacts: a comparative tourism study". *Annals of Tourism Research*, 29(2), 2002, p. 231-253.

TRIBUNAL DE CONTAS DO ESTADO DO RIO DE JANEIRO. *Estudo socioeconômico de Saquarema*. Rio de Janeiro: TCE/Secretaria Geral de Planejamento, outubro, 2006.

TRIGUEIRO, Osvaldo Meira. "A espetacularização das culturas populares ou produtos culturais folkmidiáticos". In: SEMINÁRIO NACIONAL DE POLÍTICAS PÚBLICAS PARA AS CULTURAS POPULARES, fevereiro, 2005, Brasília. Disponível em <http://www.revistas.uepg.br>.

TRILLING, Lionel. *Sincerity and authenticity*. Oxford University Press, 1972.

TUAN, Yi-Fu. *Espaço e lugar*. São Paulo: Difel, 1983.

_____. *Paisagens do medo*. São Paulo: EDUSP, 2005.

URRY, John. *O olhar do turista: lazer e viagem nas sociedades contemporâneas*. São Paulo: Estúdio Nobel/Sesc, 1996.

VAZ, José C. "Medindo a qualidade de vida". *Boletim do BNDES*. Rio de Janeiro: BNDES. Seção DICAS nº 27, 1994. Disponível em: <http://federativo.bndes.gov.br/dicas/D027%20-%20medindo%20ª%20 qualidade %20 de%20vida.htm>.

ZANCHETI, Silvio M.; MILET, Vera. "Gestão e conservação do sítio histórico de Olinda: 1938-2006". Olinda: Centro de Estudos Avançados. Textos para Discussão nº 25, 2007. (Gestão da conservação urbana.)

ZIMMERMAN, M., ARUNKUMAR, R. "Resiliency research: implications for schools and policy". *Social Policy Report*, nº 8, 1994.

ZYLBERBERG, Raphael S. *Impactos econômicos e sociais da nova refinaria no Brasil: uma análise comparativa*. 2006. 44 f. Monografia

(Graduação em Economia) – Universidade Federal do Rio de Janeiro, Rio de Janeiro. Disponível em: <http://www.gee.ie.ufrj. br/publicacoes/pdf /2006_impactos_economicos_sociais.pdf>.

WAICHIMAN, Pablo. *Recreação e tempo livre*. 2. ed. São Paulo: Papirus, 2001.

WASSERMAN, Julio César. *Estudo do impacto ambiental da Barra Franca na lagoa de Saquarema*. Niterói: Eduff, 2000.

WEHLING, Arno. "As comemorações históricas e a perspectiva da memória social". *Revista ciências humanas*. Rio de Janeiro, v. 24, jun. 2004.